U0603710

权威·前沿·原创

皮书系列为
"十二五""十三五"国家重点图书出版规划项目

低碳经济蓝皮书
BLUE BOOK OF
LOW-CARBON ECONOMY

中国低碳经济发展报告
（2017）

ANNUAL REPORT ON CHINA'S LOW-CARBON ECONOMIC
DEVELOPMENT (2017)

主　编／薛进军　赵忠秀
副主编／戴彦德　王　波　孙永平
助　编／郭　琳

社会科学文献出版社
SOCIAL SCIENCES ACADEMIC PRESS (CHINA)

图书在版编目（CIP）数据

中国低碳经济发展报告.2017/薛进军，赵忠秀主编.－－北京：社会科学文献出版社，2017.12

（低碳经济蓝皮书）

ISBN 978－7－5201－1961－0

Ⅰ.①中… Ⅱ.①薛… ②赵… Ⅲ.①气候变化－影响－经济发展－研究报告－中国－2017 Ⅳ.①F124

中国版本图书馆 CIP 数据核字（2017）第 307123 号

低碳经济蓝皮书

中国低碳经济发展报告（2017）

主　　编／薛进军　赵忠秀
副 主 编／戴彦德　王　波　孙永平
助　　编／郭　琳

出 版 人／谢寿光
项目统筹／周　丽　颜林柯
责任编辑／孔庆梅　吕　颖 等

出　　版／社会科学文献出版社·经济与管理分社（010）59367226
　　　　　　地址：北京市北三环中路甲 29 号院华龙大厦　邮编：100029
　　　　　　网址：www.ssap.com.cn
发　　行／市场营销中心（010）59367081　59367018
印　　装／北京季蜂印刷有限公司

规　　格／开　本：787mm×1092mm　1/16
　　　　　　印　张：15.25　字　数：215 千字
版　　次／2017 年 12 月第 1 版　2017 年 12 月第 1 次印刷
书　　号／ISBN 978－7－5201－1961－0
定　　价／89.00 元

皮书序列号／PSN B－2011－194－1/1

《中国低碳经济发展报告（2017）》
编 委 会

编委成员简介

薛进军　经济学博士。日本名古屋大学经济学院附属国际经济政策研究中心教授，兼任对外经济贸易大学国际低碳经济研究所联席所长、学术委员会主席，国家发改委能源研究所、中国科学院（科技政策与战略科学研究所）、清华大学（气候政策研究中心）客座研究员，对外经济贸易大学、北京理工大学、武汉大学、陕西师范大学、西安交通大学、深圳大学、西北大学兼职教授，碳排放权交易湖北省协同创新中心首席科学家，湖北经济学院"楚天学者"，《新加坡经济评论》、《经济科学》（日文版）、《中国人口·资源与环境》（英文版）特约编辑，《中国经济研究》（日文版）等杂志编委，以及一些中英日文学术刊物审稿人。曾任陕西师范大学政教系讲师，美国耶鲁大学经济增长中心福布赖特高级访问学者，武汉大学经济学院教授，日本一桥大学经济研究所副教授，英国牛津大学经济系访问教授，日本大分大学经济学院教授等。近著有 *China's Green Low-carbon Development*（co-ed.，Springer，2013）、《不平等的增长——收入分配的国际比较》（编著，中文版，社会科学文献出版社，2012；英文版，World Scientific，2013）、《中国的不平等——收入分配差距研究》（日文版，日本评论社；中文版，社会科学文献出版社，2008）、《低碳经济学》（编著，中文版，社会科学文献出版社，2011；英文版，World Scientific，2013）、自2010年起主编《中国低碳经济发展报告》（社会科学文献出版社），在 *Energy Policy*、*Singapore Economic Review*、*Asian Economic Journal*、*Chinese Journal of Population Resource and Environment*、《经济科学》（日文）、《经济研究》、《中国社会科学》等刊物发表有英文、日文、中文论文多篇。近期主持和参与日本文部科学省、中国教育部、挪威气候变化与环境研究所、湖北省协同创新中心等机构有关中国经济、收入分配、环境经济、低碳经济、气候变化与能源政策等重大项目和国际合作项目。

赵忠秀 经济学博士，教授，博士生导师，享受国务院政府特殊津贴专家。现任对外经济贸易大学副校长，兼任中国世界经济学会副会长，全国国际商务专业学位研究生教育指导委员会秘书长，教育部高等学校经济与贸易类专业教学指导委员会副主任委员。担任商务部经贸政策咨询委员会委员，中国贸促会专家委员会委员，中国环境与发展国际合作委员会特邀顾问。曾在英国曼彻斯特大学和美国密歇根州立大学做访问学者，2015 年当选欧洲科学与艺术科学院院士。专业领域为国际贸易学、产业经济学等。在国内外重要学术刊物上发表专业论文多篇，出版论著多部，曾多次获国内外学术奖项。

戴彦德 国家发展和改革委员会能源研究所原所长、研究员；兼任国家战略性新兴产业发展专家咨询委员会委员、中国人民外交协会理事会理事、北京市科学技术协会委员、京津冀及周边地区大气污染防治专家委员会委员，大连理工大学、北京理工大学、中国矿业大学教授，对外经济贸易大学博士生导师等。

长期从事能源经济、能源环境、能源发展战略以及节能方面的规划和研究，多项成果获国家部委科技进步奖。

王　波 国际关系学博士，对外经济贸易大学国际关系学院副教授，国际低碳经济研究所副所长，英国利兹大学研究员，美国德雷克大学讲席教师。曾任英国东安格里亚大学客座研究人员，于哈佛大学肯尼迪政府学院从事气候变化政策博士后研究。研究领域为国际气候变化与能源政策、技术转让政策、中国外交、美国政治与外交、中欧关系等。出版专著《美国石油政策研究》等，在重要国际期刊上发表论文多篇。主持国家社科基金项目"国际气候变化谈判框架下的技术转让问题及中国的对策研究"等多个国家和国际课题。

孙永平　经济学博士，副教授，湖北经济学院碳排放权交易湖北省协同创新中心常务副主任，《环境经济研究》常务副主编，国家留学基金委资助学者，日本名古屋大学访问学者，湖北省宣传文化人才培养工程"七个一百"项目（哲学社会科学类）入选人员。社会兼职包括"绿色低碳发展智库伙伴"专家库成员、中国"双法"学会能源经济与管理分会理事、中华发展经济学会理事。

　　在《经济研究》、*Singapore Economic Review*、《经济评论》、《南京社会科学》、《光明日报》（理论版）、*China Economist* 等期刊上发表论文 30 多篇；主持国家社会科学基金、教育部人文社科基金、湖北省软科学、英国繁荣战略基金（SPF）等多个科研项目；获得湖北省优秀教学成果三等奖、第九届湖北省社会科学优秀成果三等奖、首届湖北省高校人文社科优秀成果二等奖、武汉市（第 15 次）社会科学优秀成果三等奖等多项教学科研奖励。

摘　要

《中国低碳经济发展报告（2017）》（以下简称《报告》）是由对外经济贸易大学和日本名古屋大学共同创办的国际低碳经济研究所主持编写的、以低碳经济为主题的系列年度研究报告的第七份报告。

今年的《报告》由六大部分组成：第一部分是《报告》的主题——中国引导应对气候变化国际合作，成为全球生态文明建设的重要参与者、贡献者、引领者；第二部分介绍了全国统一碳市场和区域碳市场的建设情况；第三部分提供了碳金融市场建设的经验和启示；第四部分为绿色低碳发展方面的综合研究；第五部分对国内外低碳经济发展的具体案例进行研究；第六部分提供了中国和国际能源、二氧化碳方面的最新数据。

今年的《报告》主要关注中国引领全球气候治理。总报告指出，长期以来，中国在国际事务中一直处于"被引领"的地位：在国际政治上受制于美欧地缘政治，即使经济总量成为世界第二，在国际上发言权仍然很小；在经济上受到世界贸易组织、G7、世界银行以及各种条约的限制，特别是在气候治理上，中国一直被动地处在从属地位，被指责被批判，被外部压力要求改善环境、加大减排力度。中国也没有过于主动要求如何改变这些规则和条约。习近平担任国家主席之后，在多种场合多次提出"引领"，实际上反映了近年国际政治、经济形势的变化和中国国际地位的提升，以及中国领导人全球思维方式的重大转变，对全球气候治理产生重大影响。

《报告》的第二部分——"碳市场"首先介绍了全国ETS的设计以及中国七个碳交易试点的运行情况，提出了促进中国碳排放权交易与节能政策和可再生能源政策的协同措施。其次介绍了湖北碳交易试点价格稳定机制及其评估，指出湖北碳交易试点启动以来，在以下三个方面对碳价格稳定机制发

挥了积极的作用:第一,配额分类管理及注销机制,一定程度上解决了总量难以确定的问题;第二,企业配额事后调节机制初步发挥作用,避免了企业微观层面配额严重偏离;第三,湖北碳交易试点碳价格总体平稳,配额投放和回购、涨跌幅限制等有助于稳定市场预期。

《报告》的第三部分——"碳金融"简要介绍了全球碳金融衍生品市场,分析了碳远期现货产品的市场效应,提出中国建设全国统一碳市场可以借鉴的四点启发:第一,明确定位远期现货市场,提高碳市场的价格效率;第二,培育完善碳市场参与主体链;第三,分析碳市场风险特征和风险度量技术,防止市场过分投机;第四,完善碳市场内部和外部相结合的监管体系。

《报告》的第四部分——"绿色低碳发展"从环境税、财税、碳排放驱动因素以及几个城市低碳建设的比较研究四个方面探讨了中国低碳发展驱动因素和政策效果。

《报告》的第五部分为案例,主要介绍了河北省塞罕坝机械林场项目的林业碳汇案例、欧盟碳排放交易体系建设情况以及中国工业园区低碳发展的建设情况。

《报告》的第六部分为附录,主要包括国内和国际能源、碳排放方面的数据。

关键词: 低碳经济　碳金融　碳市场

Abstract

The Annual Report on China's Low-Carbon Economic Development (2017) (hereafter referred as the Report) is the 7th annual research report on low-carbon economy edited by the Global Low-Carbon Economy Institute which is a joint venture between the University of International Business and Economics (China) and Nagoya University (Japan).

The Report consists of six major topics: the first is an analysis of the China's evolving role as an active and leading participant in the international climate change governance and advocate for eco-civilization; The second part introduces the latest development of China's national carbon trading market and the experiences from the pilot regional carbon trading programs; The third part draws experiences from carbon financing cases; The fourth session includes the latest research findings on green low carbon development. The fifth part is about case study. Lastly, the appendices, are the renewed data energy consumption and greenhouse gas emissions in both China and the world.

The author of the first chapter conveys the readers that China, under the leadership of President Xi Jinping, has emerged as a leading player in international climate change governance. China's growing confidence and ambition to lead and contribute to the global environmental governance echoes with China's active participation in other multilateral platforms such as APEC, G20 and BRICS. This departure from the cautiousness and low profile style in international cooperation reflects the rise of the comprehensive national power of China and the changing of international power structure. To shape and lead the international institutions and regime has become a key word in President Xi's vocabulary.

The second part firstly elaborate the designing of China's national carbon market, namely, National Emissions Trading System and the evaluation of the seven carbon trading centers in China. The authors call for the harmonization

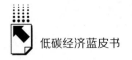

between the policies targets of carbon emissions rights trading and energy efficiency and renewable energy policy instruments. Then, the authors conclude that the price stabilizing mechanism proves to have positive impacts on curbing the volatility of carbon price. 1) The quota classification management and cancellation mechanism, to some extent, solved the problem that the total amount of carbon credit is difficult to be determined; 2) The post-adjustment mechanism of emission quotas for enterprises played a preliminary role to avoid serious deviation of quotas at the micro level of enterprises; 3) The overall carbon price of Hubei pilot carbon trading is stable. Quota placement and repurchase, price limits and other changes help to stabilize market expectations.

The third part of the report , Carbon Finance briefly introduces the global carbon finance derivatives market overview, analyzes the market effect of the carbon forward products, and puts forward four enlightenments that China can use to build a nationally unified carbon market: First, a clear positioninglong-term spot market, improve the price efficiency of the carbon market; Second, foster and improve the carbon market participation in the main chain; Third, analyze the carbon market risk characteristics and risk measurement techniques to prevent the market from over speculation; Fourth, improve the carbon market regulatory system that balance the internal and external elements.

In the fourth part of the report, Green Low-Carbon Development, the driving forces and policy effects of low-carbon development in China are explored from four aspects: environmental taxes, fiscal taxes, drivers of carbon emissions and comparative studies of low-carbon city building in several cities. The fifth part of the report is the case study, this paper mainly introduces the case of forestry carbon sequestration in Saihanba Machinery Forest Farm in Hebei Province, the construction of the EU ETS and the construction of low-carbon development in China's industrial parks. The sixth part of the report includes both domestic and international energy and carbon emissions data.

Keywords: Low-carbon Economics; Carbon Trading Market; Carbon Financing

目　录

Ⅲ 碳金融

Ⅳ 绿色低碳发展

Ⅴ 案例

Ⅵ 附录

皮书数据库阅读**使用指南**

CONTENTS

I General Report

II Carbon Market

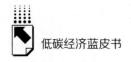
III   Carbon Finance

IV   Green Low-carbon Development

V   Cases

总 报 告

General Report

B.1

中国引领全球气候治理

摘　要：　习近平总书记在中共十九大报告中首次明确指出,中国要"引导应对气候变化国际合作,成为全球生态文明建设的重要参与者、贡献者、引领者"。这是"引领"气候变化治理和"全球"生态文明建设第一次被写进党的报告。这不仅是中国共产党和中国政府在应对气候变化国际治理问题上的一个重大变化,也是中国以更加自信和进取的态度参与全球治理的一个标志性信号,是中国政府致力于建设人类命运共同体国际战略的重要一环。中国在国际气候变化治理中的角色转变不仅反映了中国对气候变化问题认知的转变,也是中国在国际格局中的地位变化的客观反映。中国贡献将会对全球

---

[*] 薛进军,名古屋大学经济学院教授,清华大学国情研究院兼职教授,碳排放权交易湖北省协同创新中心首席科学家。

气候治理产生重要影响。

关键词： 中国引领　巴黎协定　全球气候治理　节能减排　中国贡献

一　中国从谨慎到积极主动应对气候变化

2017 年，全球气候变化治理既面临新的严峻挑战，也迎来"中国贡献"新机遇。以美国特朗普入主白宫和英国正式启动脱欧程序为标志，世界出现了"反全球化"、"反贸易自由化"及"反气候变化"的"三反运动"。特朗普宣布美国退出《巴黎协定》，废除奥巴马的《清洁能源法案》，恢复对煤炭等传统化石能源产业的支持，增加化石能源生产，停止碳金融融资和碳基金援助，大幅度削减能源与气候变化的研究经费。美国联邦政府在全球气候变化治理中的消极政策对日本政府也产生了负面影响：曾经高唱"低碳社会"的日本等国也开始调门放低。世界应对气候变化的信心受到打击。耗时多年达成的《巴黎协定》的落实出现了新的变数，面临新的挑战。人们担心《巴黎协定》的实施进程会被延缓。

令人欣慰的是，中国政府积极应对气候变化的决心和信心并没有因为美国新的联邦政府的政策反复而动摇。中国共产党第十九次全国代表大会的报告对全球气候变化治理和共建人类生态命运共同体的号召标志了中国党和政府的信心和决心。2009 年哥本哈根会议前后，面对西方国家为中国设定的减排目标，中国政府保持了很高的戒备和防范意识。关于气候变化和减排，曾有一个有争议的话题——被很多人认为是发达国家给中国设计的一个"陷阱"。现在局势反转：美国怀疑全球变暖是"中国制造的阴谋"，而中国则非常正面地谈论气候问题，主动承诺到 2020 年，单位国内生产总值二氧化碳排放比 2005 年下降 40% ~45%，2030 年左右达到碳排放峰值。为了进一步落实这些承诺和《巴黎协议》，中国主动制定了节能减排的政策和目标，并积极行动，争取早日实现"十三五"规划的节能减排目标。2017 年，在最先开展碳交易的欧盟碳市场低迷的情况下，中国通过数年的碳市场试点，宣布将建成全国统一碳市场。中国碳市场建成后，将成为全球最大规模的碳市场，且将对全球碳排放权交易市场产生重要影响。这些变化和成就，反过来对全球气候应对和减排形成倒逼机制，促使发达国家实现自己的承诺和增加对世界减排的贡献。中国与欧盟关于气候变化合作的协议签订、与美国加州开展的新能源与碳交易合作，就是最好的例证。中国积极应对全球气候变化有效地遏制了全球减排行动中的逆流。

二 中国是全球最大的碳减排国

2001 年中国加入世界贸易组织以来，进出口贸易快速增长，带动了中国经济全面成长，尤其是在制造业领域，确立了中国"世界的工厂"的地位。2010 年以来，随着中国成为第二大经济体和第一大商品贸易国，经济规模扩大和居民收入快速增长，使得中国向"世界的市场"转变。2015 年，中国 GDP 占世界生产总值的比重达到 15.5%，与美国的 GDP 规模差距正在缩小；2016 年，中国货物出口贸易额占世界的比重为 13.5%，位列全球第一。根据国际货币基金组织的数据，近年中国对世界经济增长的贡献率达到 34.7%，拉动世界经济增长 0.8 个百分点，成为世界经济增长的第一大引擎。

中国制造业和城市化的发展也带来了环境污染问题和二氧化碳排放的快速增加，据国际能源机构统计，2000 年至 2015 年，中国的碳排放量从每年 34 亿吨增加到每年 90 亿吨，占全球每年碳排放总量的比重从 13% 上升到 28%，中国已然成为新的碳排放大国。

与此同时，中国执行空前严格的减排措施，加大节能减排力度，减排成绩斐然。仅在"十二五"期间，中国就降低了单位 GDP 能源消耗强度 18%，单位 GDP 碳排放强度 20%，累计减排量 2.9 亿吨，占全球减排总量的一半以上。根据英国石油公司（BP）《2017 世界能源统计》，2014 年中国碳排放量达到 92.24 亿吨，2016 年降至 91.23 亿吨，其中经济增

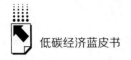

长率从高速转向中高速是关键性经济因素，煤炭消费量达到高峰而后下降3.2%是关键性结构因素，不排除中国有望提前十年左右达到碳排放峰值。从这个意义上说，中国已成为全球最大的碳减排国，成为全球减排引领者。

三 中国引领全球可再生能源发展

煤炭是化石能源中碳排放强度最大的能源形式，中国以煤炭为主的传统能源结构决定了中国实质性减排必须从降低煤炭在能源结构中的比例入手。近年来，中国一直致力于能源结构改革，煤炭在中国能源构成中的比例从2011年的70.2%下降至2016年的62.0%，下降了8.2个百分点，平均每年下降1个多百分点，出现了"去煤炭化"的新趋势。同时，中国近年发动了一场前所未有的绿色能源革命，积极开发新能源和清洁能源。（除了增加清洁能源的进口、开发页岩气、增设核电站外，主要是发展新能源）国际能源机构《新能源报告2017》指出：2015年，世界能源供给中可再生能源的比重已上升到13.4%，其中中国的增速最快，已"成为全球最大的可再生能源生产国，对全球可再生电力产能增长的贡献超过40%"。中国在全球太阳能光伏市场开发和价格方面也扮演着关键角色，全球太阳能电池年度产能中有约60%来自中国企业，"中国是无可争议的世界可再生电力增长的引领者"。

四 中国可以引领全球气候变化治理

针对中国在国际治理中究竟应该做出多大贡献、扮演什么角色，众多学者还持有不同的意见。有人认为，中国虽然在经济总量上已经是世界第二，但中国是一个有近14亿人口的发展中大国，正处在工业化高度发展阶段，人均8000美元的收入与发达国家还有很大差距。所以，中国还没有足够的财力去支援其他国家；而中国把自己的事情办好了，贫困人口减少了，发展起来了，就是对世界对最大的贡献。这一认识固然有一定的道理，但其低估了中国的经济实力和国际影响力。实际上，中国早在20世纪50年代就开始援助第三世界国家，比如对非洲贫困国家进行经济援助。新近由中国发起成立的亚洲基础设施投资银行（亚投行）也在为发展中国家提供低息和无息贷款。2016年，中国对外投资达到1830亿美元，成为全球第二大对外投资国。

2016年，中国的商品出口贸易规模已经是世界第一，贸易顺差3.35万亿人民币元（约合5108亿美元）；中国的外汇储备超过3万亿美元，居世界第一；一般公共预算收入达到16万亿元。中国有意愿也有能力履行国际减排义务，并引领国际气候变化治理。研究表明，国际贸易中的碳泄漏问题相当普遍，其中最大部分来自非发达国家的"其他国家"的中间产品贸易。因此，支援和帮助其他国家实现技术进步和开展节能减排是减少国际碳泄漏的必要手段，是实现全球减排不可回避的责任。

经济发展和节能减排是相辅相成的，中国近年来的减排成就主要依靠中国自身的努力。《京都议定书》框架下的清洁发展机制（CDM）、核证自愿减排量（CCER）等渠道的国际融资和减排能力建设、国际低碳经济、低碳城市建设等制度设计等对中国的节能减排也做出了重要贡献。中国积累的减排经验和低碳技术可以成为发展中国家之间开展南南低碳合作的重要支撑，通过建立南南气候变化合作的示范工程，引领全球气候变化治理合作。中国改革开放以来三十多年的经济快速发展也付出了巨大的环境代价。近年来中国的发展理念从"重经济发展轻环境保护"转变到"经济发展与环境保护协同共进"。中共十九大第一次把"绿水青山就是金山银山"的"金山银山论"写进大会报告——从根本上转变发展理念、把生态保护和绿色低碳循环经济放在首位，已成为"基本国策"。习近平总书记在报告中还指出："中国将继续发挥负责任大国作用，积极参与全球治理体系改革和建设，不断贡献中国智慧和力量"，向全世界宣示了中国要引领世界绿色低碳发展的决心，是对中国履行应对气候变化国际义务的庄严背书。

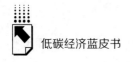

五 中国引领全球气候变化治理的建议

中国作为全球化和贸易自由化的受益者和碳排放大国，应当承担大国的责任，积极为全球节能减排做出与大国地位相适应的贡献。

中国在全球倡导绿色"一带一路"，通过绿色资金和技术投资推动沿线国家经济与贸易的可持续发展与增长。"一带一路"倡议涵盖的地区拥有世界人口的三分之二、世界商品贸易的三分之一和世界 GDP 总额的三分之一。该倡议一旦顺利实施，将开启新一轮经济全球化浪潮，推动全球经济新秩序的形成。可以预见，中国在绿色投资、低碳基础设施建设等领域将会对全球生态文明建设做出重要贡献，成为人类生态命运共同体的重要引领者。

考虑到沿线国家的气候治理能力和环境技术水平，中国应当设计一个绿色低碳的"一带一路"，一是避免因基础设施建设增加而造成沿线国家的环境污染和碳排放激增；二是促进绿色低碳的经济国际化和贸易自由化；三是通过提供资金、技术、人力，引领沿线国家节能减排，实现"一带一路"沿线国家和地区的绿色可持续发展，从而引领全球气候变化治理。亚洲基础设施投资银行应当成为绿色"一带一路"融资的示范性机构。

我们提出以下建议。

第一，主要通过产业结构调整和技术进步早日实现碳排放峰值，并研究 2030 年达峰之前（如 2025 年左右）全国与地区各行业的节能减排以及清洁能源新目标。

第二，大幅度增加国际绿色投资，设立中国碳基金，选择中国标准的适应性低碳环保技术，为发展中国家培养绿色低碳发展人才，设计绿色低碳发展规划和政策措施。

第三，加强气候变化经济学研究，提出气候变化和低碳经济发展的新思维、新体系，在理念上和制度设计上领先国际，加强参与及引领全球气候治理规则制定的能力建设。

第四，培养懂专业、懂外语、懂谈判、懂外交规则的气候变化治理国际专业人才，增强中国在国际治理多边和双边谈判与合作中的话语权。。

结语　世界期待中国引领

由英国脱欧、美国退出《巴黎协定》掀起的反全球化、反贸易自由化、反气候变化运动，正在削弱美英的国际领导力。而中国积极落实《巴黎协定》，开展自主节能减排，向发展中国家提供绿色投资，中国的国际话语权正在不断增强。与此同时，中国提出的"一带一路"倡议正在开启新一轮贸易全球化和自由化。大国的地位、历史的潮流和发展的召唤把中国推向国际治理的前沿，中国愿意、可以，也有能力在未来的全球气候变化治理中起到引领作用；中国提出的绿色、低碳"一带一路"倡议的逐步落实不仅是对全球温室气体减排的又一大贡献，也将极大地促进新一轮的全球化发展。

致谢：感谢胡鞍钢教授协定本稿，高宇宁副教授提供评论，中国社会科学网张文齐编辑、《光明日报》理论版编辑部主任张雁给予修改建议。

碳 市 场

Carbon Market

B.2
发展碳价机制，促进低碳转型

何建坤 *

摘　要：　全球应对气候变化促进了能源体系的革命性变革，能源体系
低碳化和经济发展方式的低碳转型是保障经济社会持续发展
前提下应对气候变化的根本途径和战略选择。发展碳价机制，
充分体现碳排放空间的紧缺资源和生产要素的价值，是促进
企业和全社会节能降碳、实现气候适宜型低碳经济发展路径
的重要制度建设。我国积极推进全国统一的碳排放权交易市
场建设，促进全社会的广泛参与和自觉行动，并与政府强制
性管理措施相结合，将有效促进生产方式和消费方式的转变，
强化能源和经济低碳转型的速度和效果，并有助于我国在全
球气候治理中发挥积极的引领作用。

* 何建坤，清华大学低碳经济研究院院长，国家气候变化专家委员会副主任，清华大学原常务
副校长。

关键词： 碳价机制　碳市场　气候变化　能源变革

　　全球气候治理已进入全面落实《巴黎协定》的实施阶段，《巴黎协定》的达成和快速生效，体现了世界各国合作应对气候变化的广泛共识和强烈政治意愿①。但是，美国政府宣布退出《巴黎协定》，这可能会影响世界应对气候变化的信心和行动，影响发达国家向绿色气候基金出资的意愿和力度，从而延缓《巴黎协定》的实施进程。《巴黎协定》的落实面临新的复杂形势和艰巨任务，但无论如何，全球合作应对气候变化的趋势不可逆转。

一　应对气候变化推动了全球能源体系变革

　　《巴黎协定》是以全球控制温升不超过 2℃ 并努力控制在 1.5℃ 目标为指引，在公平公正的原则下，以各国"自下而上"地确定国家自主贡献（NDC）目标为基础的共同合作行动。但现阶段，各国 NDC 目标与实现 2℃ 目标存在巨大减排差口，如果 2030 年前全球不能进一步加大减排力度，未来存在全球温升超过 2℃ 的巨大风险②。另外，当前在落实《巴黎协定》的具体规则和行动等细节谈判中，关于如何体现协定中"共同但有区别的责任"原则、公平原则和各自能力原则，各方仍存在尖锐分歧和复杂博弈。因此面对这些问题，要全面、平衡地推进《巴黎协定》中减缓、适应、资金、技术、能力建设和透明度各要素的落实和实施；推进 2018 年促进性对话和 2023 年全球集体盘点，促进各国更新 NDC 减排目标和加大行动力度，推进公平公正、合作共赢的全球气候治理制度建设③。

---

① UNFCCC："联合国气候变化框架公约缔约方大会"，2015。
② IPCC：AR5 Synthesis Report. IPCC Press, http://ar5 - syr. ipcc. ch/.
③ 何建坤：《全球气候治理新机制与我国经济低碳转型》，《武汉大学学报》（哲学社会科学版）2016 年第 3 期。

能源体系的革命性变革是在管控气候风险的同时实现绿色低碳和可持续发展的根本途径和战略选择。推动能源变革，快速降低 GDP 的 CO_2 强度是统筹经济社会发展与应对气候变化的根本途径。这需要从以下两方面着手：一是大力节能和提高能源效率，降低单位 GDP 的能源强度；二是大力发展新能源和可再生能源，促进能源结构低碳化，降低单位能耗的 CO_2 排放强度。两项因素叠加，可促进 GDP 的 CO_2 强度更快下降。要实现《巴黎协定》中控制温升不超过 2℃ 的目标，全球 GDP 的 CO_2 强度年下降率要尽快超过 4%，而当前则不足 2%。到 21 世纪下半叶，必须实现 CO_2 近零排放，即意味着化石能源时代的终结，形成以新能源和可再生能源为主体的近零排放的新型能源体系[①]。

全球应对气候变化的紧迫形势促使能源变革呈快速发展趋势，低碳发展已成为世界潮流。未来 20 年单位 GDP 能耗下降的速度有望比前 20 年加倍，CO_2 排放增速有望降至前 20 年的 1/3，CO_2 的排放增速趋缓，世界新能源体系变革也呈加速趋势[②]。能源变革是历史发展的必然趋势，历史上煤炭替代木柴，石油、天然气替代煤炭，主要是技术进步推动下的市场作用的结果，是市场优化配置资源下的自然选择和各种能源载体的共存和互补。以新能源和可再生能源替代化石能源，是地球环境容量制约下人类自觉的选择，是在保护地球生态安全紧迫目标"倒逼"下的共同行动，要远远超越市场条件下的发展速度，需要政府的强制性制度保障和多种政策激励的支撑。当前的能源变革是在人类活动越来越超出地球环境承载力的情况下，为保护地球生态安全，促进经济社会与资源环境相协调和可持续发展而自觉推动的革命性行动[③]。

---

① IPCC：AR5 Synthesis Report. IPCC Press，http：//ar5 – syr. ipcc. ch/；何建坤：《全球气候治理新机制与我国经济低碳转型》，《武汉大学学报》（哲学社会科学版）2016 年第 3 期。

② IEA. 2016. CO_2 Emission from Fuel Combustion. Paris：IEA Statistics.

③ 何建坤：《推动能源革命，建设生态文明》，《生态文明十五讲》，科学出版社，2015。

二 碳价机制是推动能源和经济低碳转型的重要制度安排

全球应对气候变化的紧迫形势将促进人类社会形态向生态文明转型，从而推动碳价机制的发展。人类社会发展面临以气候变化为代表的生态危机，工业文明下的发展理念、道德观念和行为准则也将不适用于生态文明，必将引发根本性变革。工业文明向生态文明过渡，碳排放空间越来越成为更为紧缺的环境容量资源和生产要素，环境容量作为紧缺公共资源的价值被广泛认可，占用地球环境容量空间要付出代价。全球要走上气候适宜型的低碳经济发展路径，实现"发展"与"降碳"双赢，碳价机制越来越成为更多国家重要的制度建设。碳价机制既是使碳排放社会成本内部化的制度安排，同时也体现了碳排放空间作为紧缺资源和生产要素的价值。未来全球性碳市场的发展和碳金融创新有广阔空间，将对经济社会的发展方式以及世界范围内金融体系发展产生重大影响。

我国发展碳排放权交易市场是促进经济发展方式低碳转型和能源体系革命的重要制度建设。"五市二省"碳排放权交易试点取得积极成效，2017 年将启动全国统一碳市场。全国碳市场将涵盖石化、化工、建材、钢铁、有色金属、造纸、电力、航空等重点排放行业[①]。碳市场建设将促进我国经济低碳转型，实现碳排放总量控制，完成国家自主贡献目标。碳排放权交易市场是政府主导下实现国家减排目标的强制性市场机制设计，是把碳排放空间作为紧缺资源管理，促进其高效利用的政策手段，其核心是促进减排。排放配额总量确定要保证国家减排目标的实现，排放配额分配要体现国家产业政策，促进经济转型和产业升级。碳价反映全社会短期边际减排成本，在一定程度上也反映了一个国家减排目标的力度。碳市场明确的碳价信号可促进企业采取节能降碳技术和措施，引导社会投资方向，促进产业转型升级。碳排放权交易市场发展过程中建立的碳排放统计、监测、上报和核查体系，也是实现

---

① 孙永平主编《中国碳排放权交易报告（2017）》，社会科学文献出版社，2017。

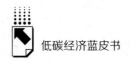

低碳发展最基础的制度建设，并适应在《巴黎协定》下全球盘点和透明度的要求。建立全国碳交易市场将推进我国低碳发展的能力建设，也是我国生态文明制度建设的重要内容。

三 促进碳市场健康发展的协同措施

我国经济新常态下推进新的发展理念，为全国碳市场建设和健康发展提供了良好的舆论氛围和政策环境。"十三五"全面推进创新发展、协调发展、绿色发展、开放发展、共享发展的新发展理念，以创新驱动，实现绿色、循环和低碳发展。我国实施能源生产与消费革命战略，实现 NDC 目标，建立并形成高效、安全、清洁、低碳的能源供应体系和消费体系，碳市场建设将发挥重要支撑作用。当前，要结合全国统一碳市场建设，推进以下协同措施。

其一，结合全国统一碳排放权交易市场的建设，构建自愿减排碳交易机制，增强碳市场的活力，形成全社会共同行动的合作平台和制度保障。要探索和寻求激励广大社会团体和公众积极参与的，对促发展、惠民生、保环境和温室气体减排有显著协同效应的项目和活动的有效机制。以核证自愿减排量（CCER）鼓励中小企业和社会各方积极参与，体现生态文明建设指引下可持续发展项目和活动所产生的减排协同效应的价值（具体措施如：造林和林地保护、农村分布式可再生能源、新型农牧业技术、中小企业节能等）；其交易量中有对强制性履约碳市场的补偿功能，但主要应是自愿承担社会责任的中小企业、团体和社会公众，自觉履行社会责任的自愿减排和"碳中和"。要努力以多种形式创造对自愿减排信用的购买需求，激发企业、社会团体和公众的责任意识和自觉参与行动；同时创造和整合对社会和公众有吸引力的供应，突出 CCER 项目的促发展、惠民生、保环境的协同效应[1]。

---

[1] 孙永平主编《中国碳排放权交易报告（2017）》，社会科学文献出版社，2017。

其二，我国要积极探索碳价机制和碳市场的国际合作，在国际社会发挥积极的引领性作用。引导国际"行业减排"的碳价机制建设（如国际航空、航海领域的减排）；探索区域性碳市场的合作与连接（如亚洲或中、日、韩合作，中国与美国加州碳市场的合作）；加强对未来全球碳价机制、碳市场发展趋势和管理机制的研究和参与，并发挥积极引领作用。

其三，企业要顺应全球低碳发展和碳价机制的发展趋势，借助国内碳市场发展的机遇，打造自身低碳竞争力。全球低碳化趋势将引发经济社会发展方式变革，改变世界范围内经济、贸易、技术的竞争格局；全球性绿色金融的发展导向，将促进产业的低碳转型和企业的技术升级，G20倡导绿色金融，高碳行业和技术面临融资困难，同时国家财税金融政策的绿色低碳导向，为企业低碳转型提供发展机遇；企业要在碳市场的推动下，自觉推进转型升级，打造低碳发展核心竞争力。

其四，将政府推动和管理与市场机制相结合，强化能源和经济低碳转型的速度和效果。我国要与碳价市场机制相结合，强化国家中长期战略导向、政府约束性目标和强制性标准、财税金融政策保障等措施，加速能源与经济的低碳转型。分阶段制定国家能源革命与低碳发展目标和路线图，制定不同区域、行业分类指导的政策和规划；强化节能降碳的技术标准和产业准入政策，加强财税金融等政策激励措施。政府要加强对碳市场运行的监管，并对碳排放配额分配、碳价水平进行及时调控，以政府和市场"双轮"驱动，推进能源和经济的低碳转型。

四　结束语

在全球应对气候变化的紧迫形势下，我国要统筹国内国际两个大局，外树形象和领导力，内促发展与转型，打造应对全球气候变化与国内可持续发展的双赢局面。坚持合作共赢、公平正义、共同发展的全球治理新理念，积极促进《巴黎协定》的落实和实施。坚持《巴黎协定》原则，积极引领国际谈判的走向，促进国际合作进程，并承诺与国情和发展阶段相符的责任担

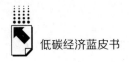

当，扩大全球治理的影响力和话语权。在国内积极实施应对气候变化战略，以生态文明建设和绿色、循环、低碳发展理念为指引，加强经济、能源、环境和应对气候变化的协同治理，推动能源革命和经济发展的绿色低碳转型，实现多方面共赢的发展目标，并为全球走上气候适宜型低碳经济发展路径起到引领和示范作用。

参考文献

［1］何建坤：《全球气候治理新机制与我国经济低碳转型》，《武汉大学学报》（哲学社会科学版）2016 年第 3 期。

［2］何建坤：《推动能源革命，建设生态文明》，《生态文明十五讲》，科学出版社，2015。

［3］孙永平主编《中国碳排放权交易报告（2017）》，社会科学文献出版社，2017。

［4］IEA，*CO₂ Emission from Fuel Combustion*，（Paris：IEA Statistics，2016）.

［5］IPCC：AR5 Synthesis Report，http：//ar5 - syr. ipcc. ch/.

［6］UNFCCC：“联合国气候变化框架公约缔约方大会”，2015。

B.3
全国碳排放权交易与节能政策和
可再生能源政策的协调

段茂盛[*]

摘　要：　全国碳排放权交易体系在初始阶段只覆盖二氧化碳一种温室
气体，与很多直接针对企业的可再生能源和节能政策，如可
再生能源开发利用目标引导制度、用能权交易等有着紧密的
联系。为充分发挥各项政策的作用，降低政策实施成本，对
相关政策的设计进行有效协调至关重要。《中华人民共和国
立法法》和《规章制定程序条例》关于行政法规和国务院部
门规章制定的规定，以及全面深化改革中的顶层设计要求，
为相关政策的协调提供了良好渠道。实践表明，这些政策的
协调性仍需进一步加强。

关键词：　碳排放权交易　节能政策　可再生能源

一　背景

为以较低成本实现已经确定的温室气体排放控制中长期目标，在七个省
市碳排放权交易（ETS）试点实践的基础上，我国决定于 2017 年启动全国
ETS，在全国范围内的碳排放控制领域践行"使市场在资源配置中起决定性

＊　段茂盛，清华大学能源环境经济研究所/中国碳市场研究中心。

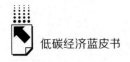

作用和更好发挥政府作用"这一党中央的重大决定。经过各级主管部门、企业、第三方机构、研究机构、咨询机构等各方的通力协作，全国 ETS 启动前的各项工作，包括体系的设计，重点纳入企业名单的确定及其相关历史数据的核算、核查和报告等已经取得了重大进展，为全国 ETS 的如期启动奠定了坚实的工作基础。

为有效控制温室气体排放，我国政府同时采取了调整产业结构、优化能源结构、节能提高能效等多方面的战略、政策和措施，取得了积极成效。在这些政策和措施中，很多是直接针对企业的，比如强制性的节能目标、节能补贴、可再生能源补贴、非水可再生能源发电配额考核制度等，与全国 ETS 之间有着紧密的联系，从而对全国体系减排目标的实现产生影响。

二 全国 ETS 的设计

在总结我国 ETS 试点以及国外主要 ETS 设计和运行的经验和教训的基础上，我国启动了全国 ETS 的设计和其他前期准备工作，涉及立法、体系关键要素设计、注册登记系统等硬件系统建设，纳入全国体系的企业温室气体排放的历史数据等。

2014 年底，国家发展和改革委员会（以下简称国家发展改革委）以部门规章的形式发布了《碳排放权交易管理暂行办法》（以下简称《管理办法》）。《管理办法》确定了全国体系的基本框架，明确了体系关键要素设计的基本原则和思路，是目前推进全国体系建设最主要的法律依据之一。根据《管理办法》，全国体系建设将遵循自上而下的思路，即在中央层面制定适用于全国的统一规则，一步到位建设全国体系，而不是采用对区域市场进行连接的方式建设全国体系。

（一）体系关键要素设计

在《管理办法》的基础上，国家发展改革委正在加紧制定关于全国体系各要素的详细规则，虽然相关的正式文件尚未发布，但从已经发布的关于全国市场准备的相关文件，比如国家发展改革委办公厅《关于切实做好全国碳排放权交易市场启动重点工作的通知》等，可以对全国市场的要素设计有一个大致的了解。

全国体系在初始阶段将覆盖大陆所有地区，只纳入二氧化碳这一种温室气体，覆盖行业将不超过发电、水泥、电解铝等几个主要排放行业，企业的纳入门槛为 2013～2015 年中任意一年的碳排放量达到 2.6 万吨二氧化碳或者年综合能耗达到 1 万吨标煤。在配额分配方面，为降低体系实施中的政治阻力，并有效应对纳入行业发展中的较大不确定性，全国体系运行的初期将以免费分配为主，免费分配的方法将优先考虑基于实际产出的基准线法。全国体系的配额总量将主要通过"自下而上"的方式确定，也就是由配额的免费分配方法确定体系的免费配额总量，然后加总有偿分配的配额数量得到体系的总量上限。全国体系将允许纳入体系的重点排放企业使用符合要求的核证自愿减排量，履行其在体系下的部分配额提交义务。

（二）《管理办法》的制定

根据《中华人民共和国立法法》以及《规章制定程序条例》的规定，国务院部门规章的制定需要经过立项、起草、审查、决定和公布等环节。其中，深入调查研究，总结实践经验，广泛听取有关机关、组织和公民的意见是《规章制定程序条例》关于规章制定的一个非常重要的要求。《管理办法》作为部门规章，其制定受到这些规定的约束，因此，《规章制定程序条例》规定的利益相关方咨询为协调全国 ETS 与节能提高能效和可再生能源政策的设计提供了重要的渠道。

全国体系立法工作开始于"研究制定全国碳排放权交易管理办法"被列入中央全面深化改革领导小组的年度重点工作安排的 2014 年。《管理办法》送审稿由国家发展改革委气候司负责起草。深入分析总结了国内外主要 ETS 建设和运行的经验教训，并以书面、专门会议等不同方式征求了国务院其他部委、省级政府、行业协会、企业、研究机构、国家发展改革委内的其他司局等各方的意见和建议。工业和信息化部负有工业能源节约方面的

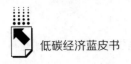

重要职责，国家能源局负有可再生能源方面的重要职责，国家发展改革委资源节约与环境保护司则负有节约能源方面的职责。这些机构实施的很多节能提高能效和可再生能源政策与全国 ETS 有直接联系，并相互影响，因而征求其关于全国体系的意见，为全国体系与相关政策的设计协调提供了非常重要的渠道和机会。

建议稿完成后，国家发展改革委法规司对其进行审查。审查后的建议稿经国家发展改革委主任办公会审议通过后于 2014 年底以国家发展改革委令的形式出台。国家发展改革委的主要政策文件都需要经过国家发展改革委主任办公会讨论通过，这是除了司局间征求意见外另一个对全国体系与节能和可再生能源政策设计进行协调的重要机会。

三　节能和提高能效政策

中国一直把节能和提高能效视为一项长期优先任务，以实现能源供需平衡、加快转变发展方式、改善环境质量、增强能源安全。《"十一五"规划纲要》确定了建设"资源节约型、环境友好型"社会的发展目标，首次提出单位 GDP 能耗下降约束性目标。2007 年修订的《中华人民共和国节约能源法》进一步明确了节约能源的基本国策，确定实行节能目标责任制和节能考核评价制度。

（一）主要政策

（1）分解落实约束性目标。单位 GDP 能耗下降目标具有法律效力，其完成情况是各级政府和国有企业绩效考核评价的重要内容。自"十一五"以来，中国相继提出强制性的与五年规划匹配的单位 GDP 能耗下降约束性目标，并逐级分解到省（自治区、直辖市）、市、县（区）和重点用能单位。在向地方分解约束性目标时，要综合考虑各地的经济发展水平、产业结构、节能潜力、环境容量及国家产业布局等因素。以国家"十三五"单位 GDP 能耗下降目标分解为例，全国 31 个省（区、市）被分为 5 组，分别承担 10%～17% 的下降目标。地方政府和重点用能企业要将五年约束性目标任务落实到每一年，并每年接受上级政府的评价考核。评价考核内容既包括年度节能目标完成情况，也包括各项节能措施落实情况，如组织管理制度情况、节能技术开发推广等。节能目标完成情况被作为地方和国有企业领导班子和领导干部综合考核评价的重要内容。

（2）开展重点企业节能行动。长期以来，中国把依靠行政指令管理、加强重点用能企业管理作为节能工作的主要着力点。2006 年起，国家发展改革委牵头启动千家企业节能行动，在钢铁、有色金属、煤炭、电力、石油石化、化工、建材、纺织、造纸 9 个重点耗能行业中，选择了年综合能源消费量达到 18 万吨标准煤以上的企业共 1008 家，为其下达了强制性的节能量目标，并签订了节能目标责任书。2010 年起，重点企业节能行动覆盖范围扩大到年综合能源消耗量达到 1 万吨标准煤的工业企业及年综合能源消费量达到 5000 吨标准煤的宾馆、饭店、学校等，达到 16000 余家。

（3）出台经济激励政策。2006 年起，中央政府设立节能专项资金，对工业企业实施节能技术改造、既有建筑节能改造、推广合同能源管理等给予补贴。在补贴方式上，采取"以奖代补"方式，按照节能量效果进行补贴。以工业企业实施节能技术改造为例，按项目技术改造完成后实际形成的节能能力进行补贴。各级地方政府也安排节能专项资金，采取类似方式对中小企业节能量较小的技改项目进行补贴。2008 年起，对企业从事符合条件节能项目的所得给予企业所得税减免。采取差别电价、阶梯电价等方式，在产业政策和行业监督管理中体现对节能的引导作用。

（二）与 ETS 政策的协调

在企业层面，全国体系在初始阶段纳入的企业都是节能政策针对的重点耗能单位，因而两者之间存在显著的相互影响。一方面，企业既面临单位增加值能耗下降的约束性目标，也在 ETS 中面临配额提交义务，两者既相互联系又有明显区别；另一方面，企业实施技术升级改造带来节能降碳成效，既可以获得财政资金补贴奖励，也可以从 ETS 中获益。在实施中可能存在

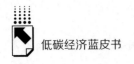

标准不一致、重复计算等问题，为了形成政策合力，节能政策与ETS政策需要进行有效协调。

（1）约束性目标。除了单位GDP能耗下降约束性目标，中国还计划实施能源消耗强度和能源消耗总量"双控"。在向企业层面分解节能约束性目标时，各级节能主管部门和应对气候变化主管部门应加强统筹，将节能目标分解方法与二氧化碳排放配额分配方法结合起来，由单位GDP能耗下降相对性目标，逐步过渡到能源消费总量控制目标，再进一步统一到二氧化碳排放总量控制目标。对于未纳入ETS企业的节能目标设定，应参考碳价水平，确保不同企业间的公平竞争。

（2）重点企业节能管理。通过给企业制定约束性节能目标，企业能效水平得到了显著提升。随着全国ETS的实施，应逐步减少对企业微观能源利用活动的指令干预，例如对企业投资活动能源利用状况的前置评估、审查等。应通过强化节能减排法律法规、节能标准、环保标准等的监督落实，推动节能与ETS下相关监测、核算和核查等标准的整合，避免重复，降低企业成本。

（3）经济激励政策。中国目前正在深化财税体制改革，节能领域的财政支出向综合政策示范、重点领域节能等方面倾斜。对于纳入ETS和未纳入ETS的企业，可以考虑在节能成效的财政奖励和补助方面区别对待，避免不必要的重复激励。

近年来，中央一直强调顶层设计这一重要的改革逻辑，希望从全局的角度，系统地对相关改革任务进行统筹规划，调配资源，高效实现目标，以避免相关政策碎片化和互相不协调。为加快推进生态文明建设，增强生态文明体制改革的系统性、整体性、协同性等，中共中央国务院2015年发布了《生态文明体制改革总体方案》。这是一次难得的在各个层面对全国ETS政策与节能和提高能效政策进行协调的机会。遗憾的是，在《生态文明体制改革总体方案》中同时提到推行用能权和碳排放权交易制度，但未触及两者的协调问题。在用能权交易制度的具体设计中，国家发展改革委内部相关司局的协调将是另一个重要的政策协调机会。

四 可再生能源政策

《中华人民共和国可再生能源法》构建了支持可再生能源发展的五项重要制度，即总量目标制度、强制上网制度、分类电价制度、费用分摊制度和专项资金（基金）制度，逐步建立了针对可再生能源的直接扶持政策体系。同时，通过参加清洁发展机制以及国内自愿减排市场获得减排量收益，也是21世纪初新能源发展不可忽视的驱动力，应对气候变化成为可再生能源发展的新动力，可再生能源政策和碳市场政策开始相互关联和影响。

（一）主要政策

（1）发展目标及考核机制。中国主要通过非化石能源比重目标和五年可再生能源发展规划确定可再生能源发展目标。例如，2016年发布的《可再生能源发展"十三五"规划》提出，到2020年全部可再生能源年利用量将达到7.3亿吨标准煤，其中商品化可再生能源利用量达到5.8亿吨标准煤，发电量达到1.9万亿千瓦时。随着能源消费增速下降和可再生能源比重增加，能源结构调整进入化石能源与可再生能源此消彼长的矛盾冲突期，可再生能源发展亟须从供需两侧驱动。2016年，国家能源局颁布了《关于建立可再生能源开发利用目标引导制度的指导意见》，要求按照全国可再生能源发展规划目标，建立各省（区、市）一次能源消费总量中可再生能源比重及全社会用电量中消纳可再生能源电力比重的指标管理体系，按年度分解落实，并对各省（区、市）、电网公司和发电企业可再生能源开发利用情况进行监测。

（2）扶持价格政策。主要是为水电之外的新能源提供高于中国煤电标杆电价的扶持电价。新能源发电所获得的固定电价或招标电价的资金来源包括两部分：一是由电网企业结算的费用，标准为当地燃煤标杆电价；二是高于当地燃煤标杆电价的差额，由可再生能源发展基金拨付，资金来源为电力用户缴纳的可再生能源电价附加。随着新能源电力规模的快速增加，全国可

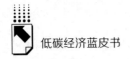

再生能源补贴资金需求总量快速增长。虽然国家五次提高可再生能源电价附加标准，但截至 2016 年底，全国可再生能源补贴资金缺口累计高达 550 亿元人民币。

（3）可再生能源绿色证书。为解决可再生能源补贴资金问题，2016 年 4 月国家能源局下发了《关于建立燃煤火电机组非水可再生能源发电配额考核制度有关要求的通知（征求意见稿）》。实施非水可再生能源发电配额考核制度就是落实目标引导制度，到 2020 年，煤电企业非水可再生能源发电量与其煤电发电量的比重不低于 15%，可通过自建非水可再生能源项目或购买可再生能源绿色证书的方式完成指标要求。

（二）与 ETS 政策的协调

可再生能源政策与全国 ETS 的交互主要表现在两个方面。首先，发电部门是最重要的排放行业，是全国 ETS 首先纳入的部门，全国体系通过对排放施加限制，与可再生能源政策共同对发电企业的投资和运行决策产生巨大影响。其次，全国体系下将允许企业使用符合要求的核证自愿减排量履行其部分配额提交义务，但核证自愿减排量的产生需要经过严格程序，而且全国体系也将对可以使用的指标类型施加限制，将会对可再生能源项目在全国体系下的获益产生直接影响。

ETS 下的配额分配方法将直接影响纳入体系的发电设施所面临的成本。全国体系下将主要采用基于实际产出的基准线方法，分配基准值的设定将直接影响发电设施配额的短缺或者盈余及由此带来的成本或者效益。基准值越低，化石燃料发电设施可获得的免费配额量越少，则可再生能源发电的竞争力越强；反之亦然。但基准值越低，意味着全国体系的推行阻力将越大，因此，基准值的设定不但需要平衡对不同化石燃料机组的影响，也可适度考虑对可再生能源发电竞争力的影响。另外一个更重要的影响因素是配额分配中的拍卖比例。目前发电行业的配额分配方法确定，无论是在有偿分配的比例还是基准值的设定中，更多考虑的是体系推行的阻力以及化石燃料机组内部的平衡，尚未考虑对可再生能源发电的影响问题。

全国体系下的抵消机制细则尚未公布，因此尚不清楚对可以用于履约目的的核证自愿减排量的要求，但根据试点的经验，相关限制可能包括来源的项目类型、签发时间、抵消比例等。在制定抵消细则时，需要与可再生能源政策协调，比如是否允许水电项目产生的减排指标的使用。一个可再生能源项目可否产生减排指标，需要经历严格的额外性论证，但在煤电企业承担了强制性的非水可再生能源发电量目标的情况下，需要妥善处理为完成这一目标而建设的项目，或者已经获得批准的项目，必要时可能需要修改现有的项目论证规则。由于抵消机制的细则尚未公布，相关政策是否协调还未可知，也未见就此问题公开征求意见。

五 结论

从技术层面来看，国务院关于制定部门规章中需要正式征求相关各方意见的规定以及全国 ETS、节能提高能效政策和可再生能源政策均属于国家发展改革委职权范围这一现状，为全国 ETS 与其他两个政策的协调提供了良好的渠道。从政治层面来看，顶层设计这一重要的新改革逻辑，为相关政策进行统筹协调提供了必要的动力。从实践效果来看，全国 ETS 与另外两者之间的协调仍需进一步加强，尤其是需要在更高层面对相关政策设计进行有力协调，避免相互之间可能的干扰，提高政策效率，降低行政成本。而要做到这一点，除了需要对不同政策之间的相互作用有清晰的理解之外，更需要有破除部门利益的勇气。欧盟在协调温室气体减排、节能和可再生能源三个目标之间的实践，或许可以为我国提供一定的借鉴。

参考文献

［1］国家发展和改革委员会等：《关于印发万家企业节能低碳行动实施方案的通知》，http：//www.ndrc.gov.cn/zcfb/zcfbtz/201112/t20111229_453569.html，2011。

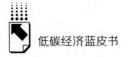

［2］国家发展和改革委员会:《关于印发可再生能源发展"十二五"规划的通知》,http://www.sxdrc.gov.cn/xxlm/xny/zhdt/201212/t20121213_67157.htm,2012。

［3］国家发展和改革委员会:《碳排放权交易管理暂行办法》,http://qhs.ndrc.gov.cn/qjfzjz/201412/t20141212_697046.html,2014。

［4］国家发展和改革委员会:《强化应对气候变化行动——中国国家自主贡献》,http://www.ndrc.gov.cn/gzdt/201506/t20150630_710226.html,2015。

［5］国家发展和改革委员会:《关于切实做好全国碳排放权交易市场启动重点工作的通知》,http://qhs.ndrc.gov.cn/qjfzjz/201601/t20160122_791850.html,2016。

［6］国家发展和改革委员会:《关于开展用能权有偿使用和交易试点工作的函》,http://www.ndrc.gov.cn/zcfb/zcfbtz/201609/t20160921_819068.html,2016。

［7］国家发展和改革委员会:《可再生能源发展"十三五"规划(公开发布版)》,http://ghs.ndrc.gov.cn/ghwb/gjjgh/201706/t20170614_850909.html,2016。

［8］国家发展和改革委员会:《全国碳交易市场配额分配方案(讨论稿)》,http://www.ideacarbon.org/archives/39381,2017。

［9］国家能源局:《关于建立可再生能源开发利用目标引导制度的指导意见》,http://zfxxgk.nea.gov.cn/auto87/201603/t20160303_2205.htm,2016。

［10］国家能源局:《关于建立燃煤火电机组非水可再生能源发电配额考核制度有关要求的通知(征求意见稿)》,http://paper.people.com.cn/zgnyb/html/2016-05/09/content_1678153.htm,2016。

［11］国务院:《规章制定程序条例》,http://www.gov.cn/gongbao/content/2002/content_61556.htm,2011。

［12］全国人民代表大会:《中华人民共和国立法法》,http://www.gov.cn/test/2005-08/13/content_22423.htm,2000。

［13］国务院:《生态文明体制改革总体方案》,http://www.gov.cn/guowuyuan/2015-09/21/content_2936327.htm,2015。

［14］Duan, M., "From Carbon Emissions Trading Pilots to National System: The Road Map for China," *Carbon & Climate Law Review* (3), 2015, pp. 231-242.

［15］Duan, M., Zhou, L., "Key Issues in Designing China's National Carbon Emissions Trading System," *Economics of Energy & Environmental Policy* 6 (2), 2017, pp. 55-72.

［16］Pang, T., Duan, M., "Cap Setting and Allowance Allocation in China's Emissions Trading Pilot Programmes: Special Issues and Innovative Solutions," *Climate Policy* 16 (7), 2015, pp. 815-835.

B.4
中国试点碳市场碳价波动、成因及对策

苏建兰*

摘　要：　试点碳市场作为中国参与全球减排行动和遏制环境问题加剧的窗口，其运行引起了国内外广泛关注。碳价作为市场信号，它的形成与波动会对市场运行产生深远影响。笔者基于中国七个试点碳市场分析碳价格波动状况，从碳产品特殊性、碳价影响因素复杂性、总量控制下配额分配方式单一性、试点市场价格机制尚未完善等方面深层剖析引发碳价波动的原因，提出应该理性分析碳产品价格波动，摸索碳价变化规律，在加大配额拍卖比例的前提下完善中国试点碳市场价格形成机制，灵活使用定价政策激励市场主体。

关键词：　碳价波动　碳市场　碳排放

随着中国工业化进程的加快，以 CO_2 为主的温室气体排放量呈快速增长态势，碳排放总量已居世界第一。虽然暂未被强制纳入《京都议定书》减排行列，但作为负责任大国，我国长期致力于遏制全球气候变暖，参与全球减排行动，目前正采取市场化手段——碳交易改善环境问题。虽然中国至今尚未启动统一碳交易市场，但已以政府为主导，开展地方试点市场进行碳交易活动。

碳价是碳市场运行的核心要素，是衡量碳产品价值的工具，遵循价格围

＊　苏建兰，西南林业大学经济管理学院。

绕价值上下波动的市场规律。中国碳交易市场目前处于试点运行阶段，研究
碳价波动可从根本上探究市场运行状况，为市场良性发展提供依据。综观国
内外研究现状，国外学者研究内容主要包括：交易成本和市场结构对碳交易
价格产生影响（Godby，2002）。成本影响价格，垄断势力降低市场分配效
率，碳价的现货、期货价格特征与变化影响交易行为，分析碳交易市场价格
形成机制尤为重要。不仅要分析碳价影响因素（Seifert et al.，2008），还要
密切关注碳价变化（Chevallier，2010）。国外学者针对欧盟市场碳价分析和
碳交易全球化，从宏观方面关注碳交易产品价格变化。Rob Dellink（2013）
等学者认为建立全球直接或间接碳市场使国际减排成本降低，各参与主体可
实现最佳利益，进而促进全球环境问题的有效解决。Lankoski（2015）等学
者深入探讨了环境市场日益成熟条件下的全球环境共同利益。中国学者基于
国际碳交易理论与实践，积极探索中国碳价形成（关丽娟等，2012；胡冰
阳，2013）与定价机制（蒋志雄等，2015），阐释碳价波动（刘承智等，
2014）及其原因以提出优化对策。此外，中国学者还对中国碳价与国际碳
价差距产生的原因、影响因素展开了研究（沈立群，2008；赵捧莲等，
2011；巫蓓等，2014；武思彤，2017），认为信息充分度、市场势力、交易
成本和国际政策等因素导致了国内外价差。总结国内外研究成果，碳价波动
是碳市场运行的重要议题，值得密切关注与研究。笔者基于中国七个试点碳
市场分析价格波动，剖析碳价波动的深层原因，为试点碳市场实现合理碳价
机制提出了相应对策。

一 中国试点碳市场的形成与发展

（一）中国试点碳市场的形成

中国积极响应并加入《联合国气候变化框架公约》，成为《京都议定
书》的缔约成员国，在两大国际减排公约框架下不断完善政策法规，开展
碳交易实践活动，具体表现在以下几点。①制定相关立法，构建碳交易制

度，出台《中国应对气候变化国家方案》《节能减排综合性工作方案》《温室气体自愿减排交易管理暂行办法》等政策法规，构建和完善主要污染物排放交易制度；②启动碳交易市场，构建京津沪三大碳交易市场，确定减排目标，确立碳排放权交易试点，从区域向全国推进碳交易（林健，2013）；③为中国碳交易市场发展和国际合作制定远景计划，针对碳交易企业范围、交易产品扩大与增加、国际碳市场对接和国际合作等做出了明确规划（李尚英等，2015）。

2011年，中国政府确立北京、上海、天津、重庆、广东、深圳和湖北为碳排放权交易试点。2013年是中国碳交易元年，北京、天津、上海、广东和深圳先后启动碳交易试点市场，湖北和重庆于2014年上半年开启碳试点市场并产生了地方配额和交易价格。至此，七大试点碳交易市场代表中国开展碳交易和国际合作活动。

（二）中国试点碳市场的发展

中国采取以试点推动全国的阶段性递进模式发展碳市场，各试点区域根据本地经济结构选择重排行业和企业，运行基于总量控制和配额分配的碳排放权交易体系，以实现市场手段解决环境问题的目的。截至2017年2月28日，全国配额累计交易量约为4.01亿吨，交易额达94.26亿元。其中，线上公开交易累计成交6591.4万吨，成交金额17.23亿元；大宗及协议转让累计成交5865.28万吨，成交金额6.27亿元；现货远期累计成交2.58亿吨，成交金额61.86亿元；公开拍卖累计成交1846.91万吨，成交金额8.90亿元。另外，CCER成交8390.91万吨（邹春蕾，2017）。

当前中国碳试点市场运行特征和工作重点为：①碳减排主体多为大型、高能耗国有企业，国资委管辖央企居多，有助于行政监管，强化碳市场权威，保证碳交易市场顺利运行；②探索和实践总量控制、配额分配和管理、碳排放测量、报告与核查、反馈机制等规程；③免费发放和拍卖相结合分配企业额度；④积极遵循《京都议定书》合作机制，引进发达国家资金、技术支持中国试点碳市场发展，有效对接国际碳市场。

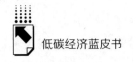
中国试点碳市场运行至今，尽管交易规模和交易额都未能够达到预期，但试点交易顺利开展，提升了高能耗产业减排意识，激励了社会各界投资低碳行业，试点经验可为全国统一碳市场运行夯实基础。

二 中国试点碳市场碳价波动状况分析

（一）中国试点碳市场碳价波动实证分析

中国七大试点碳市场分别于 2013 年、2014 年开启交易活动。笔者以 2013 年 7 月至 2017 年 10 月碳价为基础，分析试点市场碳价总体波动状况。如图 1 所示。

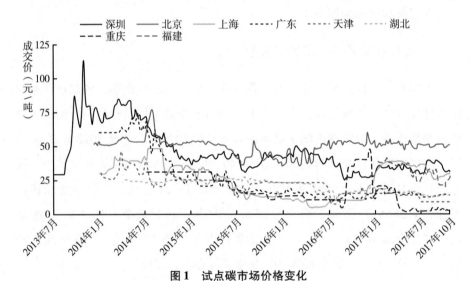

图 1 试点碳市场价格变化

注：福建和四川作为非试点碳交易市场，其中福建市场已经启动运行，本图将其纳入做相关分析。

资料来源：中国碳排放网。

图 1 显示，各试点区域成交均价差异大，波动程度不一。深圳碳交易市场启动初期，碳价突破 100 元/吨，随着交易逐渐正规化，碳价低至近 30 元/吨。重庆作为市场后进入者，单位成交价呈走低状态，类似市场还包括广

东、天津和湖北，每吨碳价未突破 20 元。此外，各市场碳价变化无法体现价值规律，低价未能刺激需求量增加，甚至价格下降时需求量也下降，湖北交易市场 2017 年下半年碳价下降所伴随的需求量下降佐证了此现象。试点市场各自为营开展碳交易，除北京和上海交易相对稳定外，其余试点市场价格起伏较大，碳价无规律可循，价值规律未发挥作用。图 1 未能显示各市场之间价格波动的共同区间。

碳价波动直接影响交易金额，即使试点市场碳价下降，交易量增加也未促进成交额相应上升。湖北试点市场规模较大，高达 4775.3 万吨，因其碳价较低，启动至今碳均价为 18.71 元/吨，交易额仅为 89337.2 万元，占全国 36.5% 的成交量却只获得 32.9% 的收益。具体数据如表 1 所示。

表 1　中国试点区域碳成交均价、成交总量和总额（截至 2017 年 10 月底）

序号	市场名称	交易启动时间	成交均价（元/吨）	成交总量及占比（万吨）		成交总额（万元）	
				数量	占比（%）	数量	占比（%）
1	深圳碳交易市场	2013 – 06 – 18	27.98	2346.2	17.9	65635.5	24.2
2	上海碳交易市场	2013 – 11 – 26	22.27	990.3	7.6	22051.4	8.1
3	北京碳交易市场	2013 – 11 – 28	50.41	708.9	5.4	35736.4	13.2
4	广东碳交易市场	2013 – 12 – 19	14.65	3136	24	45945.5	16.9
5	天津碳交易市场	2013 – 12 – 26	13.70	300.5	2.3	4116.4	1.5
6	湖北碳交易市场	2014 – 04 – 02	18.71	4775.3	36.5	89337.2	32.9
7	重庆碳交易市场	2014 – 06 – 19	4.17	624.2	4.8	2589	1
8	福建碳交易市场	2016 – 12 – 22	28.28	205.3	1.6	5805.3	2.1

资料来源：中国碳排放交易网。

（二）中国试点碳市场碳价与国际碳价差距分析

世界银行 2016 年全球碳价监测报告显示，全球以碳价或碳税实施减排的国家级碳交易体系共有 40 个，其中 14 个国家正实施或计划实施碳交易体系和碳税，4 个国家实施或计划实施碳税，22 个国家正实施或计划实施碳交易体系。地方减排市场共有 23 个，除 1 个地方市场实施或计划实施碳价机制或碳税，其余市场均以碳排放交易体系为主导。观察国际碳价，变化弧度较大，从每吨碳不足 1 美元到 137 美元，碳价不稳定现象凸显，具体如表 2。

表 2 不同国家或地区碳交易体系或碳税单价

序号	国家或地区	碳交易体系或碳税	价格单位:美元/吨 CO_2 排量(US $ /tCO_2e)
1	瑞典	碳税	137
2	瑞士	碳税	88
3	芬兰	碳税(运输燃油)	66
4	芬兰	碳税(加热燃料)	62
5	挪威	碳税(上限)	53
6	日本	东京和琦玉碳排放体系	31
7	丹麦	碳税	26
8	法国	碳税	25
9	不列颠哥伦比亚、爱尔兰	碳税	23
10	斯洛文尼亚	碳税	20
11	韩国	碳排放体系	16
12	阿尔伯塔省	碳排放体系	15
13	魁北克、加利福尼亚	碳排放体系	13
14	瑞士	碳排放体系	9
15	冰岛	碳税	9
16	新西兰	碳排放体系	8
17	葡萄牙	碳税	8
18	北京、深圳;欧盟、区域温室气体行动组织	试点市场、碳排放体系	6
19	拉脱维亚、挪威	碳税	4
20	天津、湖北	试点碳市场	4
21	墨西哥、日本	碳税	3
22	爱沙尼亚、墨西哥	碳税	2
23	广东、上海和重庆	试点碳市场	2
24	波兰	碳税	1

资料来源:世界银行《碳价监测报告2016》。

对比中国试点碳市场和全球碳市场价格，中国试点碳市场每吨 CO_2 排放量价格处于全球较低水平，除北京碳价相对较高外，其他试点市场价格偏低。不管全球碳价如何波动，中国试点碳市场价格处于劣势，无法获得更高收益。

（三）中国试点碳市场未来碳价波动预测

笔者以时间序列方法构建 ARIMA 模型，预测未来中国碳价波动，分析中国试点市场碳价走势。

1. ARIMA 模型简介及建模流程

经济运行中，多数金融和经济数据有不同的随机规律，难以通过已收集信息掌握时间序列总体随机性，为了描述非平稳时间序列的自相关性，ARIMA（p, d, q）模型应运而生：

假设 yt ~ I（d），则：

$$ut = \triangle dyt = (1 - L)dyt \tag{1}$$

ut ~ I（0），可对 ut 建立 ARMA（p, q）模型，如式（2）所示：

$$ut = c + \phi1ut - 1 + \cdots + \phi put - p + \varepsilon t + \theta1\varepsilon t - 1 + \cdots + \theta q\varepsilon t - q, t = 1,2,\cdots,T \tag{2}$$

式中：c 为常数；$\phi1$，$\phi2$，$\cdots\phi p$，$\theta1$，$\theta2$，$\cdots$，θn 分别是自回归模型和移动平均模型的系数；p 是自回归模型阶数；q 是移动平均模型阶数；εt 是均值为 0，方差为 $\sigma2$ 的白噪声序列。

ARIMA（p, d, q）建模流程为 4 个步骤：①对检验后不满足平稳性条件的原序列进行差分变换使其满足平稳性条件；②通过如自相关系数和偏自相关系数等能够描述序列特征的统计量并结合 AIC 或 SC 来确定模型的阶数 p 和 q；③利用最小二乘法估计模型的未知参数，对参数进行显著性检验，并检验模型本身的合理性；④进行诊断分析，以证实所建模型确实与所观察数据特征相符。

2. 基于 ARIMA 模型下的中国试点碳市场价格预测

（1）样本选取及数据来源。本报告以中国七大试点碳市场为研究对象，

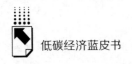
选取了试点碳市场 2013～2016 年（定义日期为"日"）成交价为分析数据，运用 SPSS18.0 统计软件，预测未来碳市场成交价走向。

（2）试点碳市场原始数据序列描述。原始数据序列说明我国试点碳市场成交价总体呈抛物线趋势。市场形成初期成交价普遍较低，随后除湖北、深圳交易所成交价分别在 25 元、45 元上下弹性波动外，其他试点市场成交价呈大幅度、波浪式攀升。然而大幅攀升持续时间较短，2015 年碳价整体下降，直至 2016 年才有所回升。欧洲碳交易市场成交价处于平稳上升状态，2016 年已达 35 美元左右。与其相比，我国试点碳市场成交价波动幅度大，上升持续时间短。

（3）模型参数的估计与统计量分析。运用 SPSS18.0 对原始数列通过差分处理进行平稳化分析，得出差分后序列的时间序列图、ACF、PACF。将北京交易所识别为 ARIMA（2，1，2）模型，上海交易所识别为 ARIMA（1，1，1），广东交易所识别为 ARIMA（0，2，1），天津交易所识别为 ARIMA（3，1，0），深圳 SZA－2013 识别为 ARIMA（1，1，2），深圳 SZA－2014 识别为 ARIMA（2，1，1），深圳 SZA－2015 识别为 ARIMA（0，1，1），湖北交易所识别为 ARIMA（0，1，1），重庆交易所识别为 ARIMA（2，1，2），欧洲现货交易市场识别为 ARIMA（0，1，1），欧洲期货交易市场识别为 ARIMA（2，1，2）。因国内期货市场尚未建立，与欧洲期货市场不存在可比性。

通过 ARIMA 模型预测，得出统计分析结果如下。

北京交易所模型统计的 Sig = 0.868 远远大于 0.05，可以认为模型显著性很高，且 AR、MA 部分两个 Sig 系数均小于 0.05，且 BIC 指标较小，接受估计值。上海交易所模型 Sig = 0.754 远远大于 0.05，可以认为模型显著性很高，且 AR、MA 部分两个系数均小于 0.05，且 BIC = 0.736 指标较小，接受估计值。广东交易所平稳的 R 方大于 0，表示拟合后的数列优于原数列，虽然模型 Sig = 0，但 BIC 指标较小，R 方较大，所以接受拟合模型。天津交易所模型 Sig = 0.229 大于 0.05，显著性高，且 AR、MA 部分两个系数均

表 3   ARIMA 模型统计量分析

模型	预测变量数	模型拟合统计量			Ljung-Box Q(18)			离群值数
		平稳的 R 方	R 方	正态化的 BIC	统计量	DF	Sig.	
北京	0	0.058	0.908	1.589	8.384	14	0.868	0
上海	0	0.031	0.988	0.736	11.847	16	0.754	0
广东	0	0.506	0.993	1.011	53.210	17	0.000	0
天津	0	0.043	0.978	−0.051	18.680	15	0.229	0
深圳 SZA-2013	0	0.025	0.976	2.037	35.247	15	0.002	0
深圳 SZA-2014	0	0.162	0.788	2.339	8.185	15	0.916	0
深圳 SZA-2015	0	0.141	0.816	1.960	12.690	17	0.757	0
湖北	0	0.136	0.933	−0.263	37.622	17	0.003	0
重庆	0	0.038	0.990	−0.146	12.278	15	0.658	0
EEXEUA Spot 现货	0	0.169	0.951	−2.273	9.690	17	0.916	0
EEXEUA Spot 期货	0	0.148	0.966	−0.424	24.034	14	0.045	0

小于 0.05，且 BIC 指标较小，接受估计值。深圳 SZA-2013 平稳的 R 方大于 0，表示拟合后的数列优于原数列，虽然模型 Sig=0.002 小于 0.05，但 BIC 指标较小，R 方较大，所以接受拟合模型。深圳 SZA-2014 模型选择 BIC=2.339 的 ARMA（2，1，1）模型，Sig=0.916 远远大于 0.05，具有较强显著性，接受模型预测。深圳 SZA-2015 模型 Sig=0.757 远远大于 0.05，具有较强显著性，接受模型预测。湖北交易所平稳的 R 方大于 0，表示拟合后的数列优于原数列，虽然模型 Sig=0.003，但 BIC 指标较小，R 方较大，所以接受拟合模型。经比较重庆交易所选择 BIC=−0.146 的 ARMA（1，1，2）模型，模型 Sig=0.658 远远大于 0.05，具有较强显著性。及 BIC=0.147 的 ARMA（2，1，2）模型，模型 Sig=0.685 远远大于 0.05，具有较强显著性。两者均具有显著性，故选取 BIC=0.147，接受模型预测。EEXEUA Spot 现货市场 Sig=0.916 远远大于 0.05，可以认为模型显著性很高，且 AR、MA 部分两个 Sig 系数均小于 0.05，且 BIC 指标较小，接受估计值。EEXEUA Spot 期货市场 Sig=0.045 小于 0.05，但其平稳的 R 方大于 0，表示拟合后的数列优于原数列，而且 BIC 指标较小，R 方较大，所以接

受拟合模型。详见表3。

（4）残差序列自相关检验（残差的白噪声检验）。上述构建的模型，其残差的 ACF 与 PACF 图可直观看到各时滞上的自相关系数均无统计学意义，都没有显著的趋势特征（拖尾或截尾），故可以初步判断这个模型是比较恰当的。残差序列的自相关和偏自相关系数都在 0.05 的置信区间内，自相关系数几乎都小于 0.1，表明残差序列是纯随机的，接受检验。

（5）碳交易市场成交价预测。由于模型经检验属恰当，笔者对未来中国试点碳市场成交价格进行预测，预测结果如表4所示。

表4　中国试点碳市场成交价预测

单位：元/吨

地点	第一期	第二期	第三期	第四期	第五期	第六期	第七期	第八期	第九期	第十期
北京	54	53.55	53.82	53.46	53.74	53.42	53.7	53.42	53.68	53.42
上海	9.8	9.8	9.8	9.8	9.8	9.8	9.8	9.8	9.8	9.8
广东	12.49	12.43	12.38	12.32	12.27	12.21	12.16	12.1	12.05	11.99
天津	14.74	14.74	14.74	14.74	14.74	14.74	14.74	14.74	14.74	14.74
深圳 SZA－2013	40.84	40.17	40.06	40.05	40.04	40.04	40.04	40.04	40.04	40.04
深圳 SZA－2014	40.14	40.18	40.2	40.22	40.23	40.24	40.25	40.26	40.26	40.27
深圳 SZA－2015	28.26	28.26	28.26	28.26	28.26	28.26	28.26	28.26	28.26	28.26
湖北	16.16	16.16	16.17	16.17	16.17	16.17	16.18	16.18	16.18	16.19
重庆	34.03	33.36	32.73	32.21	31.8	31.53	31.39	31.35	31.4	31.52
现货	8.2	8.2	8.2	8.2	8.2	8.2	8.2	8.2	8.2	8.2
期货	34.58	34.59	34.61	34.63	34.65	34.66	34.67	34.68	34.68	34.69

注：对于每个模型，预测都在请求的预测时间段范围内的最后一个非缺失值之后开始，在所有预测值的非缺失值都可用的最后一个时间段或请求预测时间段的结束日期（以较早者为准）结束。

中国试点碳市场未来成交价预测表显示：北京、深圳碳成交价依然居高不下，其中北京高成交价、低成交量趋势短期内得不到缓解，深圳高成交价若延续势必造成未来碳交易量萎缩。上海、广东、天津以及湖北交易所保持着低成交价的一贯趋势，重庆交易所未来碳成交价仍然保持中等水平。中国试点碳市场价格与国际市场价格差明显，价格持续走低的上海、湖北和广东等市场与国际价差更为明显，将吸引国外中间商通过二级市场获得较高收益。

三　中国试点碳市场碳价波动产生的原因

（一）碳产品特殊性导致的价格波动在所难免

碳产品相比其他商品具有特殊性，即产权赋予性、产品虚拟无形性、外部性、成本构成差异性和交易抽象性。它只有经政府或相关部门核证后才能够成为商品，既不能够给购买者带来直接产品，也无法使购买者获得消费产品后的满足感。市场主体更多出于社会责任，完成减排承诺而被动交易。另一方面，碳产品成本不同于一般商品成本，由交易成本和风险成本构成，无法用"生产成本＋利润＋税金"传统模式决定产品价格，对产品定价和进入市场造成阻力。

碳产品交易所面临的挑战远远高于普通商品，加之交易成本上升、利润获取无法预期导致市场主体参与意愿不强烈，中国试点碳市场交易价格波动在所难免。

（二）碳产品价格影响因素的复杂性导致价格波动较大

碳交易在国内外均为政治博弈的产物，受多种因素影响，任一因素稍发生变化，就会对碳产品价格产生影响。

从市场供给和需求分析，减排行业覆盖范围多少，配额总量设定大小及分配方式、排放检测技术严格程度、处罚力度等都是影响价格变化的直接因素，即碳价受各国政府政策影响。此外，碳交易体系为复杂系统工程，稍有误差就会导致价格体系变化，如排放总量测算，若行业方法不规范或不客观，则导致行业排放无法如实体现需求。政府强制手段实施不到位或委托代理问题导致的市场失灵，都会使企业产生规避行为而无法正常提供需求数

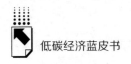

据。诸多影响因素导致碳价波动较大是短期内无法避免的事实，国内外均面临此挑战。

（三）中国试点碳市场配额分配方式单一，以免费发放为主，拍卖所占比重较少使市场规律无法正常发挥作用

中国七个试点碳市场均以配额交易为主，各市场分别以基准线法和历史排放法，或任选一种方法确定指定时期配额数量。各试点区域配额分配方式存有差异，具体如表5所示。

表5　试点碳市场配额分配方式与拍卖比重

试点碳市场	时间	配额分配方式	拍卖所占比重
北京	2009~2011	祖父原则：免费和拍卖混合分配（年度分配）	配额比例的5%
上海	2013~2015	祖父原则和行业基准线：免费和拍卖混合分配（一次性分配）	暂无详细规定
广东	2009~2011	祖父原则和行业基准线：免费为主，有偿为辅。2015 年以前：免费 97%；2015 年：免费 90%（一次性分配）	2015 年前：3% 2015 年后：10%
深圳	2013~2015	根据企业碳强度（增加值或碳排放量），而非排放绝对值	配额比例的3%
湖北	2014~2016	试点期间免费发放，配额 80% 取决于历史排放，20% 为先期减排奖励	配额比例的3%
天津	2013~2016	根据各年度总量，综合考虑纳入企业历史排放水平、已采取的节能减碳措施及未来发展计划，CO_2 排放配额以免费发放为主，以拍卖或固定价格出售等有偿发放为辅	仅在交易市场价格出现较大波动时采取拍卖或固定价格出售
重庆	2004~2005	自主申报，免费发放碳排放配额	暂无详细规定

资料来源：各试点碳交易市场网站、中国碳排放网、二手文献资料整理。

尽管免费发放配额是碳市场运行初期许多国家采取的激励措施，但配额拍卖因其市场效率必然成为未来趋势。中国试点碳市场除上海和重庆暂未明确规定配额拍卖外，其余区域都制定了配额拍卖比重。然而中国配额数量较

多且免费发放，参与拍卖比例有限，势必导致各试点市场价差大，甚至出现市场失灵现象。

（四）中国试点碳市场价格机制尚未形成，市场主体参与意愿不强

中国各试点碳市场之间价差较大，与国际市场价差异明显。深究中国试点市场碳价波动较大的原因，是各区域没有相对统一的运行机制，每个市场总量控制、配额数量及其分配形式、交易模式等都不尽相同。加之碳交易产品特性，由政府或相关组织赋予污染体产权，市场化运作难度较大。中国七大试点碳市场启动时间较短，短期内无法形成价格机制，使碳价变动至今仍无规律可循。

此外，以免费发放为主的配额分配方式易导致碳价失灵，重排主体担责较轻而起不到较好约束作用，配额价值不能通过市场交易彰显，导致碳市场交易规模小、商品价格和企业利润低下、市场活跃程度不足。总之，市场主体参与意愿不强，限制了市场扩大与快速发展。

四 中国试点碳市场实现合理碳价的对策

（一）理性分析虚拟特殊商品特性和影响因素复杂性导致的碳产品价格波动，发现价格变化规律，寻求应对策略

首先，碳产品特殊性导致的价格波动在所难免，价格影响因素复杂性带来的价格波动是市场交易的正常反应，应理性分析。碳价波动说明政府赋权成功，市场化手段使碳产品外部性内部化，打破其特殊性进入市场，具备商品特性参与交易活动。

其次，影响因素复杂性使碳价变化规律在短期内无法彰显，但随着碳交易的持续，经济学诸多分析方法，如基于供需原理的多元影响因素统计方法、时间序列分析法等可揭示价格变化规律。此外，根据产品供需数量与价格关系，国家可通过总量控制及配额分配来调控供给以稳定价格、调节价格

変化提高市场效率。

最后，建议政府和投资主体构建碳交易数据库，及时分析市场供需对价格产生的影响。同时对国际市场价格和供求关系进行监测，分析国内外交易成本和风险成本差异，剖析国内外碳价差产生原因，保证投资者收益。

（二）明确总量控制下的配额分配原则和程序，逐渐加大配额拍卖比例

根据我国政府 2030 年单位 GDP 中 CO_2 排放比 2005 年下降 60%～65% 的减排目标，本着"区域排放行业密集度，排放量大小决定配额分配量"原则，基于总量控制对减排目标进行分解，构建"中国地方碳配额分配计划"（Chinese Regional Allocation Plan，简称 CRAP）。确立中国配额分配时间表，明确配额从免费发放到拍卖主导的进程。笔者结合欧盟碳配额分配程序和我国减排目标，确立配额分配时间表，如表 6 所示。

表 6　中国配额分配时间表

阶段	时期	纳入行业或企业范围	免费发放比例	拍卖发放比例	新进入者预留比例
第一阶段（初始运行阶段）	2017.01.01～2020.12.31	石化、化工、建材、钢铁、有色、造纸、电力、航空等重点排放企业，年标煤消耗量1万吨以上或年均煤消耗量达1万吨	85%	10%	5%（受限行业新进入者不享有此权益，未分配完配额可用于公开拍卖）
第二阶段（市场发展阶段）	2021.01.01～2025.12.31	扩大参与企业范围和交易产品，发展多元化交易模式	75%	20%	5%（受限行业新进入者不享有此权益，未分配完配额可用于公开拍卖）
第三阶段（市场成熟阶段）	2026.01.01～2030.12.31	配额和碳税共同作用，碳定价制度实现所有企业覆盖	65%	30%	5%（受限行业新进入者不享有此权益，未分配完配额可用于公开拍卖）

总之，以拍卖为主、免费发放为辅的配额分配是未来碳市场发展方向。在过渡时期，中国政府可采取两级分管模式管理配额。国家层面抓方法和管标准，地方政府负责配额分配和监管，两级政府相互补充、各履其责。地方政府发放配额时可借鉴欧盟和美国一年指定时间发放并核查履约模式，也可分不同行业按批次进行配额分配和履约，形成灵活的配额分配和履约机制。

（三）完善中国试点碳市场价格形成机制，灵活使用定价政策激励市场主体

企业因减排采取的技术创新、研发、设备引进导致成本上升，主导市场可行性不高。政府必须通过政策法规等约束机制主导市场运行，完善碳价形成机制。笔者认为，中国试点市场碳价政策应该基于政府指导定价，引入市场定价，长期实行混合定价模式。

（1）政府定价机制。政府明确配额总量，以免费发放或拍卖方式分配配额至各地重排企业，"政府免费发放＋拍卖"实质是混合型价格机制，是一级市场价格运行机制，其成本包括了交易成本和风险成本，可减轻重排企业负担，激励其积极参与交易。

（2）现货市场价格机制。二级市场的现货交易价格以一级市场价格为基础，控排企业、个人投资者、中介机构等通过协议转让、集合竞价、连续竞价和撮合定价等形式确定供需双方交易价格，并在一定价格基础上购买相当数量，二级市场现货交易可实现碳排放权价格和数量的双重均衡（刘伟锋等，2015）。

（3）期货市场价格机制。碳金融产品及其衍生品通常以期货交易模型方式参与交易，控排企业、个人投资者、机构投资者等预测远期价格，开展期货交易实现套期保值。期货交易能够综合反映供求双方对未来某个时间供求关系变化和价格走势的预期，期货市场价格信息具有连续性、公开性和预期性的特点，有利于增加市场透明度，提高资源配置效率。

总之，碳市场主体参与现货市场交易的同时，部分参与者可能会进入远期或期货市场进行风险对冲。碳排放权远期、期货或者期权合约将显著降低

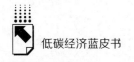

市场参与者所面临的价格波动风险，减小市场参与者实际承担的"有效价格波动率"，获得大于交易成本的收益。

参考文献

［1］ Godby, R., Market Power in Laboratory Emission Permit Markets, *Environmental and Resource Economics*, 2002, 23（3）.

［2］ Seifert, J., Uhrig-Homburg M., Wagner M., Dynamic Behavior of CO_2 Spot Prices, *Journal of Environmental Economics and Management*, 2008, 56（2）.

［3］ Chevallier, J., Carbon Prices During the EU ETS Phase Ⅱ: Dynamics and Volume Analysis, Working Papers halshs－00459140_ vl, HAL, 2010.

［4］ Dellink, R., et al., Towards global carbon pricing: Direct and Indirect Linking of Carbon Markets, *OECD Journal: Economic Studies*, 2013（1）.

［5］ Lankoski, J. et al., "Environmental Cobenefits and Stacking in Environmental Markets," OECD Food, Agriculture and Fisheries Papers, No. 72, OECD Publishing, 2015.

［6］ 关丽娟等：《我国碳排放权交易及其定价研究——基于影子价格模型的分析》，《价格理论与实践》2012 年第 4 期。

［7］ 胡冰阳：《我国碳排放交易价格机制研究》，硕士学位论文，西安电子科技大学，2013。

［8］ 蒋志雄等：《我国强制碳排放权交易市场的价格形成机制优化》，《价格理论与实践》2015 年第 4 期。

［9］ 刘承智等：《我国碳排放权交易市场价格波动问题探讨》，《价格理论与实践》2014 年第 8 期。

［10］ 沈立群：《现行碳排放交易价格的剖析》，《上海国资》2008 年第 9 期。

［11］ 赵捧莲等：《中国碳排放权在国际交易中形成价格落差的原因探析——基于MAC 的视角》，《上海立信会计学院学报》2011 年第 3 期。

［12］ 巫蓓等：《碳排放权交易价格探讨》，《推进雾霾源头治理与洁净能源技术创新——第十一届长三角能源论坛论文集》，2014。

［13］ 武思彤：《中国碳价格影响因素研究》，硕士学位论文，吉林大学，2017。

［14］ 刘伦升：《大气污染物排污权初始分配研究》，硕士学位论文，武汉理工大学，2010。

［15］ 林健主编《碳市场发展》，上海交通大学出版社，2013。

［16］李尚英等：《中国碳市场现状的实证研究及对统一碳市场建立的启示——以北京和天津为例》，《中国市场》2015 年第 8 期。

［17］苏建兰等：《中国碳交易市场发展现状、问题及其对策》，《林业经济》2015 年第 1 期。

［18］邹春蕾：《全国碳配额累计成交超 4 亿吨》，《中国电力报》2017 年 4 月 1 日，第 10 版。

［19］刘伟锋、俞薇：《欧盟碳排放权交易中期货市场与现货市场的价格联动机制研究》，《区域金融研究》2015 年第 7 期。

B.5
中国碳交易试点运行进展总结

陈 醒　徐晋涛*

摘　要：　中国七个碳交易试点于 2013 年年底开始陆续启动，基于近四年的试点经验，中国政府承诺在 2017 年年底建立全国性的碳排放权交易市场。跟踪、分析以及评估七个试点的运行成果和减排效果，对建立全国碳交易体系可提供重要的决策支持。本报告对中国碳交易市场在试点期间的整体机制设计、市场运行情况等做了详细介绍，并利用合成控制法评估各碳交易试点的减排效果。我们初步发现市场活跃度低、以履约为目的撮合交易是困扰碳交易市场正常运行的关键问题。从实证结果来看，减排效果局限于湖北、广东和深圳。回顾近四年的试点运行情况，七个碳交易试点成功经验是相对有限的，实行全国碳交易市场仍待更为细致的经验总结。

关键词：　碳交易试点　合成控制法　气候变化

　　2009 年，中国承诺到 2020 年单位 GDP 碳排放比 2005 年下降 40% ～ 45%。为推动运用市场机制以较低成本实现上述目标，同时也是为建设我国碳排放权交易体系探索经验，2011 年 1 月，国家发展改革委发布《关于开展碳排放权交易试点工作的通知》，宣布在北京、天津、上海、重庆、广

＊　陈醒，北京大学环境科学与工程学院，博士研究生，主要研究方向为环境经济与政策；徐晋涛，教授，北京大学国家发展研究院副院长，主要研究方向为林业经济学、环境经济学。

东、湖北以及深圳七省市开展碳排放权交易试点。2013～2014 年，七省市碳交易试点相继启动。经过近 4 年的试点工作，国家在 2017 年年底建立了全国碳排放权交易体系。在此背景下，有必要对目前七个碳排放权交易试点交易情况进行整体评估，以便为构建全国性的碳交易市场提供可靠的经验。

一　法律基础和机制设计

政策的法律效力是政策顺利执行的重要前提。对于碳交易而言，政府主管部门依法确立市场交易机制是确保交易市场正常运行的保证。特别是对不按规定进行履约的企业执行强制性惩罚措施，是创造企业对排放配额的需求、激发企业参与碳市场的热情的必要条件。因此，赋予碳交易主管部门实施处罚的法律性文件是碳交易试点体系构建的关键组成部分。七个交易试点出台了具有不同法律效力的政策性文件（如表 1 所示）：北京、深圳和重庆出台了地方性法规，上海、广东和湖北出台了政府规章，天津出台的是部门规范性文件。除了法律手段，一些试点也采用行政方法，例如没收未来年份的配额、通报批评等手段来促进企业进行合规。

表 1　七个碳交易试点的政策性文件

试点	政策性文件
北京	《关于北京市在严格控制碳排放总量前提下开展碳排放权交易试点工作的决定》(2013 年 12 月 29 日正式发布)
上海	《上海市碳排放管理试行办法》(2013 年 11 月 18 日上海市人民政府令第 10 号)
广东	《广东省碳排放管理试行方法》(2014 年 1 月 15 日广东省人民政府令第 197 号)
深圳	《深圳经济特区碳排放管理若干规定》(2012 年 12 月 30 日由深圳市人大常委会审批通过)
天津	《天津市碳排放权交易管理暂行办法》(2013 年 12 月 20 日正式发布并施行)
湖北	《湖北省碳排放权管理和交易暂行办法》(2014 年 4 月 23 日湖北省政府令第 371 号)
重庆	《重庆市碳排放权交易管理暂行办法》(2014 年 3 月 27 日重庆市人民政府第 41 次常务会议通过)

七个试点地区经济发展水平和产业结构差距较大，因此，各地制定了不同的碳排放权交易制度以适应各自经济发展特点。根据各试点交易的法律性

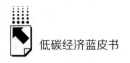

文件，总结出各类规范要求如下。

（1）执行主体：各试点的执行机构以地方发改委为主，主要由发改委的资源、环境或能源方向的部门负责碳交易相关的具体管理事务，财政局、统计局、金融办、经信委等部门提供支持，也会特地成立减排工作领导小组专门负责试点交易工作。如广东试点碳市场的最高管理部门是省应对气候变化及节能减排工作领导小组。

（2）配额总量设定：试点地区首先设定一个绝对碳排放量上限，先分配碳排放配额，减排之后的剩余部分才被允许在市场上进行交易。各交易试点配额总量一年一次设定，兼顾控制碳排放和经济增长的双重目标，都根据"十二五"期间国家下达的单位生产总值二氧化碳排放量下降17%的目标和经济增长趋势来确定。如湖北在2014年度选取GDP增速为10%～11%的中速低碳经济增长情景的预测结果，计算得出碳排放总量为7.31亿吨，然后乘以符合纳入门槛的138家企业历史碳排放占全省总排放的比例（35.88%），最终得到碳市场配额总量为3.24亿吨。如表2所示。

（3）分配方法：各试点依据"免费为主、适时推行拍卖"的原则，初始配额的发放将由无偿发放到有偿发放适当过渡，以增强控排企业的积极性。目前，北京、上海、天津、湖北、重庆采取对企业完全免费的方式；深圳规定免费发放的配额不低于配额总量的90%；广东规定企业必须先通过竞拍的方式获取配额总量的3%后，才可以获得97%的免费配额。

表2　七个碳交易试点碳强度降低目标和配额发放情况

试点	2020年目标（%）	每年发放的配额总量（亿吨）	参与交易的企业数量（家）	配额在总排放中的占比（%）
北京	38.5	0.06	415	40.0
上海	39.5	5.1	191	57.0
广东	40.0	3.88	202	58.0
深圳	37.5	3	635	40.0
天津	39.5	1	114	60.0
湖北	40.5	3.24	138	44.32
重庆	36.5	—	242	39.5

注：均以各试点运行第一年的数据为准；重庆数据暂缺。

（4）价格稳定机制：各试点设置了不同的涨跌幅限制，以避免碳价过度动荡。各试点的价格稳定措施主要有：政府预留一定量的配额用于市场调控，通过电子交易平台限制关联交易和大宗交易，建立价格预警机制等。

（5）各试点覆盖的行业范围：控排企业基本集中于电力、钢铁、水泥、石化等传统高耗能高排放行业，除此之外还包括大型公共建筑和服务业等。如北京、上海还纳入了部分服务业、建筑行业和民航。

（6）履约机制：每年5~6月，各试点要求企业应当向主管部门缴还与上一年度实际排放量相等数量的配额。之后主管部门在注册登记系统将企业缴还的配额、未经交易的剩余配额以及预留的剩余配额予以注销。最后在7月底，主管部门会公布企业配额缴还信息。

（7）惩罚措施：对于未能如期履约的企业，各地都有不同程度的惩罚措施，其中北京、深圳、重庆的处罚较为严厉，要求违约企业按照市场价的3~5倍缴纳罚款；上海、湖北、广东对违规企业处以5万~15万元的罚款；天津没有明确的处罚条例，但禁止违约企业在未来享受政府的相关优惠措施。

二　实际运行情况

（一）交量受履约驱动，市场有效性不足

各试点基本将履约期设定在每年的6月或7月，由此出现了履约期附近交易量爆发的现象。在履约截止期之前很长一段时间里，交易量很少，基本处于有价无市的状态，但在履约期前一月或两周内，所有试点的交易量都急剧增加，价格也因需求拉动而出现短暂回升（如图1所示）。但在履约期后，交易市场又恢复了不活跃状态，价格也小幅下行。以2014年第一个履约期为例，履约期前最后一个月的成交量占总成交量的比重，除天津以外都超过了65%。交易量集中在履约期，这充分反映了我国碳交易试点"履约驱动型"的特征，市场有效性不足。

对比七个碳试点的交易量发现，截至2017年6月30日，湖北碳市场配

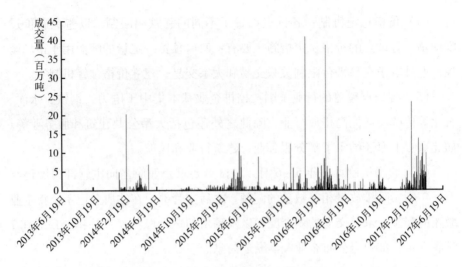

图1 七个试点成交总量的时间分布

注：资料来源于 http：//calcarbondash.org/；数据截至2017年6月30日。

额总成交量为4043万吨，占全国的35%（如图2所示）。广东、深圳占比较大，表现出一定的市场活跃度。但天津、重庆交易量垫底，活跃度较低。

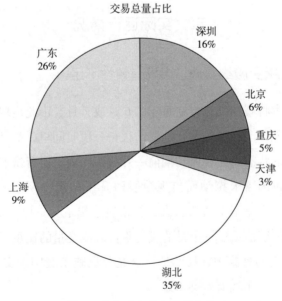

图2 七个试点成交总量占比

此外，从交易活跃度上来看，湖北试点自成立以来，96%以上的天数都有交易发生。北京、上海和广东较为接近一些，分别是69%、63%、71%，天津略低为52%，重庆则垫底，仅有18%。

（二）成交价格波动趋缓且价格偏低

碳交易市场的重要功能是释放碳价信号，以反映企业的减排成本。各地碳交易试点运行近四年以后，经过初期的价格波动，市场整体价格波动幅度趋缓。深圳波动幅度最大，上海和北京市场波动幅度相对较小，湖北碳价波动幅度为全国七个碳市场中最小，基本在20～29元/吨之间浮动。

（三）企业市场参与度仍很低

由于其他试点信息暂时不可得，这里仅获得了湖北市场相关交易信息。湖北碳交易试点启动以后，131家控排企业陆续在碳排放权交易中心开户，100%开户的比例也间接反映控排企业对碳交易接受程度较高。在2014～2015年第一个履约期内，131家控排企业中58家控排企业为净买方，共买入配额523万吨，73家控排企业为净卖方，共卖出配额593万吨。从占比来看，控排企业交易的配额量仅占控排企业分配额的2.5%，控排企业交易量占总交易的1/3。第三方投资者（个人投资者6203户，机构投资者79户）完成了湖北碳市场交易总量的约2/3。

单从湖北试点的情况来看，市场上交易的配额数量在总配额中占比较低，反映企业参与市场的积极性不高，侧面反映配额不紧缺。考虑到湖北已经是交易最为活跃的试点，那么在其他交易更不活跃的试点，市场参与度可能更低一些。

（四）履约推迟现象十分普遍

七个试点在试点时期的履约率都很高，但在时间上均有所拖延，且履约期延迟情况十分普遍。

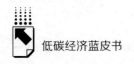

各试点通常于每年6月底由发改委发布履约通知，随后由于企业拖延、履约率不高，当地发改委会继续召开履约工作座谈会通报履约情况并督促企业抓紧完成履约工作。最后往往拖延至7月底甚至8月，控排企业才能勉强全部完成履约，避免触发惩罚机制。

对比七个试点的履约情况可以发现，仅上海2014年度、2015年度和深圳2015年度按时完成履约。这主要是因为碳排放权交易体系建立之初，政府、企业和第三方需要时间来熟悉相关流程，因此各试点在第一年履约期都出现了拖延情况。首期就达到100%履约的试点仅上海和湖北。如表3所示。

表3　七个碳交易试点履约情况一览

试点	开市时间	履约年	计划履约时间	实际履约时间	履约率(%)
北京	2013 - 11 - 28	2014 2015	6月30日 6月30日	6月30日 6月30日	99.4 99.7
上海	2013 - 11 - 26	2014 2015	6月30日 6月30日	6月30日 6月30日	100 100
广东	2013 - 12 - 19	2014 2015	6月15日 6月15日	6月27日 6月27日	97.1 100
深圳	2013 - 06 - 18	2014 2015	6月20日 6月23日	7月15日 7月8日	98.9 100
天津	2013 - 12 - 26	2014 2015	5月31日 5月31日	7月25日 7月10日	96.5 99.1
湖北	2014 - 04 - 02	2015 2016	5月30日	7月24日 7月25日	100 —
重庆	2014 - 06 - 19	2015 2016	6月23日 6月23日	7月23日 7月23日	— —

注：根据试点公布信息整理，由于部分试点暂未公布其进展情况故留空。

三　减排效果分析

针对中国碳市场减排效果的实证研究目前仍很少。下面采用Abadie等

（2003）以及 Abadie 等（2011）提出的合成控制法来估计政策的效果。以湖北为例，湖北在 2013 年开始实行碳交易试点，将其他没有碳交易的省份作为对照组地区，利用它们来拟合湖北如果没有实施碳交易的反事实状态，然后与真实湖北碳排放进行对比从而得出碳交易试点的减排效果。根据合成控制法的思想，我们选择权重时要使得在碳市场设立前，合成湖北各项决定碳排放的因素要和湖北尽可能地一致。根据 Auffhammer 等（2008）的方法，我们选择的预测控制变量包括 GDP、人均 GDP、人口、第二产业比重。

所使用的数据是 1995～2015 年各省能源消费数据，均来自《中国能源年鉴》，进而根据 IPCC 基于能源消费计算各省碳排放量。其中由于深圳是广东的一个市，在年鉴中不能获取其能源消费数据，因此将对广东和深圳两个试点合并成广东省进行计算。其他社会经济数据来自各省统计年鉴。

这里我们报告的是交易较为活跃的湖北、广东以及合成结果较好的天津的分析结果。[①]

通过合成控制法的计算，表 4 给出了在 2013 年实行碳交易试点以前真实试点地区和合成试点地区的四个重要经济变量的对比。可以看出，四个预测变量和真实变量都比较接近。这说明在较好地拟合碳排放量的基础上，其表现的影响碳排放因素变量的相似度也比较高。因此，该方法适合用于估计碳市场的政策效果。

表 4　合成试点和真实试点重要社会经济指标比较

指标	合成湖北	真实湖北	合成广东	真实广东	合成天津	真实天津
GDP(亿元)	7887.3	7862.2	17520.6	23489.4	4048.1	4029.2
人均 GDP(元)	13746.8	13703.1	24505.5	24596.6	13286.3	13678.4
人口(万人)	5759.0	5742.4	6532.9	9033.3	2860.6	2850.1
第二产业占比(%)	42.8	42.6	49.0	48.4	44.3	44.2

---

① 北京、上海和重庆三个直辖市迄今尚未得到很好的合成效果，可能原因是直辖市与普通的省份在结构上有显著差异。我们仍在继续探索改进合成控制的办法。

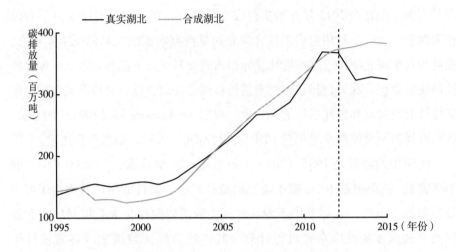

图3 合成湖北和真实湖北的碳排放比较

图3展示了自1995年以来合成湖北和真实湖北的碳排放量。从图中可以看到,2013年以前,合成湖北和真实湖北的碳排放路径几乎能够重合,说明合成控制法较好地复制了碳交易试点之前湖北碳排放的增长路径。在试点开展之后,合成湖北的碳排放高于真实湖北,并有逐渐拉大的趋势。两者之间的差距意味着相对于没有实施碳交易的湖北,碳交易的实行显著减少了湖北的碳排放。

图4展示了自1995年以来合成广东和真实广东的碳排放量。可以看到,2013年以前,合成广东和真实广东的碳排放路径几乎能够重合,但在2013年后出现了明显差异,这说明广东(包括深圳)碳市场的建立实现了一定的减排效果。

与前两个试点不同,天津在2013年以前拟合效果较好,2013年之后,真实天津的碳排放还要更高一些。结合天津较为低迷的碳交易市场表现,不难推测天津碳交易试点未能实现良好的减排。

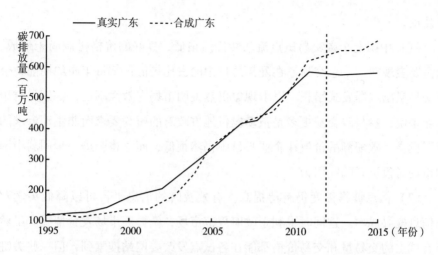

图4 合成广东（含深圳）和真实广东（含深圳）的碳排放比较

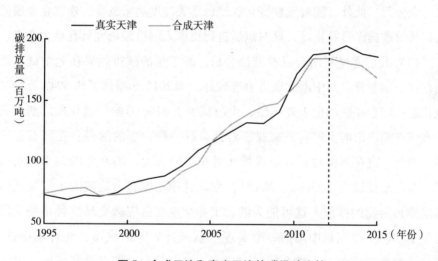

图5 合成天津和真实天津的碳排放比较

四 结论

本报告基于七个碳交易试点的公开数据和信息，从法律基础、市场机制设计、特别是运用了合成控制法评估了该项政策的减排效果。主要结论有以

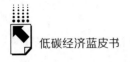

下几点。

（1）中国七个碳交易试点流动性仍然很低，良好的价格机制尚未形成。这主要表现在：①总交易量在配额总量中的占比较低；②每年履约期前一个月交易量出现爆发式增长。以上现象仍然说明市场有效性不足，特别是对于企业来说，参与碳交易更多是被动应付地方政府的履约要求而非主动寻求的投资机会。碳配额的价值在企业心目中仍然很低，而这将会进一步削弱中国碳市场对投资者的吸引力。

（2）信息披露程度仍有待提高。有效及时的信息平台可以降低买卖双方信息搜寻成本。这同时也利于政府规范市场，掌握碳市场发育情况。虽然所有试点的交易量和交易价格都能在各试点发改委网站搜索到，但一些关键的信息，如配额总量、参与交易的企业名单、惩罚机制等并未在试点地区网站完全公开。此外，随着气候变化和经济学关注度越来越高，建立企业层面的碳排放数据库日益重要，这对以后进行更深入的追踪研究具有重大意义。

（3）我们通过利用合成控制法分析，碳市场的减排效果在七个试点之间存在一定差异。其中湖北试点表现较好，于 2015 年减排了约 5947 万吨二氧化碳；广东和深圳也表现不错，大约减少了 3706 万吨二氧化碳。然而天津在试点期内未能实现有效减排。对此，有一些初步的解释：在所有省市中，湖北一直在环保政策方面保持相对积极的态度。2009 年湖北事先进行了环境费改税试点（Zheng，2015），发现这项制度有力地减少了二氧化硫等主要污染物的排放。这可能为湖北工业企业在适应碳交易这种市场手段打下了基础。深圳是中国第一个实现"蓝天计划"的城市，在环境保护、可持续发展的理念上走在全国城市前列，地方政府对碳交易制度的态度十分积极。目前我们很难解释天津的评估结果。但天津碳市场较低的活跃度也揭示了碳交易机制并未能正常运行，未能实现有效减排的结果也是可以预料的。

结合上述结果，考虑到目前七个碳交易试点成功经验仍很有限，推动全国性碳交易市场的建立仍须谨慎，需要在实施政策前进行更深入的评估和研究。

参考文献

[1] Abadie A. , Gardeazabal J. , The Economic Costs of Conflict: A Case Study of the Basque Country, *American Economic Review*, 2003, 93 (1).

[2] Abadie A. , Diamond A. , Hainmueller J. Synth: An R Package for Synthetic Control Methods in Comparative Case Studies. *Journal of Statistical Software*, 2011, 42 (13).

[3] Abadie A. , Diamond A. , Hainmueller J. , Comparative Politics and the Synthetic Control Method, *American Journal of Political Science*, 2015, 59 (2).

[4] Auffhammer M. , Carson R. T. , Forecasting the Path of China's CO Emissions Using Province-level Information, *Journal of Environmental Economics & Management*, 2008, 55 (3).

[5] Zheng Y. , Effects of Pollution Levy for Environmental Tax Reform in Hubei: A Synthetic Control Analysis, Ph. D. Disseration, College of Urban Planning and Environment, Peking University, 2015.

B.6
湖北碳交易试点价格稳定机制
及其评估研究*

谭秀杰 王班班 黄锦鹏**

摘 要: 碳排放交易体系是政府创造的特殊市场,存在诸多影响配额供需两端的因素,碳价格容易出现剧烈波动,进而影响企业的减排行动和低碳投资。为避免配额供需严重失衡和碳价格剧烈波动,建立必要的碳价格稳定机制势在必行。为此,湖北碳交易试点建立了一套系统的碳价格稳定机制,包括配额分类管理及注销机制、企业配额事后调节机制、配额投放和回购机制、碳价格涨跌幅限制机制。2014年湖北碳交易试点启动以来,碳价格稳定机制发挥了积极的作用:配额分类管理及注销机制,一定程度上解决了总量难以确定的问题;企业配额事后调节机制初步发挥作用,避免了企业微观层面配额严重偏离;湖北碳交易试点碳价格总体平稳,配额投放和回购、涨跌幅限制等有助于稳定市场预期。因此,本报告建议,在全国碳交易体系建设中应注重完善碳价格稳定机制。

关键词: 碳交易试点 碳价格波动 价格稳定机制

---

* 资助项目:国家社会科学基金青年项目"碳交易市场价格波动、影响因素及调控机制研究"。项目编号:14CJY030。
** 谭秀杰,武汉大学国际问题研究院讲师;王班班,华中科技大学经济学院讲师;黄锦鹏,湖北碳排放权交易中心。

2011 年 10 月，国家发展与改革委员会（以下简称"国家发改委"）发布《关于开展碳排放权交易试点工作的通知》，宣布在北京市、天津市、上海市、重庆市、广东省、湖北省以及深圳市等 7 省市开展碳排放权交易试点，探索碳排放权交易体系建设的经验。2015 年，中国在巴黎气候大会前发布的国家自主贡献文件——《强化应对气候变化行动》中，提出了中国的自主行动目标，即 2030 年左右二氧化碳排放达到峰值并争取尽早达峰、单位 GDP 碳排放比 2005 年下降 60% ~ 65%。为实现上述目标，中国计划于 2017 年启动全国碳排放权交易体系。在此背景下，有必要总结碳交易试点的经验和教训，为全国碳排放权交易体系提供决策依据。

湖北碳交易试点的突出特点是：交易量大、流动性好，同时碳价格基本稳定、波动较小。截至 2017 年 5 月 31 日，湖北碳市场累计成交量 3738.6 万吨，占全国 37%；累计成交额 7.57 亿元，占全国 34%；与此同时，碳价格始终保持在 21.86 元/吨左右。与之形成鲜明对比的是，欧盟碳排放交易体系（EU-ETS）和美国区域温室气体减排倡议（RGGI）在启动之后都经历了碳价格的大幅震荡，特别是 EU-ETS 在运行的 9 年中经历了多次价格暴跌。其背后的制度原因在于，EU-ETS 和 RGGI 在启动之初并未重视碳价格稳定机制；而湖北碳交易试点则逐步建立起一套系统的碳价格稳定机制。中国国家发改委也认识到，在缺乏有效干预的情况下碳价格容易出现剧烈波动，因而在其发布的《碳排放权交易管理暂行办法》中明确提出："建立碳排放权交易市场调节机制，维护市场稳定。"为此，本报告将在研究碳价格稳定机制及其必要性的基础上，系统总结湖北碳交易试点的价格稳定机制，并对机制的运行情况进行定性评估，最后提出相应的政策建议。

一 碳价格稳定机制及其必要性

碳价格稳定机制是指通过限制价格波动、调节配额供给等手段，以保持碳配额供需基本平衡、避免碳价格过度波动、增强碳市场应对外部冲击能力的一类政策工具。

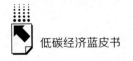
（一）碳价格稳定机制的类型及评价

在碳市场启动之初，对碳价格稳定机制的研究就已经出现，近来随着碳市场价格的剧烈波动，碳价格稳定机制成为一个研究热点。针对碳价格剧烈波动，学术界提出了大量解决方案，归纳起来大致可以分为两类：价格波动限制、配额供给调节。

价格波动限制包括价格上限和下限两方面，最低拍卖价、涨跌幅限制、价格管理储备等都可以归于广义上的价格波动限制。价格上下限的优点是缩小了价格波动区间，从而降低了市场风险。该构想最早可以追溯到 Roberts 和 Spence（1976），他们通过定性研究发现：面对企业减排成本的不确定性，一个许可证和污染税的混合机制能够比单一的制度带来更低的社会期望减排成本。随后一些定量研究也得出同样的结论，即设定价格上下限比不设定要好（Pizer，2002；Burtraw 等，2009）。价格上限也被形象称为"安全阀"，其优点是确保减排成本不会超过既定阈值，而缺点是放宽了总量约束（Aldy 等，2001；Jacoby 和 Ellerman，2004）。近来对价格下限的研究也开始丰富起来，Wood 和 Jotzo（2011）提出设定价格下限能够降低成本不确定性、形成对价格上限的补充、确保减排成本最小，具体措施包括最低价格拍卖、缴纳额外的税费等。

配额供给调整包括投放配额和回购配额两个方面，碳央行、市场稳定储备、自动配额数量调整等都属于此类。碳央行的概念最近才出现，De Perthuis（2011）主张授权一个独立的机构，按照事先确定的规则来对配额总量进行可逆的调整，通过控制配额的供给来保证碳价格维持在一个事先确定的波动幅度内，这类似于央行通过控制货币的供给来稳定通胀率。市场稳定储备是 EU-ETS 提出来的方案，核心内容是：当市场配额紧缺时，按照一定条件向市场供应配额；当市场配额宽松时，通过一定手段减少市场配额供给。自动配额数量调整的措施由碳市场投资者协会（Carbon Market Investor Association）提出，即配额如果在三年后仍然未被用尽，那么在下一阶段将相同数量的配额从总量中清除，也就是说碳交易体系作为一个整体不能储备过剩配额。

对于不同的碳价格稳定机制，一些文献开始进行对比和评估。荷兰环境评估署（PBL）使用 WorldScan 模型，对 EU-ETS"结构改革"（Structural Reform）的选项进行了评估，包括价格上下限、最低拍卖价、价格管理储备、碳央行等，最后指出最佳方案是设定碳价格下限。此外，Fell 和 Morgenstern（2009）的定量研究也支持设定价格上下限。Fankhauser 和 Hepburn（2010）考察了最低拍卖价、价格管理储备和价格上下限，认为这些机制可以使配额供给曲线更有弹性，从而降低碳价格的波动性。Clò 等（2013）分析了各种方案对碳价格和减排的影响，并通过一套综合指标进行了横向对比，他们认为设立能够对配额总量进行可逆调整的碳央行是首选；建立欧盟范围的最低碳价是次优选择；仅在单个国家建立类似的最低碳价是最糟糕的措施。还有学者分析了价格管理储备，并指出这种按照一定条件向市场投入或撤出配额的机制是最优方案。

（二）建立碳价格稳定机制的必要性

是否有必要建立碳价格稳定机制，一直存在争议。Sartor（2012）归纳了正反双方的理由，支持者的理由主要有三条：碳价格剧烈波动不利于低碳投资；碳市场不能传递"正确"价格信号；ETS 易受外部冲击，有必要保有足够的应对措施和能力。反对者也提出了对应的三条意见：影响低碳投资的原因不是当期碳价格波动，而是未来碳价格的不确定性；如果市场不能传递"正确"价格信号，管理者更不可能；根据外部冲击进行调整将使市场更加不可预见，也会增加不确定性。在 EU-ETS 第一、第二阶段，欧盟委员会一直坚持不进行事后调整、不干预市场的立场，他们认为碳价格波动不会影响 2020 年减排目标的实现，因为配额总量已经被严格限制。相反，对市场进行人为干预只会增加不确定性。

然而，碳价格剧烈波动的现实让我们逐渐认识到，传统碳交易体系存在一定缺陷：在某个特定期限内配额总供给具有很强的刚性，碳价格更多由配额的总需求决定，任何需求的变动都直接转化为碳价格的巨大波动（如图 1

所示）。理论研究表明，配额需求跟能源价格密切相关。Delarue 等（2010）构建了燃料转换与配额预期需求变化关系的模型，结果表明：配额需求与预期燃料价格和碳减排量有很大的关系。Aatola 等（2013）建立了能源和生产两部门模型，通过均衡分析发现配额需求取决于电力价格以及煤炭和天然气的价差。实证研究则发现了更多影响配额需求的因素，包括能源价格，市场机制，季节性、异质性事件，经济周期和极端天气等（Mansanet 等，2007；Chevallier，2009；Hintermann，2010；凤振华和魏一鸣，2011；齐绍洲等，2015）。

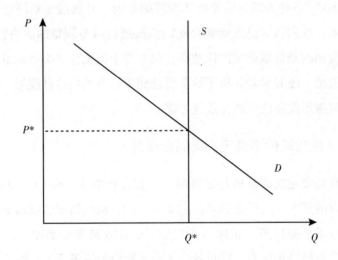

图1　传统碳交易体系价格机制示意

而且，碳市场是人为创设的市场，尤其是配额的总供给高度依赖制度设计。在碳交易体系制度设计中，一个难题就是合理设定短期内的配额总量，同时又能避免长期内的不确定性。Carraro 和 Favero（2009）认为从长期来看，国际谈判和未来政策发展的不确定性等都会对碳价格产生潜在影响；而在短期，国内政策、政府指令或法规的变化都将导致配额价格波动。Paolella 和 Taschini 等（2008）通过对 EU-ETS 碳价格动态的研究，发现处罚成本、存储和借贷机制、交易的时间间隔等会对碳价格造成一定影响。Benz 和 Trück（2006）认为碳交易体系具有不同于普通商品市场的特殊性，具体表现在高度依赖制度设计、具有复杂系统的典型特征等方面。Alberola 和 Chevallier（2009）研究了 EU-ETS 第一阶段末期碳价格暴跌的原因，他们认为禁止剩余配额跨期储存的制度限制是主要原因。可见，即便配额总供给短期内刚性，也面临供给配额总量短期内难以合理设定、长期内又存在巨大不确定性的问题。

综上，碳交易市场中存在众多影响供需两端的因素，碳价格的形成和波动相比普通商品价格更为复杂，在缺乏必要干预的情况下，碳价格非常容易受到外部冲击而剧烈波动。碳价格的剧烈波动对减排效果和减排成本产生了严重的负面影响，不仅削弱了企业的减排动力，也打击了低碳投资和创新。因此，学术界和实务界开始认识到，有必要建立碳价格稳定机制。Grubb（2012）认为，碳交易体系缺乏应对外部冲击的能力，一旦碳价格因外部冲击出现剧烈波动，则会影响碳交易体系的减排效果，所以应该建立碳价格稳定机制。欧盟委员会也主动放弃了一直秉持的不进行事后调整、不干预市场的立场，转而发起了"结构改革"的大讨论，积极寻找稳定碳价的措施和机制。世界银行 2013 年的研究报告《全球碳定价政策：发展与展望》发现，越来越多的碳市场已经或正在积极探索建立碳价格调控机制。例如，美国加州总量交易计划（California-CAT）不仅给拍卖设置了最低价，而且专门建立了配额价格控制储备。

二　湖北碳交易试点价格稳定机制的设置

为避免配额供需失衡、碳价格剧烈波动，湖北碳交易试点设计了一套系统的碳价格稳定机制（如图 2 所示）。

首先，考虑到配额供需是决定碳价格波动的基本因素，湖北试点制定了配额分类管理及注销、企业配额事后调节、配额投放和回购等调节配额供给的机制，以便使得配额供给更具弹性。其次，考虑到短期市场波动，还制定了碳交易市场的价格涨跌幅限制机制。而且，增强碳价格的预见性和可靠性的机制对碳市场至关重要，因为它将助力碳市场成为一个有效的政策工具。

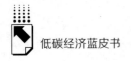

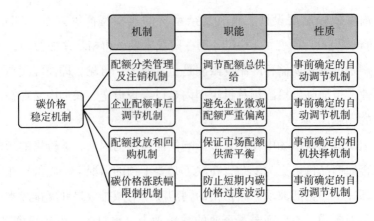

图2　湖北省碳价格稳定机制

因此更为重要的是，上述机制都采用了事前确定的模式，即事前向市场明确机制运行的具体内容和具体的触发条件，并且除了配额投放和回购外，这些机制均在事前明确了调节措施，从而尽可能避免相机抉择，增强了市场的可预见性和稳定性。

（一）配额分类管理及注销机制

湖北碳交易试点对配额总量进行了结构划分，《湖北省碳排放权管理和交易暂行办法》第十一条规定："碳排放配额总量包括企业年度碳排放初始配额、企业新增预留配额和政府预留配额。"在此基础上，这三部分配额实施分类管理，各部分配额遵循不同的管理原则：严格限制初始免费配额的发放，灵活利用两类预留配额应对配额失衡，自动注销预留配额中剩余的部分。这种分类管理及注销的设置，起到了自动调节配额总供给的作用。

初始配额针对既有设施，采用严格的标准免费分配给控排企业，避免初始配额过度分配以保证配额的稀缺性。2014年度，企业初始配额的基准年是2009～2011年，并且初始配额总计不能超过控排企业2010年排放总量的97%，这种方法对于经济保持中高速增长的湖北是非常严格的。2015年度，为消化上一年度市场配额存量，湖北碳交易试点还在配额免费分配公式中创造性地提出市场调节因子，以建立稳定市场的调节机制。市场调节因子的计算公式如下：

市场调节因子 = 1 −（上一年度市场碳排放配额存量／碳排放配额总量）　　（1）

企业新增预留配额用于事后调节企业配额，主要针对初始配额与实际排放严重偏离和产能变更等情况，为保证经济增长空间而采用相对宽松标准，其中新增产能将获得相应的全部配额。政府预留配额主要用于市场调控和价格发现，其中市场调控体现为配额的投放和回收，价格发现采用公开竞价的方式，数量不超过政府预留配额的30%。企业新增预留配额和政府预留配额主要起到"安全阀"的作用，从而避免配额过度短缺。同时，未使用的企业新增预留配额划归政府预留配额，而政府预留配额最高不能超过碳排放配额总量的10%，未使用的预留配额并不流入市场，期末注销。这种机制就起到自动注销过剩配额的作用，避免配额过剩的困境。

湖北省2014和2015年度的配额结构见图3。

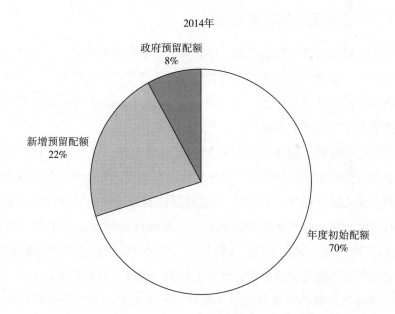

2014年

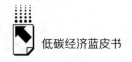

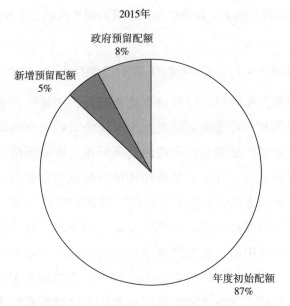

图 3 湖北省 2014 和 2015 年度配额结构

资料来源：根据湖北碳交易试点数据绘制。

（二）企业配额事后调节机制

企业配额事后调节机制是湖北碳交易试点所特有的设计，主要针对初始配额所参考的基准与企业实际运行与排放出现严重偏离的情况，分为排放大幅变化和产能变更两种情况，其目的在于从微观企业层面防止供需严重失衡，进而保证碳市场的稳定。

在历史法分配、碳市场运行初期数据质量欠佳、经济增速较快等情况下，企业所获初始配额所参考的基准年可能与当年实际生产运行情况出现较大差异。湖北试点通过"双 20"损益封顶机制对这种差异进行配额事后调节，具体设计如下。当企业碳排放量与年度碳排放初始配额相差 20% 以上或者 20 万吨二氧化碳以上时，主管部门应当对其碳排放配额进行重新核定，对于差额或多余部分予以追加或收缴。具体分为以下两种情况。

1. 企业当年碳排放量与企业年度初始配额的差额超过企业年度初始配额的 20%，追加或收缴相应配额，计算公式如下：

$$追加配额 = 企业当年碳排放量 - 企业年度初始配额 \times (1 + 20\%) \qquad (2)$$

$$收缴配额 = 企业年度初始配额 \times (1\% \sim 20\%) - 企业当年碳排放量 \qquad (3)$$

2. 企业当年碳排放量与企业年度初始配额的差额超过 20 万吨,追加或收缴相应配额,计算公式如下:

$$追加配额 = 企业当年碳排放量 - 企业年度初始配额 - 20 万吨 \qquad (4)$$

$$收缴配额 = 企业年度初始配额 - 企业当年碳排放量 - 20 万吨 \qquad (5)$$

此外,中国碳交易试点的纳入主体均是企业而非设施,企业内部的产能变化也影响配额分配的合理性。对此,2015 年度湖北碳交易试点还详细明确了产能变更引起配额追加或扣减的规定,如表 1 所示。根据《湖北省 2015 年碳排放权配额分配方案》的规定,企业由于新增设施、扩能改造、关闭设施或出售(转让)生产线等产能变化,导致碳排放边界发生变化的,应当向主管部门报告,主管部门应对其碳排放配额进行重新核定,并对企业配额予以追加或扣减。

表 1　产能变化的配额变更方法

适用范围	产能变化情形	配额变更方式
产能增加	新投产的项目、生产线或设施	新增设施当年获得的配额数量等于该项目投产日至该年 12 月 31 日之间的碳排放量
	对原有生产线或生产方式进行改造	追加配额量等于该生产线(或设施)正常生产日期至该年 12 月 31 日之间的碳排放量,减去该生产线(或设施)改造前一年相应天数的平均碳排放
产能减小	关闭原有项目、生产线或设施	扣减的配额数量等于该设施自关闭之前的碳排放日平均值乘以全年天数或月平均值乘以全年月数,再减去该设施关闭之前的碳排放
	出售或转让生产线	若企业出售(转让)生产线给控排企业,则两家企业共同履约减排义务;若企业出售(转让)生产线给非控排企业,则将出售或转让后的部分予以注销
同时存在产能增加和产能减少		先对产能增加追加配额,同时对产能减少扣减配额,再加总

资料来源:湖北碳交易试点关于企业产能变化的配额变更方案。

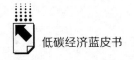

（三）配额投放和回购机制

2015 年 9 月和 11 月，湖北省发改委出台了《湖北省碳排放配额投放和回购管理办法（试行)》和《湖北省碳排放权出让金收支管理暂行办法》，构建了配额投放和回购机制。尽管这是一种政府相机抉择机制，但主管部门依然事前规定了明确的触发机制。此外，主管部门还将通过向市场投放和回购配额等方式避免交易市场供需严重失衡、价格过度波动，从而提高市场风险防范能力、保障市场健康运行。

配额投放将以公开竞价的方式出售碳排放配额，配额来源于各年度政府预留的配额，主要用于缓解市场配额过度稀缺、碳价格上涨的情况。配额回购将以协商议价的方式进行，资金来源于碳市场风险调控资金，旨在解决市场配额过剩、碳价格暴跌的问题。根据《湖北省碳排放权出让金收支管理暂行办法》，碳市场风险调控资金从碳排放权出让金中抽取，即从 2014 年开始以不高于 50% 的比例从每次碳排放权竞价收入中安排，达到 6000 万元后不再计提。

根据《湖北省碳排放配额投放和回购管理办法（试行)》：省发改委是配额投放和回购的主管部门，依据本办法负责配额投放和回购工作的组织实施、综合协调和监督管理。配额投放和回购的触发条件包括：①连续 20 个交易日内累计有 6 个交易日配额收盘价达到日议价区间最高价或最低价（前一交易日收盘价的 110% 或 90%)；②市场供求关系严重失衡，流动性、连续性不足；③影响市场健康运行的其他情况。当出现以上任一触发条件，省发改委应当联合省财政、金融、证券、物价、核查、研究等部门和机构成立咨询委员会，对市场情况进行论证分析。2 个工作日内咨询委员会需通过投票方式形成决议，省发改委根据咨询委员会决议决定是否采取配额投放或回购措施。

（四）碳价格涨跌幅限制机制

《湖北省碳排放权管理和交易暂行办法》第二十九条规定："主管部门

会同有关部门建立碳排放权交易市场风险监管机制，避免交易价格异常波动和发生系统性市场风险。"湖北试点的一大特点是企业纳入门槛高、纳入数量少，少数企业拥有大量配额，易对市场进行冲击。此外，由于政策限制，中国碳交易试点市场仅能以非连续的交易方式进行交易，这也增大了价格波动的风险。对此，湖北碳排放权交易中心制定了碳价格涨跌幅限制机制，以防止短期内碳价格过度波动。

协商议价转让是日常交易方式，实行日议价区间限制，议价幅度不得超过前一交易日收盘价的 ±10%。而且为控制市场风险，湖北碳排放权交易中心还可以采取暂停交易、特殊处理及特别停牌等监管措施：连续 3 个交易日日收盘价均达到日议价区间最高或最低价格的，中心有权于第 4 个交易日 9：30～10：30 对该标的物暂停交易，并发布警示公告；连续 20 个交易日内累计有 6 个交易日收盘价均达到日议价区间最高价或最低价，且第 20 个交易日相比第 1 个交易日收盘价涨跌幅达到或超过 30%，随后 20 个交易日进入特殊处理期，议价幅度比例调整为 ±5%；中心可以对特殊处理的标的物和价格异常波动的标的物实施特别停牌处理。此外，针对大宗交易的定价转让，同样实行价格申报区间制度，申报幅度不超过前一交易日协商议价转让收盘价的 ±30%，否则为无效报价。

三 湖北碳交易试点价格稳定机制的评估

截至 2017 年 5 月，湖北碳交易试点已经运行三年有余，经历总量设定、配额发放核查报告、企业履约等完整流程的年度为 2014 年和 2015 年，本章将对这两年碳价格稳定机制的运行情况进行评估。

（一）配额分类管理及注销机制运行评估

1. 配额总量预测存在偏差，但灵活的配额结构一定程度上解决了配额总量难以确定的问题。2014 年度和 2015 年度碳市场配额总量分别为 3.24 亿吨、2.81 亿吨，而控排企业的实际排放量合计分别为 2.36 亿吨、2.39 亿

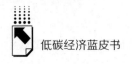

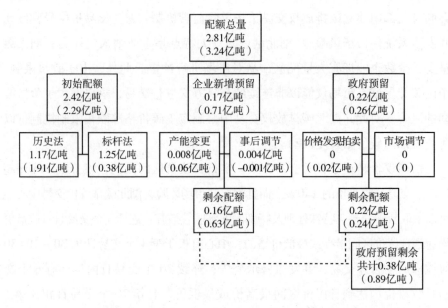

图4　2014 和 2015 年度湖北碳交易试点配额结构

注：图中（ ）中数据为 2014 年数据。

资料来源：根据湖北碳交易试点数据绘制。

吨，两者之差分别高达 0.88 亿吨、0.42 亿吨，反映出配额总量预测过于宽松。但是，初始配额分配是适度从紧的，避免了配额总量偏差导致配额过度分配的情况。2014 年度和 2015 年度配额实际发放情况如图 4 所示，其中控排企业初始配额共计分别为 2.29 亿吨、2.42 亿吨，基本接近实际排放量。同时，企业新增预留配额和政府预留配额也起到调节配额总量的作用。2014 年度，企业新增预留配额中事后调节机制从企业收缴回 11 万吨，产能变化共追加配额 643 万吨，控排企业实际获取的免费配额相比实际排放盈余 70 万吨。此外，2014 年度政府对预留配额进行了一次拍卖，共计 200 万吨，因此配额实际多余约 270 万吨。2015 年度，企业新增预留配额中事后调节机制追加配额 37 万吨，产能变化共追加配额 76 万吨，控排企业实际获取的免费配额相比实际排放盈余 365 万吨。

2. 多余配额自动注销和市场调节因子的机制，避免了多余配额跨年度累积。从配额剩余情况来看，企业停产回收配额、企业新增预留剩余配额都会转入政府预留配额，2014 年和 2015 年政府预留剩余分别有 8888 万吨和 3789 万吨的。按照《湖北省碳排放权管理和交易暂行办法》，政府预留配额最高不能超过碳排放配额总量的10%，因此超出的配额必须注销。此外，企业手中剩余的未交易的配额也必须注销。据统计，2014 年度履约期结束后，注销企业和政府预留的到期配额共计 7825 万吨。同时，为了避免上一年度市场留存配额对本年度市场配额供求的冲击，湖北碳交易试点设置市场调节因子用以消化上一年度的多余配额。据统计，2014 年和 2015 年履约结束后，市场留存配额分别是 330 万吨和 650 万吨，根据市场调节因子的设置，2015 年和 2016 年的初始配额分别减少了相同数量。

上述结果基本符合设计初衷，也说明了湖北碳交易试点配额结构设置的优点，即配额结构的设置较好地解决了配额总量难以确定的问题。碳交易体系的总量设定部分取决于对经济增长和碳排放的预期。当现实经济运行情况与预期出现较大偏差时，可能会使配额总量出现严重的相对过剩或不足，对碳价格造成冲击。在湖北试点的实践中，也出现了在总量设置时预期经济增速偏高的情况。筹备阶段湖北省经济增速保持两位数增长，但到试点运行的 2014 年和 2015 年，经济增速下降至 9.7% 和 8.9%。在这种情况下，湖北试点一方面严格控制初始配额，另一方面根据产能变化调整配额，使得配额供给非但没有严重过剩，还保证了企业获得配额的相对偏紧。

（二）企业配额事后调节机制运行评估

1. 企业配额事后调节机制初步发挥作用，企业层面配额供需更为合理。据统计，2014 年度和 2015 年度，配额盈余达到初始配额的 20% 或 20 万吨以上的企业分别为 26 家、16 家；而配额短缺达到上述标准的企业分别为 28 家、15 家（具体数据见表 2）。从事后调节机制追加和收缴的配额数量上看，2014 年度规模较大，这主要是碳市场启动初期历史法配额分配参考的基准年较早的原因。当年追加配额 397 万吨；收缴回配额 408 万吨,其中电力、有色金属和其他金属制品行业分别收缴回 243 万吨、101 万吨,其余行业收缴回 64 万吨;追加和扣减配额相抵后,事后调节机制最终从企业收缴回 11 万吨。2015 年度数据可得性和数据质量有所改善后,调节规模大幅下降,追加配额 199 万吨;收缴回配额 162 万吨,其中钢铁、热力及热电联产行业分别收缴回 108 万吨、37 万吨,其余行业收缴回 17 万吨;追加和扣减配额相抵后,事后调节机制最终给企业追加配额 37 万吨。

表 2　2014~2015 年控排企业事后调节机制情况汇总

单位:家

行业		控排企业数量		达到 20% 或 20 万吨上限的配额盈余企业数量		达到 20% 或 20 万吨上限的配额短缺企业数量	
2014 年	2015 年	2014 年	2015 年	2014 年	2015 年	2014 年	2015 年
电力热力	电力	24	26	7	2	1	6
	热电联产						
化工	化工	30	34	4	1	7	5
化纤、医药、造纸	化纤、医药、造纸	6	9	3	1	1	0
石化	石化	5	6	1	1	1	0
钢铁	钢铁	8	14	4	3	1	1
有色金属及其他	有色金属及其他	5	5	2	1	1	1
水泥	水泥	33	39	2	3	14	1
玻璃及其他建材	玻璃及其他建材	8	14	1	0	0	0
	陶瓷制造						
汽车和其他设备	汽车制造	4	3	0	2	1	0
	通用设备						
食品饮料	食品饮料	8	9	2	2	1	1
共计		131	159	26	16	28	15

数据来源:根据核查机构提供的书面核查报告整理。

2. 根据产能变化调整配额,使免费配额与产能基本保持一致。据统计,2014 年度和 2015 年度,各有 6 家企业停产或停产半年以上,上报产能变化的企业数分别为 39 家和 24 家,最终被认定可以进行配额变更的企业分别为

21 家和 12 家。从产能变更的类别来看，2014 年度新增设施 17 家、改造设施 2 家、关闭设施 1 家、出售生产线 1 家；2015 年度基准年变更的企业 2 家，新增产能追加配额 6 家，因关闭设施导致产能减少扣减配额的企业 3 家，产能既有增加也有减少的企业 1 家。从配额数量变动情况来看，2014 年度共追加配额 846 万吨，扣减 10 万吨，停产收回 193 万吨，净追加配额 643 万吨；2015 年度共追加配额 127 万吨，扣减配额 51 万吨，净追加配额 76 万吨。

上述机制的表现基本符合设计预期，符合应对极端情况的初衷，避免了大范围的企业微观层面配额严重偏离。第一，事后调节机制缓解了历史数据与现实产量间严重偏差的问题，避免了产量极端变化的冲击；第二，产能变化的配额调整解决了配额与产能匹配的问题，有助于保持企业扩大再生产的积极性；第三，两种机制也一定程度上平衡了行业间配额盈缺的差距，盈余较多的部门大多缴回了配额，短缺的部门获得配额追加。但与此同时有两点值得注意。第一，2014 年和 2015 年分别有 55 家和 40 家企业进行了配额事后调节，分别占控排企业总数的 42% 和 25%，说明该机制的影响范围较广，在一定程度上反映了初始配额分配的不合理。当然，这也符合机制设计的目的之一，即在碳市场运行初期分配方法和数据质量都有待完善的情况下，避免大范围地对企业产生负面影响。第二，这种机制对超过初始配额的 20% 或 20 万吨以上的碳排放追加配额，尽管可以给企业的减排成本封顶，增强企业参与的积极性，但也可能会对个别排放严重超额的企业产生逆向激励，出现"破罐子破摔"的现象，即一旦超过该门槛便无限制排放。

（三）碳市场运行及相关机制评估

1. 湖北碳市场配额价格总体平稳，价格波动始终处于合理区间。湖北碳市场自开市以来，碳价格保持平稳、波动较小。截至 2017 年 5 月 31 日，碳价格基本上在 10~29 元/吨浮动，成交均价为 21.86 元/吨，其中最大值为 29.25 元/吨，最小值为 10.81 元/吨，价格极差为 18.44 元/吨，波动幅度为全国 7 个碳市场中最小。难能可贵的是，湖北碳市场履约期内价格并未出现大起大落，首个履约期（2015 年 7 月）碳价格稳中有升，从月初 25.29 元/吨逐渐攀升至月中最高 28.01 元/吨，月末收于 24.50 元/吨，当月成交均价为 25.55 元/吨，较上月（25.42 元/吨）上涨 0.5%。第二个履约期（2016 年 7 月）受配额盈余的影响，碳价格从月初的 16.60 元/吨，下降至月中最低 10.81 元/吨，后回升至月末的 14.06 元/吨，当月成交均价为 13.71 元/吨。

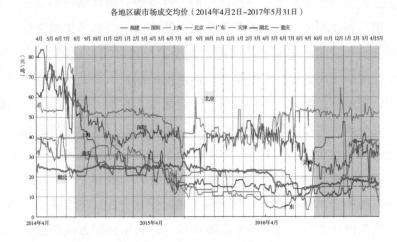

各地区碳市场成交均价（2014年4月2日~2017年5月31日）

图 5　八个碳试点配额价格走势

注：直线虚线部分代表当日无成交量。
资料来源：湖北碳排放权交易中心。

2. 配额投放和回购、涨跌幅限制并未实质启用，但起到了稳定市场信心的作用。配额投放和回购机制、涨跌幅限制并非针对正常波动，前者仅在配额供需严重失衡、碳价格剧烈波动时才会触发，后者主要应对日常的异常波动。2014 年度和 2015 年度，湖北碳交易市场配额供需整体平衡、碳价格基本稳定，因而上述两个机制并未实质启动。唯一一次配额投放发生在碳市场启动之初，政府预留配额中 200 万吨以每吨 20 元的价格成功拍卖。此次配额拍卖起到了两方面的影响：一方面实现了价格发现，并起到活跃市场的作用；另一方面客观上增加了实际发放的配额，使得过剩配额数量增加。

整体而言，湖北碳交易市场配额供需基本平衡，价格总体稳定，给碳市场提供了明确的价格信号。这主要得益于以下几个方面：第一，配额结构管理和自动注销机制设置合理，严格的初始配额和自动注销机制避免了过度分配，同时灵活的配额结构管理又保证了经济增长的空间，同时避免未预期的经济形势变化对供需平衡带来的冲击，因而并未出现系统性的配额供需失衡；第二，企业配额事后调节机制符合设计预期，避免了大范围的企业微观层面配额严重偏离实际生产情况，一定程度上解决了初期基础数据不完善、初始配额分配不合理的问题；第三，配额投放和回购机制、涨跌幅限制均针对碳价格极端波动，不同的是，前者针对配额整体供需失衡，后者应对短期内异常波动，给予市场以强有力的信心，避免了碳价格的过度波动。

四　相关对策建议

基于对湖北碳交易试点价格稳定机制的评估，本报告提出如下对策建议。

第一，考虑到我国相对薄弱的制度基础，建立有效的碳价格稳定机制对我国碳交易市场的健康发展至关重要。相比 EU-ETS、RGGI、California-CAT 等，我国碳交易体系在数据质量、基础能力、金融市场等方面的基础更为薄弱。而且我国碳市场中不仅存在众多影响配额供需两端的因素，还面临市场不健全、信息不对称、未来不确定等问题。在此背景下，配额供给与配额需求出现严重偏差的可能性较高，进而引起碳价格的剧烈波动。因此，为避免传统碳交易市场的制度缺陷，迫切需要建立必要的碳价格稳定机制，以避免配额供需严重偏离、碳价格剧烈波动。

第二，在确保配额稀缺性的基础上增加配额供给的灵活性，增强应对外部冲击的能力。在决定配额供给的配额总量和分配方案上，我国碳交易体系存在诸多现实困难：首先，我国碳排放还未达到峰值，总量设定需为碳排放增长预留一定空间，配额分配也需考虑企业的未来发展；其次，我国减排目标是碳强度，在确定配额总量时需将碳强度转换为绝对量，还需考虑经济增

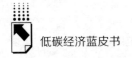

长的情况；最后，我国碳排放历史数据质量较差，同时经济保持较快增长，配额数据预测面临巨大的不确定性。因此建议，一方面确保免费配额的稀缺性，另一方面增加配额供给的灵活性，从而增强应对外部冲击的能力。

第三，为保证市场的可预见性和公平性，碳价格稳定机制应事先明确相关规则。碳价格的预见性和可靠性机制对碳市场至关重要，而任何事后的配额调整都会影响市场的可预见性和确定性，并引起是否公平的争议。湖北碳交易试点的经验表明，事前确定的规则增强了市场的可预见性，并给予市场以强有力的信心。因而，碳价格稳定机制在建设完善中，无论是自动调节还是相机抉择，都应事前明确具体规定和运行机制，向碳交易市场发出明确的信号。

第四，利用现代金融工具防范市场风险，同时加强市场监管，保障市场健康稳定运行。在全国碳排放权交易体系启动后，应打造全国流通的碳市场，通过扩大市场规模增加市场活跃度。同时，应在现货交易的基础上尽快启动期货交易，一方面扩大市场流动性，另一方面便于参与者制定对冲策略。在配额供需未严重偏离的情况下，市场监管部门应通过涨跌幅限制等市场机制避免过度投机；在配额供需严重偏离的情况下，市场监管部门及时建议管理部门启动配额调节机制，避免市场价格的过度波动。此外，监管部门还应建立有效的风险预警指标体系，并加强对碳金融发展和风险防范的规制。

参考文献

[1] 凤振华、魏一鸣：《欧盟碳市场系统风险和预期收益的实证研究》，《管理学报》2011 年第 3 期。

[2] 齐绍洲、赵鑫、谭秀杰：《基于 EEMD 模型的中国碳市场价格形成机制研究》，《武汉大学学报》（哲学社会科学版）2015 年第 4 期。

[3] Roberts, M. J., M. Spence, "Effluent Charges and Licenses under Uncertainty", *Journal of Public Economics* 5 (3), 1976.

［4］ Pizer, W. A. , "Combining Price and Quantity Controls to Mitigate Global Climate Change", *Journal of Public Economics* 85 (3), 2002.

［5］ Burtraw, D. , Sweeney, R. , Walls, M. , "The Incidence of US Climate Policy: Alternative Uses of Revenues from a Cap-and-trade Auction", *National Tax Journal* 166 (5), 2009.

［6］ Aldy, J. E. , Krupnick, A. J. , Newell, R. G. , Parry, I. W. H. , Pizer, W. A, "Designing Climate Mitigation Policy", *Journal of Economic Literature* 48 (4), 2010.

［7］ Jacoby, H. D. Ellerman, A. D. , "The Safety Valve and Climate Policy", *Energy Policy* 32 (4), 2004.

［8］ Wood, P. J. and Jotzo, F. , "Price Floors for Emissions Trading", *Energy Policy* 39 (3), 2011.

［9］ De Perthuis, C. , *Carbon Market Regulation: The Case for a CO_2 Central Bank* (Paris: Dauphin University Climate Economic Chair Information and Debates Series, 2011).

［10］ Fell, H. , Morgenstern, R. D. *Alternative Approaches to Cost-containment in a Cap-and-trade System* (Washington, DC: Resources for the Future, 2009).

［11］ Fankhauser, S. , Hepburn, C. , "Designing Carbon Markets. Part I: Carbon Markets in Time", *Energy Policy* 38 (8), 2010.

［12］ Clò, S. , Battles, S. , Zoppoli, "Policy Options to Improve the Effectiveness of the EU Emissions Trading System: A Multi-criteria Analysis", *Energy Policy* 57 (6), 2013.

［13］ Sartor, O. , *The EU ETS Carbon Price: To Intervene, or Not to Intervene?* (Paris: CDC Climat Research, 2012).

［14］ Delarue, E. D. , D'Haeseleer, W. D, "Price Determination of ETS Allowances through the Switching Level of Coal and Gas in the Power Sector", *International Journal of Energy Research* 31 (11), 2010.

［15］ Aatola, P. Ollikainen, M. Toppinen A. , "Price Determination in the EU ETS Market: Theory and Econometric Analysis with Market Fundamentals", *Energy Economics* 36 (3), 2013.

［16］ Mansanet-Bataller, M. , Pardo, A. , Valor, E. , "CO_2 Prices, Energy and Weather", *The Energy Journal* 28 (3), 2007.

［17］ Chevallier, J. , "Carbon Futures and Macroeconomic Risk Factors: A View from the EU ETS", *Energy Economics* 31 (4), 2009.

［18］ Hintermann, B. , "Allowance Price Drivers in the First Phase of the EU ETS", *Journal of Environmental Economics and Management* 59 (1), 2010.

［19］ Carraro, C. and Favero, A, "The Economic and Financial Determinants of Carbon Prices", *Finance A Uver* 59 (5), 2009.

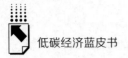

［20］ Paolella, M. S. , Taschini, L. , "An Econometric Analysis of Emission Trading Allowances", *Journal of Banking and Finance* 32 （10）, 2008.

［21］ Benz, E. , Trück, S. , "Modeling the Price Dynamics of CO_2 Emission Allowances", *Energy Economics* 31 （1）, 2009.

［22］ Alberola, E. , Chevallier, J. , "European Carbon Prices and Banking Restrictions: Evidence from Phase I （2005 – 2007）", *The Energy Journal* 30 （3）, 2009.

［23］ Grubb M. , "Strengthening the EU ETS-Creating a Stable Platform for EU Energy Sector Investment" （Cambridge: Climate Strategies, 2012）.

碳 金 融

Carbon Finance

B.7

对碳市场引入金融衍生品交易的思考

王丹 程玲*

摘 要： 全球碳市场的发展历程显示，以碳期货产品为代表的碳金融衍生品市场伴随着现货市场同步建设，共同构成了完整的碳金融市场结构。而中国的第一批碳市场试点中，只有湖北试点在2016年推出了远期现货产品。本报告简要介绍了全球碳金融衍生品市场概况，分析了碳远期现货产品的市场效应，提出中国建设全国统一碳市场可以借鉴的四点启发：第一，明确定位远期现货市场，提高碳市场的价格效率；第二，培育完善碳市场参与主体链；第三，分析碳市场风险特征和风险度量技术，防止市场过分投机；第四，完善碳市场内部和外部相结合的监管体系。

---

* 王丹，湖北经济学院经济与环境资源学院，湖北经济学院碳排放权交易湖北省协同创新中心；
程玲，湖北经济学院碳排放权交易湖北省协同创新中心，湖北大学商学院。

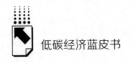

关键词：　碳市场　金融衍生品　远期现货

为了落实国家"十二五"规划关于建立国内碳排放权交易机制，实现节能减排的目标，自 2013 年以来，我国第一批成立的深圳、上海、北京、广州、天津、湖北、重庆 7 个交易试点，在碳排放方面呈现各自的特点。碳交易市场运行以来，从整体来看，制度设计充分结合了各地区经济、社会和排放的特点，各环节运行正常。由于试点还处于起步摸索阶段，配套机制很不完善，在推广、深入的过程中还存在很大的问题，主要表现在产品创新、企业控排、法律法规等方面。我国的 7 个交易试点主要是进行现货交易，在引进金融衍生品方面还比较缺乏，尚未形成完善的碳金融体系。

一　碳金融衍生品概况

全球碳市场的发展历程显示，以碳期货产品为代表的碳金融衍生品市场伴随着碳现货市场同步建设，相辅相成。不论是欧盟还是美国，在碳市场设计过程中均同时考虑的碳现货与远期、期货等衍生品交易工具，构成完整的碳金融市场结构，使得现货市场与衍生品市场之间能够互相支撑。碳排放原生品为碳金融衍生品提供基本框架，以碳排放权现货为基础形成碳远期、期货、期权、掉期等金融衍生品。这些金融衍生品虽然形态各异，但都具备碳信用、套保和价值发现功能。

在《京都议定书》签订时，欧洲就启动了碳排放权现货和期货交易市场的建设，其中欧洲气候交易所（European Climate Exchange，ECX）即是以期货交易为主。作为欧洲首个碳排放权市场，欧洲气候交易所（ECX）于 2004 年成立于荷兰的阿姆斯特丹，其碳期货产品在全球第二大石油期货市场——英国伦敦国际石油交易所的电子期货交易平台上运行。ECX 为交易商提供了重要的 EUA（European Union Allowances）标准化期货品种，拥有排放权许可的各国大型电力公司和石油公司根据自身的生产经营情况及配额

EUA 的多寡，在 ECX 通过操作期货、期权来规避风险和套期保值。而更多投机商的参与是为了低买高卖，投机套利。除期货和期权合约外，ECX 还开通了场外远期（OTC forwards）产品交易。借助 ICE 成熟的期货交易系统，一举使 ECX 成为欧洲最大碳排放权交易市场和 EUA 期货交易市场。

目前碳期货、碳期权等碳金融衍生品构成了欧洲碳市场交易最重要的部分，约占市场交易总规模的 90%；碳基金、碳资产托管、抵押/质押贷款等基于碳资产的金融服务规模也非常可观。碳金融产品和服务共同构建了一个相对成熟完善的碳金融体系，在促进碳资产的形成、优化碳资产管理，为基础性的碳配额现货市场增加流动性，为交易主体提供风险控制的手段等方面起到了重要的作用。

中国碳市场不可完全复制 EU ETS 的产品，在碳产品方面还比较单一，2016 年 3 月 28 日，广州碳排放权交易所成交了国内首单（非标准）碳配额远期交易；4 月 27 日，湖北碳排放权交易中心推出全国首个碳排放权现货远期交易产品，上线交易当日成交量 680.22 万吨，成交金额 1.5 亿元；6 月 15 日，北京环境交易所成交了国内首笔碳排放权场外掉期合约，交易量为 1 万吨。就目前仅有的线上交易碳衍生品种——湖北碳排放权现货远期产品来看，其日均成交量比湖北市场碳配额现货交易量大了两个数量级，显示了碳金融衍生产品巨大的市场潜力。

二 碳远期现货的市场效应

碳远期现货兼具有现货与期货的部分特征，是控排企业进行碳资产管理的一种新型方式。对于期货市场来说，它以现货市场为依托，但交割发生在未来，又具有远期的特征。目前我国的远期现货交易绝大多数采用电子交易平台，这在很大程度上也表现出合约交割的形式，而且也具备双向交易机制，因而在一定程度上更类似于期货交易。由于企业在碳市场中存在配额分配、实际排放和最后的履约阶段，即整个过程中有一个时间差，仅在现货市场无法有效地经营碳资产，而通过远期现货等衍生品交易，有助于控排企业

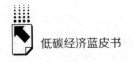

实现碳资产的优化配置，兼具企业效益和社会效益，促使企业提高生产力水平。

（一）及时发现价格，引导现货市场价格，提高碳市场运作效率

碳远期现货市场是以现货市场为基础的，产品种类、产品特征等与当时的现货市场是同质的，唯一不同的就是交割的时间，因而远期现货价格的形成基础在很大程度上与现货市场价格无差别，主要受经济环境、社会因素、政策等因素的影响，从长期来看，价格波动呈现高度的一致性。但是短期内，二者的变化并不是一致的，而是会不同程度地偏离长期均衡值。在偏离长期均衡之后，二者便会以不同的速度向均衡值调整，且远期现货价格的调整速度快于现货价格的调整速度。由于远期现货市场考虑了市场预期，其价格是未来市场供求关系和价格变化趋势的反映，因而对市场信息的反应很敏感，对价格的调节很灵活、迅速。而现货市场则相对是一个信息接收的市场，主要反映的是当前价格的变化，而对未来市场价格的波动缺乏前瞻性。现货市场在接收市场信息之后来调整价格，即通过远期市场传导的相关信息，加以吸收、采纳，而后再进行价格的适应性调整。远期现货市场属于衍生品市场，许多投资者和交易者扮演的是投机者的角色，考虑到投机者对市场的预期，短期内远期现货价格更容易反映出来，这就使得远期现货价格的波动领先于现货价格，对未来市场价格的形成有着一定的引导作用。

（二）增强投资预期，合理降低风险，进一步促进碳金融产品的创新

碳远期现货是对碳现货进行相反方向的操作，可以实现套期保值，增强抵御风险的能力。现货市场是一手交钱、一手交货的形式，对价格几乎没有调整性，而远期市场是一个未来不确定的市场，投资者在达成交易和实现交易之间存在时间差异。对于碳市场这样一个复杂的主体，从行为金融学角度分析，研究该市场参与者风险偏好的差异对套期保值的影响，从而能更好地理解碳市场的实际情况。当碳市场中可投资的产品种类增加时，投资者可根

据自身风险偏好性来确定所投资产品的期限，通过对未来市场供求等信息的判断和预期，根据价格的变化来及时调整投资策略，进而实现价格风险的合理规避。远期市场防范价格风险的功能是碳市场创新碳金融产品的一大动力，这种减少现货市场价格风险的模式为企业碳资产管理提供了一种新的思路，比如碳理财、保险服务等。

（三）增加碳市场交易量，提高碳市场流动性，进一步活跃碳市场

目前，全国碳市场的碳产品种类还比较单一，各试点在开发碳金融产品方面还很欠缺。7个试点中，绝大部分试点交易还比较活跃，价格变化明显，但也有部分试点由于配额分配导致配额过剩，碳市场交易量很小。当前碳金融产品主要包括质押贷款、融资租赁、保理、基金、信托、证券等，这就使得投资者有多种分散化投资的选择。在7个交易试点中，湖北碳市场活跃度很高，自成立以来，其成交量处于领先水平。这次碳远期现货产品的推出必将会吸引更多的投资者跻身其中，从而进一步扩大市场容量。

三　对中国统一碳市场建设的启示

就目前来看，国内碳市场开发碳远期现货是一个探索过程，还需要不断完善和发展相应的体制。第一，明确定位远期现货市场，提高碳市场的价格效率。加强研究在碳市场不同的发展阶段，碳市场现货和远期现货价格关联性及其变化，进一步认识价格波动规律。远期现货市场对价格等信息的反应最为敏感，其信息传递到现货市场会有一个时间差，因而完善远期现货市场与现货市场之间的建设，实现信息透明，提高信息传递速度，充分发挥远期现货的价格引导作用，进一步提高碳市场的运作效率。第二，培育完善碳市场参与主体链。目前全球已形成一条完整的碳金融产业链，包括提供CDM碳减排企业，拥有碳配额的电力、石油及工业企业，碳排放交易所，活跃在场外的经纪商和中介，种类繁多的投资基金等。而中国大都还是控排企业被

动参与碳市场，极少有企业及金融机构将碳资产的真实价值进行评估，这将制约碳金融产业链的形成和完善，影响碳市场价格发现功能的实现。第三，分析碳市场风险特征和风险度量技术，防止市场过分投机。由于碳远期现货市场包含着许多不确定性因素，投资者通过对未来市场的预期在远期现货市场上进行相关操作，若一味地追求自身的投机利益，则会在很大程度上影响市场的供求关系变化，进而导致市场价格很大程度的偏离，造成市场秩序混乱。在发展远期现货市场时可以大胆引进相应的金融制度安排，比如借鉴期货市场的保证金制度、做市商制度，可以有效地减少投机行为，平稳碳价，从而规范远期现货市场。第四，完善碳市场内部和外部相结合的监管体系。目前的碳市场主要是现货交易，对碳市场的监管主要是交易所内部的监管，而且体系还很不完善。在推出衍生品交易之后，市场将会存在更大的风险隐患，这就需要建立一套内部和外部相结合的监管体系，积极主动地接受来自外部社会和舆论等的监督，从而实现碳市场交易的公开化、规范化。

2015年国务院制定了《生态文明体制改革总体方案》，明确指出，推行用能权和碳排放权交易制度，建立绿色金融体系。2016年8月31日，中国人民银行、财政部等七部委联合印发了《关于构建绿色金融体系的指导意见》。构建绿色金融体系，增加绿色金融供给，是贯彻落实"五大发展理念"和发挥金融服务供给侧结构性改革作用的重要举措。在全国统一碳市场的建设过程中，可以探索适时推出远期现货产品，以丰富交易产品，有利于全国碳市场的平稳运行。一方面，远期现货市场的形成能够通过远期现货来发现碳价格，从而引导现货市场价格，避免交易的盲目性。另一方面，在碳市场发展远期现货能够丰富该市场的产品种类，促进碳金融产品的创新，从而不再是单一的现货市场。对于投资者来说，能够利用对市场的预期，合理组合交易，规避投资风险，从而使得市场的供求关系变化更灵敏，碳市场更具有吸引力，更为健康。当前，全国统一碳市场的建设正在稳步推进，碳市场建设应与金融市场建设相结合，合理开发、利用碳衍生产品，进一步规范和完善碳市场，最终实现高效率的节能减排。

参考文献

[1] 王丹、程玲：《欧盟碳配额现货与期货价格关系及对中国的借鉴》，《中国人口·资源与环境》2016 年第 7 期。

[2] 《碳金融及衍生品的困局及未来发展思路》，中国财经报，http：//www. cfen. com. cn/dzb/dzb/page_ 2/201706/t20170613_ 2621370. html，最后访问日期：2017 年 6 月 13 日。

[3] 刘英：《国际碳金融及衍生品市场发展研究》，《金融发展研究》2010 年第 11 期。

[4] 黄明皓、李永宁、肖翔：《国际碳排放交易市场的有效性研究——基于 CER 期货市场的价格发现和联动效应分析》，《财贸经济》2010 年第 11 期。

[5] 常凯、王苏生、蒙震等：《国际碳排放市场价格波动率的聚集效应》，《中国软件科学》2012 年第 12 期。

[6] 赵静雯：《欧盟碳期货价格与能源价格的相关性分析》，《金融经济》2012 年第 14 期。

[7] 程炜博：《碳金融市场参与主体和交易客体及其影响因素分析》，博士学位论文，吉林大学，2015。

[8] 徐天艳：《基于 GARCH 模型的核证减排期货价格波动性研究》，《时代金融》2011 年第 12 期。

[9] Kalaitzoglou, I., Ibrahim, B. M., "Does Order Flow in the European Carbon Futures Marketreveal Information?" *Journal of Financial Markets* 16 (3), 2013.

[10] Marc C., Stefan T., "The Relationship Between Carbon, Commodity and Financial Markets: A Copula Analysis," *The Economic Society of Australia* 13, 2015.

[11] Chevallier J., "Carbon Futures and Macroeconomic Risk Factors: A View from the EU ETS," *Energy Economics* 31 (4), 2009.

[12] Chesney M., Taschini L., "The Endogenous Price Dynamics of Emission Allowance and an Application to CO_2 Option Pricing," *Applied Mathematical Finance* (5), 2008.

B.8
光大国际减排实践

甘 洁*

摘　要： 为了有效应对全球气候变化，我国政府承诺2030年单位国内
　　　　 生产总值二氧化碳排放量比2005年下降60%~65%。光大国
　　　　 际积极响应国家号召，坚持走可持续发展道路，发展低碳经
　　　　 济，减少碳排放，作为中国环保行业的领先企业，公司以人
　　　　 才、科技为引领，全面推动旗下环保科技、环保能源、环保
　　　　 水务、绿色环保的发展，发展了一大批行业领先、具有国际
　　　　 水平的环保项目，包括垃圾发电、生物质综合利用、光伏发
　　　　 电、风力发电等，为我国低碳减排做出积极贡献，本报告对
　　　　 光大国际在低碳发展方面取得的业绩及管理经验进行介绍。

关键词： 光大国际　低碳减排　环保行业

一　公司业绩

光大国际致力于以创新推动发展，紧贴国家最新政策方向，配合《"十三五"生态环境保护规划》《关于进一步加强城市生活垃圾焚烧处理工作的意见》等重点环保政策，积极抓住发展机遇，近年来取得非常好的业绩。

在实际运营中，光大国际始终坚持推动项目环保效能，积极倡导最为严格的排放标准，如旗下垃圾发电项目的烟气排放优于欧盟《工业排放指令》

---
* 甘洁，光大环保（中国）有限公司运营及环境管理部高级项目经理。

（2010/75/EU）（欧盟 2010）内的相关标准。于 2015 年 5 月提前实现披露运营垃圾发电项目前一日的烟气在线监测日均值、渗滤液出水指标日检测值及炉渣热灼减率日检测值，并于 2017 年 1 月 1 日起实行按小时均值公布排放标准，是用实际行动推动行业发展的最佳规范，在行业信息公开方面起到良好的示范作用。2016 年光大国际无害化、资源化、减量化处理了 900.7 万吨生活垃圾和 9.8 万吨危险废物。发电项目共提供了 36.54 亿千瓦时的绿色电力，相当于为 304.5 万户家庭提供一年的电力，亦相当于节约标准煤146.2 万吨，并减少二氧化碳排放 386.4 万吨。

2016 年光大国际生活垃圾和生物质发电项目运营情况如表 1 所示。

表 1　光大国际 2016 年生活垃圾和生物质发电项目运营情况

规模	环保能源	绿色环保
现有规模	生活垃圾处理规模 22300 吨/日	农林废物处理规模 1600000 吨/年[a]、生活垃圾处理规模 400 吨/日
合约规模	预计生活垃圾处理规模 50950 吨/日	农林废物处理规模 6199800 吨/年[a]、生活垃圾处理规模 3800 吨/日
净发电量（百万千瓦时）	2473.11	891.41

注：a 指截至 2016 年 12 月 31 日已投建的生物置综利用项目的年农林废物处理规模。

目前公司已落实环保项目遍布国内 17 省及直辖市、80 多个县市，远至德国、波兰、越南等地，共 213 个项目。

光大国际 2016 年投运项目情况如表 2 ~ 表 7 所示。

表 2　光大国际 2016 年投运项目（垃圾发电）

序号	项目	日处理垃圾规模(吨)
1	苏州垃圾发电项目一期	1050
2	苏州垃圾发电项目二期	1000
3	苏州垃圾发电项目三期	1500
4	宜兴垃圾发电项目一期	500

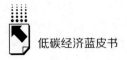

续表

序号	项目	日处理垃圾规模(吨)
5	江阴垃圾发电项目一期	800
6	江阴垃圾发电项目二期	400
7	常州垃圾发电项目	800
8	镇江垃圾发电项目一期	1000
9	济南垃圾发电项目	2000
10	宿迁垃圾发电项目	600
11	宁波垃圾发电项目一期	1000
12	南京垃圾发电项目一期	2000
13	邳州垃圾发电项目一期	600
14	三亚垃圾发电项目一期	700
15	寿光垃圾发电项目一期	600
16	镇江垃圾发电项目二期	400
17	博罗垃圾发电项目一期	700
18	潍坊垃圾发电项目一期	1000
19	常州垃圾发电项目一期	800
20	日照垃圾发电项目一期	600
21	宁波垃圾发电项目二期	500
22	三亚垃圾发电项目二期	350
23	益阳垃圾发电项目	800
24	吴江垃圾发电项目	1500
25	滕州垃圾发电项目一期	700
26	沛县垃圾发电项目一期	400
	总计	22300

表3 光大国际2016年投运项目（沼气发电）

序号	项目	年均发电量(K·WH)
1	苏州沼气发电项目一期	18000000
2	苏州沼气发电项目二期	9000000

表4 光大国际2016年投运项目（光伏发电）

序号	项目	年均发电量(K·WH)
1	常州屋顶光伏发电项目	4113000
2	宿迁屋顶光伏发电项目一期	2205000
3	宿迁屋顶光伏发电项目二期	6198000
4	镇江屋顶光伏发电项目	11680000
5	镇江地面光伏发电项目	4059000
6	怀宁地面光伏发电项目	2170000
7	德国地面光伏发电项目	3611000
	合计	34036000

表5 光大国际2016年投运项目（风电）

序号	项目	年均发电量（K·WH）
1	赵家山风电项目一期	230000000
2	长房山风电项目一期	

表6 光大国际2016年投运项目（生物质）

序号	项目	年处理农作物/日处理垃圾量（吨）
1	含山生物质直燃项目	3000000
2	砀山生物质及垃圾发电一体化项目（生物质）	3000000
3	怀远生物质直燃项目	3000000
4	定远生物质直燃项目	3000000
5	盱眙生物质热电联供项目	289800
6	宿城生物质供热项目	280000

表7 光大国际2016年在建项目（生物质）

序号	项目	年处理农作物/日处理垃圾量（吨）
1	南谯生物质直燃项目	3000000
2	灵璧生物质及垃圾发电一体化项目（生物质）	3000000
3	萧县生物质及垃圾发电一体化项目（生物质）	3000000
4	绵竹生物质及垃圾发电一体化项目（生物质）	3000000
5	灌云生物质及垃圾发电一体化项目（生物质）	289800
6	凤阳生物质及垃圾发电一体化项目（生物质）	3000000
7	如皋生物质直燃项目	280000
8	叶集生物质热电联供项目	3000000
9	灵璧生物质及垃圾发电一体化项目（垃圾发电）	400
10	萧县生物质及垃圾发电一体化项目（垃圾发电）	400
11	灌云生物质及垃圾发电一体化项目（垃圾发电）	500
12	凤阳生物质及垃圾发电一体化项目（垃圾发电）	400

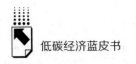

二 管理气体排放及应对气候变化的措施

2016 年是中国"十三五"规划实施的开局之年，环保和新能源政策密集出台，为环保行业勾勒出一幅更加清晰、亟待实施的发展草图。三月发布的《政府工作报告》中再度强调绿色发展将是未来发展的主旋律。另外，《联合国气候变化框架公约》第二十一届缔约方大会 2015 年在巴黎召开，建立了全球应对气候变化的长期目标。中国作为《巴黎协定》缔约方之一，其对低碳发展的重视为光大国际的项目管理和气候变化应对策略带来了新的机遇和挑战。光大国际的环保项目运营本身就有助于当地的低碳发展，公司的项目管理及环境管理部更是引领各项目公司通过设定发电效能、参与节能比赛等举措，进一步降低项目的碳足迹。与气候变化相关的风险亦作为环境和社会风险之一，纳入光大国际的内部风险报告和控制系统。

光大国际采用低碳能源、逸散性气体削减等策略降低项目运营中的温室气体排放量，并按照《联合国气候变化框架公约》中清洁发展机制（CDM）的要求，更准确地计算及管理垃圾发电和生物质发电项目的温室气体排放量。与国内的要求相比，光大国际的披露工作在温室气体的排放种类、排放量和排放范畴三个方面给持份者带来了更具透明度的数据。

2016 年光大国际按运营类型划分的温室气体排放量情况见表 8。

表 8　光大国际 2016 年按运营类型划分的温室气体排放量

单位：吨

运营类型	范畴一温室气体排放		范畴二温室气体排放		范畴三温室气体排放		总排放量
	主要来源	排放量	主要来源	排放量	主要来源	排放量	
环保能源[a]	运营消耗的燃油,垃圾焚烧产生的 CO_2、N_2O、CH_4	4948009.48	运营消耗的非再生电力	3644.02	无重大来源	—	4951653.50
环保水务	无重大来源	—	运营消耗的非再生电力	363387.69	无重大来源	—	363387.69

运营类型	范畴一温室气体排放		范畴二温室气体排放		范畴三温室气体排放		总排放量
	主要来源	排放量	主要来源	排放量	主要来源	排放量	
绿色环保[b]	运营消耗的燃油和天然气,生物质焚烧产生的甲烷	6839.04	运营消耗的非再生电力	1006.25	运送生物质消耗的燃料	5114.10	12959.39

注：a 环保能源的温室气体核算边界为 2016 年投建的所有垃圾发电项目,温室气体的核算方法参照清洁发展机制订立的 AM0022 多选垃圾处理方式（版本 2.0）。b 绿色环保的温室气体核算边界为 2016 年投建的所有生物质发电项目,温室气体的核算方法参照清洁发展机制 ACM0018：纯发电厂利用生物废弃物发电（版本 3.0）。

　　垃圾发电为环境保护和可持续发展提供了强大支持,但其运营中所排放的潜在污染物向来是人们关注的重点。光大国际致力于遵循最高的排放标准和改善信息披露体制,妥善管理气体排放。光大国际旗下的发电项目均遵守最严格的国内外污染控制要求：垃圾发电项目在符合《生活垃圾焚烧污染控制标准》（GB18485 - 2014）的前提下,烟气排放指标全面执行欧盟 2010标准；公司的生物质发电项目则达到《火电厂大气污染物排放标准》（GB13223 - 2011）的相关标准。光大国际更是不断提高烟气排放指标,提升资源利用效率及增加运营项目的透明度。

　　2015 年光大国际环评信息披露"四步走"开始实施,首次对外公布运营垃圾发电项目排放标准及环境管理信息,成行业内率先披露所有运营垃圾发电项目排放指标及环境管理信息的企业。2016 年光大国际实现按日披露运营垃圾发电项目排放日均值的目标,并于 2017 年 1 月 1 日起按小时均值披露。此举旨在主动接受公众监督,不断提升及完善公司的运行管理水平,并进一步引领行业信息透明化。披露内容涵盖：①烟气在线监测指标的日均值（按日披露）；②渗滤液处理设施出水指标检测值（按日披露）；③炉渣热灼减率检测值（按日披露）；④环评批复文件；⑤烟气二噁英检测结果（按季度披露）；⑥飞灰稳定化结果与第三方检测机构（按月披

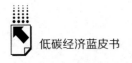

露）。

2014~2016年光大国际绿色发电量及二氧化碳减排量情况见图1。

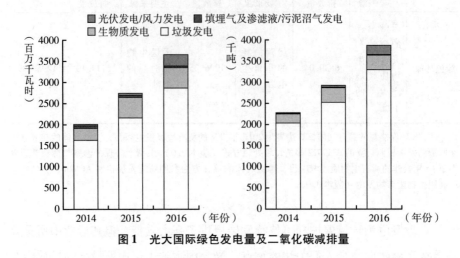

图1　光大国际绿色发电量及二氧化碳减排量

2016年光大国际的垃圾发电项目、生物质发电项目、沼气发电项目、光伏发电项目和风力发电项目共提供绿色电力36.54亿千瓦时，可供304.5万户家庭一年使用，较2015年的发电量上升33%，减少二氧化碳排放约386.4万吨。垃圾发电厂焚烧每吨垃圾平均发电量386千瓦时，较去年上升20%。

2014~2016年光大国际垃圾发电和生物质发电项目每千瓦时发电量的废气排放量见图2。

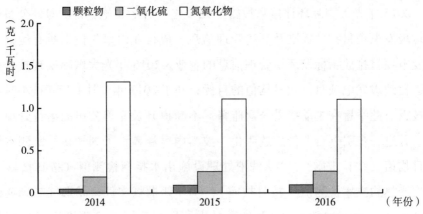

图2　光大国际垃圾发电和生物质发电项目每千瓦时发电量的废气排放量

　　光大国际不仅对垃圾等废弃物进行发电处理，还对发电过程中产生的飞灰采用螯合剂进行固化，满足《生活垃圾填埋场污染控制标准》（GB16889 - 2008）后，送往垃圾填埋场进行单独分区填埋，或进入危险填埋场行安全填埋，杜绝二次污染。根据《生活垃圾填埋场污染控制标准》（GB16889 - 2008），对炉渣按一般固体废物进行处理。光大国际坚持对发电项目所产生的炉渣通过制砖等方式进行资源综合利用，而在制砖生产过程中产生的炉渣预处理废水、搅拌机清洗废水、地面冲洗水，则经过收集处理后全部回用于生产。垃圾发电项目的垃圾渗滤液经严格处理达到回用水质标准后，回用于循环补充水，少量回喷入炉。2016 年光大国际垃圾发电和生物质发电项目相关废弃物处置情况见表 9、表 10。

表 9　2016 年垃圾发电和生物质发电项目的飞灰废弃量及处置办法

单位：吨

类型	固化后安全填埋	综合利用（如制砖）	运至合资格公司处理	总计
垃圾发电	235884.16	—	—	23884.16
生物质发电	3162.75	32445.70	4580.00	40188.45

表 10　2016 年垃圾发电和生物质发电项目的炉渣废弃量及处置办法

单位：吨

类型	综合利用（如制砖）	重新焚烧	运至合资格公司处理	总计
垃圾发电	1733527.08	—	—	1733527.08
生物质发电	92054.52	35.00	833.00	92922.52

三　环境管理

（一）科技创新

　　科技进步不仅是引领光大国际成长的关键，更是各大板块战略发展的核心。创新科技将带领光大国际全面进军产业链高端领域。其中环境科技将加

大"产、学、研"合作力度以及新技术的引进和研发,全力推进技术的对外输出;设备制造将立足国内,兼顾海外,全面加强市场开发;环保能源、环保水务、绿色环保则将充分发挥自身领域的工艺技术和建设标准等优势,寻找新的发展商机。

(二)持份者的参与

光大国际相信持份者的真知灼见有助于公司的业务发展,有助于企业在做出长期的策略性决定时,平衡各方团体的利益,因此公司希望持份者密切参与企业的业务运营。

光大国际自2012年发表第一份可持续发展报告以来,主要持份者的界定均基于以下五大原则:责任、影响力、邻近性、倚靠性和代表性。2016年中标首个越南垃圾发电项目,以及收购波兰领先的固体废物处理公司,光大国际进一步实施"从国内到国外"的发展战略。

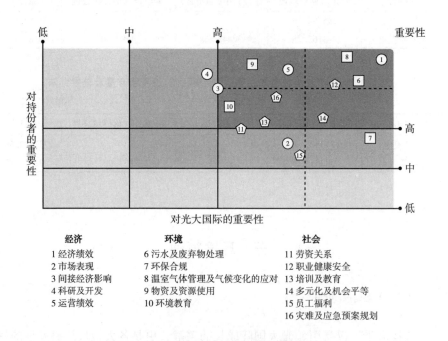

图3 光大国际有关可持续发展议题的排序

为更高效优质地发展公司项目，光大国际将有关可持续发展的重大议题进行排序，使公司的资源得到合理优化配置。

（三）建立 ESHS 体系及风险管理体系

作为中国领先的环保企业，光大国际以创建绿色社会为己任，勇当生产和运营方式的先行者，于 2016 年实行了 ESHS 体系以及风险管理体系。两个体系以信息披露为导向，建立了一套由事前识别评估、事中检查审核、事后考核评价构成的完整制度，强化日常管理水平，从源头上控制环境风险，为光大国际的可持续发展提供了一个健康的平台。公司制定并实践环境管理企业政策，包括光大国际对环保合规、环境风险管理和尽职调查、技术改进和环保设计、供应商管理等议题的承诺。为确保项目的稳定践行和二氧化碳的达标排放，光大国际大部分运营中的厂房均取得 ISO 14001 环境管理体系认证，防止生产过程中的二次污染。

对环保技术的执着追求不仅是光大国际发展的动力，更是使公司在国际上屡获殊荣的原因。2016 年与国家开发银行签署《绿色金融支持生态环境建设战略合作协议》，为光大国际新一轮持续、稳健、快速地发展提供长期、稳定的资金保障。合作领域覆盖环境科技、环保能源、环保水务、绿色环保四大主营业务以及配合各业务板块围绕"一带一路""走出去"的海外业务。光大国际的垃圾发电公共私营合作制（PPP）项目的成功运行获得联合国欧洲经济委员会 PPP 国际卓越中心认可，更凭借出色的环境管理表现，于 2016 年成功上榜道琼斯可持续发展全球指数，成为当年该指数唯一一家上榜的中国大陆及中国香港上市企业，同时也成功上榜道琼斯可持续发展新兴国家指数。

（四）物料及资源利用

光大国际坚持对各项目的物料和资源使用做系统的、详尽的记录，公司深信这些记录有助于制定长远的资源利用策略，以减少整体的物料和能源消耗。2016 年，光大国际继续通过在各项目公司开展节能增效比赛、设立物

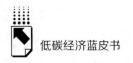

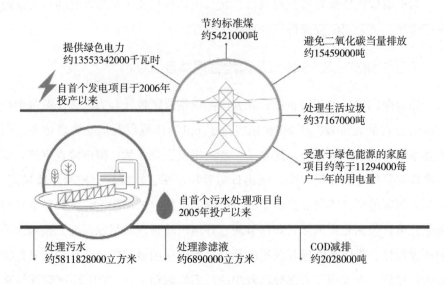

图4　光大国际累计环保贡献

资消耗目标等措施，全面推动环保运营。绿色环保板块的主要物料属于生物质，为可再生物料，年度消耗量为728000吨。绿色环保在运营中使用的可再生物料占99.52%。

光大国际在生产过程中所使用的生活垃圾被视为可再生物料。因此，环保能源在运营中使用的可再生物料占90.09%。

光大国际累计环保贡献情况见图4。

（五）科技及环保教育

为加强与社会的联系和促进环保科技发展，光大国际积极协办参加各种技术交流会，参与植树造林，"六五"世界环境日主题活动，以具体活动践行和推动生态文明理念的落实，展现出光大国际"左手环保、右手责任"的企业使命，在环保企业与民众和谐、社会和谐、政府和谐方面做出了积极探索。

光大国际相关环保活动见表11。

表 11　光大国际相关环保活动

绿色伙伴	活动
中国环境科学学会	中国环境科学学会年会
	中英环保产业交流高峰论坛
	"心环保,新生活"全国环保科普创意大赛
中国循环经济协会发电分会	垃圾焚烧行业企业负责人座谈会
中国电力发展促进会可再生能源发电分会	垃圾发电项目安全培训
中国生态文明研究与促进会	发布《生活垃圾焚烧行业生态文明示范企业管理办法(试行)》

绿色低碳发展

Green Low-carbon Development

B.9
成本收益视角下环境税种的最优选择[*]

刘宇　胡晓虹　史巧玲[**]

摘　要：　本报告基于环境CGE模型，引入环境收益－经济成本指标研
究面对相同的减排效果，如何征收环境税对中国的经济影响
最小。仅考虑环境税应税污染物的减排效果，同时对SO_2和
NO_X征税带来的SO_2和NO_X减排量最大。但是，综合考虑环境
税的经济代价和环境减排收益，面对相同的经济代价，对
SO_2征税的减排效果最优。因此，如果短期减排目标紧迫，可
以考虑同时对SO_2和NO_X征税；如果注重经济和环境的长期
可持续发展，仅对SO_2征税最为合适。另外，从能源使用结

* 本报告得到国家重点研发计划"全球变化及应对"重点专项(2016YFA0602500)、国家自然科学
基金资助项目(71473242)、中国科学院科技战略咨询研究院重大咨询项目(Y02015003)和国家
自然科学基金资助项目(71403265)的资助。

** 刘宇，中国科学院科技战略咨询院研究员，中国科学院大学公共政策与管理学院MPA导师；胡晓虹，
北京理工大学管理与经济学院在读博士研究生；史巧玲，中国科学院科技战略咨询院科研助理。

构来看，征收环境税可以增加对清洁能源如天然气的生产使用，减少对高污染能源如煤炭和油气的需求。不同税种对能源结构的影响不同。征收 SO_2 税会减少煤炭和油气等多种高排放能源的使用需求，而 NO_x 税的能源结构影响单一，主要对煤炭的使用需求影响最大。

关键词： 环境税　环境 CGE 模型　环境收益　经济代价

一　问题提出

2016 年 12 月，十二届全国人大常委会第二十五次会议一致通过了《中华人民共和国环境保护税法》，这是国家层面历经数年首次在环境税上的立法实践，是中国在环保立法上的又一个重要里程碑。自改革开放以来，为了实现经济的腾跃发展，中国在生态环境和资源利用方面始终是重贡献轻补偿，具体体现为忽略生态环境的经济属性，即利用生态环境会给个体带来收益（主要体现为企业收益），同时也会给社会带来成本（主要体现为环境污染）。成本与收益的不对称性导致环境资源的利用出现严重失衡。因此，正确认识实施环境税的经济成本和环境收益，对中国的经济发展和环境保护来说，都是不可或缺的政策视角。那么，实施环境税能否实现节能减排的环保目标以及如何征收环境税对经济的冲击最小，这些问题都亟待回答。

自政府提出开征环境税，就有学者分析了环境税的经济福利效应（李齐云、宗斌和李征宇，2007；刘凤良、吕志华，2009；沈田华、彭珏和龚晓丽，2011；刘晔、周志波，2011；李正升，2012）和“双重红利”效应（Carraro 等，1996；Bovenberg，1998；Fullerton，Heutela，2007；俞杰，2013；刘建徽、周志波和刘晔，2015）。但是这些研究都是从定性的角度去分析环境税，对于环境税的污染物减排效果以及对经济的影响如何去量化分析鲜有涉及，因此，作为国际上常用的政策模拟工具，可计算一般均衡模型

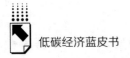

（CGE 模型）在环境税的定量研究中被广泛采用。

李洪心和付伯颖（2004）以各行业的产值为基础，利用 CGE 模型模拟对所有行业征收所得税，并根据污染程度以及对营业额征收不同程度的污染税对生产、消费和政府收入的影响，认为环境税具有"双盈"效应。何建武和李善同（2009）采用 DRC-CGE 模型研究发现对污染物征税对经济的冲击小于对能源消费征税。童锦治和沈奕星（2011）侧重于环境税优惠政策，认为环境税税收减免政策长期来说对社会福利影响较小，但是会严重影响环境税的节能减排效果。梁伟、朱孔来和姜巍（2014）建立 24 部门 CGE 模型并对生产性环境税和消费性环境税设置不同的税率，得出消费性环境税的节能减排效果优于生产性环境税，且单纯地征收环境税很难实现"双重红利"。秦昌波等（2015）利用 GREAT-E 模型在现有排污费基础上加倍征收环境税，建议提高污染税/费标准，促使环境成本内部化。

总结现有利用 CGE 模型研究环境税的文献，可以发现存在以下不足。①模型部门的划分不够细化，对污染物的产生和排放机制刻画得不够明确，而且对 SO_2 和 NO_X 征税的依据尚且没有以污染当量数为标准。②还没有研究以成本收益为视角，衡量环境税如何征收对经济冲击最小，环保效果最好。与以往研究不同，本研究基于 2007 年污染物普查数据库①扩展的环境 CGE 模型，构建了包括行业排放（燃烧排放 + 过程排放）和消费排放的 135 个行业 SO_2 和 NO_X 的产生机理和排放机制。在《中华人民共和国环境保护税法》的基础上，以污染当量数作为计税依据，设置 3 种情景，情景 1 为单独对 SO_2 征税，情景 2 为单独对 NO_X 征税，情景 3 为同时对 SO_2 和 NO_X 征税，并建立税收返还机制，以环境税的经济成本和环境效益为视角，引入衡量征收环境税种的成本收益经济指标，模拟分析如何征收环境税使我国经济代价最小，污染物减排效果最优。

---

① 本报告采用的污染物普查数据库是通过原始的国民经济行业分类加总成 2007 年投入产出表的部门分类，同时，结合 2007 年污染普查的各类生活源排放数据，对 135 个行业使用五大能源（煤炭、油气、成品油、焦炭以及天然气）所产生和排放的废气进行全面梳理，并结合其他相关数据资料，开发出目前的大气污染物排放数据库。

二　模型和数据

本报告采用的是由中国科学院科技战略咨询研究院和澳大利亚 Victoria 大学 CoPS（Centre of Policy Studies）中心联合开发的，依据中国 2007 年的投入产出表和污染物普查数据库建立的静态环境 CGE 模型。模型的经济数据库是根据 2007 年国家统计局公布的 135 个部门投入产出表构建的。环境排放数据库是根据环保部 2007 年污染物普查数据库构建的，包括 2007 年主要污染物（SO_2 和 NO_X）分行业的排放数据。模型包括 135 个产业部门，3 种投入要素（劳动力、资本、土地）和 6 个经济主体（生产、投资、家庭、政府、国外、库存）。模型同时考虑了 8 类流通投入（Margin），分别为：海运、空运、铁路、公路、管道运输、保险、贸易（批发和零售）、仓库贮存（Dixon，Rimmer，2002）。

模型中，总产出使用多层嵌套结构来描述（见图 1），顶层为商品 1……N（$N=135$）的中间投入、要素投入、能源投入和其他投入基于 Leontief 生产函数合成的总产出，模型假设企业追求成本最小化。商品需求分为居民消费、政府消费、出口、投资、流通和库存 6 种。其中，居民消费在预算约束下最大化 Klein-Rubin 效用函数，通过线性支出系统（LES）分配对不同商品的消费，即居民在满足最低生活需求之后根据对各商品的边际消费倾向进行消费选择。模型假定政府支出跟随居民消费变动，库存由基期数据外生确定。投资决策与生产决策相同，依据成本最小化原则选择最佳投资品组合。流通消耗由商品流通量和流通消耗系数决定。模型依据 Armington 假设将商品分为国产和进口两种，且两者存在不完全替代关系。因此，国内市场的总供给为这两类商品的 CES 函数加总，各部门总产出采用 CET 函数分配到国内市场和出口，并通过调整均衡价格来达到成本最小化的需求供给和利润最大化的产出分配。

（一）模型闭合的设定

本研究模拟采用的是短期闭合，旨在分析征收环境税短期内对经济的冲

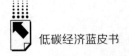

击。具体的短期闭合假设条件如下。①劳动力市场：在短期，由于工人和企业之间签订了固定名义工资的长期合约，工资调整幅度很小，因此短期工资不变，就业量内生。②资本市场：在短期，资本存量在总量和行业层面都是不可调整的。③投资市场：在短期，投资是由投资回报率决定的。④消费行为：一般来说，收入水平决定居民消费行为，二者呈现正相关关系。⑤政府支出行为：政府支出行为取决于税收返还机制，征收的环境税收入被用于扩大政府支出。

（二）污染物排放模块的引入

考虑到中国目前能源投入需求的刚性（Xie, Saltzman, 2000；林伯强等, 2012），本报告将能源作为中间投入（见图1）。中间投入合成束为能源要素合成束和非能源中间投入的加总。中间投入之间利用 Leontief 生产函数描述不同投入产品之间的固定比例关系。不同能源投入之间用 CES 函数描述其替代关系。能源部门生产能源产品，进一步分为电力、煤炭、油气、焦炭、天然气和成品油。能源要素中间投入方程如下：

$$X_j = \mathop{CES}_{i=1}^{6}\left\{ \frac{X_{ij}}{A_{ij}}; \rho_j, b_{ij} \right\} \tag{1}$$

方程表示来源为国内和进口的不同能源产品投入到 j 产业部门生产的 CES 复合。其中，X_j 表示能源产品投入到 j 产业部门生产的投入量；X_{ij} 表示来源为国内和进口的 i 能源产品投入到 j 产业部门生产的量；A_{ij} 表示 i 能源产品投入到 j 产业部门的技术参数；b_{ij} 表示 i 能源产品投入到 j 产业部门的份额参数；ρ_j 表示能源产品用于 j 产业部门的常替代弹性。若 i 能源产品用于能源行业，替代弹性为 0。以火电行业为例，火电行业主要靠燃煤发电，煤炭是主要中间投入品，不能替代，而通常指的能源替代是指化石能源燃烧的替代。若 i 能源产品用于非能源行业，本报告模型采用的弹性为 0.5，这主要是参考了 GTAP-E 模型采用的替代弹性（Burniaux, Truong, 2002）。

（三）模拟冲击的设置

根据《中华人民共和国环境保护税法》，环境保护税应税大气污染物的

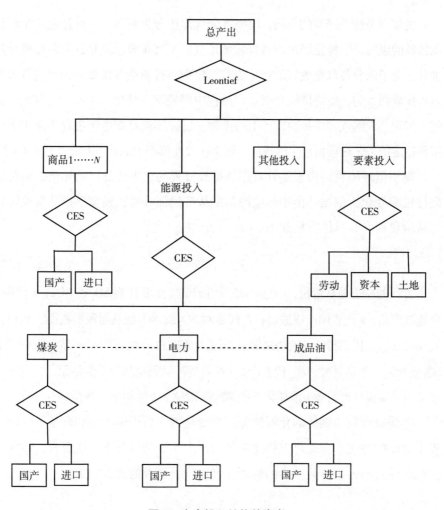

图 1　生产投入结构的嵌套

资料来源：作者绘制。

应纳税额为污染当量数乘以具体适用税额，对大气污染物每污染当量征收的税额是 1.2 元。SO_2 和 NO_x 的污染当量值是 0.95 千克，那么排放 1 千克 SO_2 和 NO_x 的价格是 1.26 元。[①] 模型中，环境税的单位是元/吨，因此对每吨 SO_2 和 NO_x 征税的额度为 1260 元。

———————————

① 某污染物的污染当量数 = 该污染物的排放量（kg）/该污染物的污染当量值（kg）。

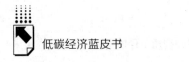

为了区分废气来源的不同，模型将废气排放分为两种，一种是企业生产活动排放的废气，一种是居民消费排放的废气。废气排放总量是这两种排放量的加总。为了区分各行业废气的产生方式，模型将行业废气排放分为燃烧排放和过程排放两大类。燃烧排放是指生产过程中燃烧某一种化石能源（如煤炭、油气、焦炭、天然气和成品油）产生的排放；过程排放是指生产过程中由于采用某种特定的工艺过程而产生的排放。两类排放在模型中的处理方式也有所不同。

模型里环境税的模拟是针对燃烧排放过程的，主要是以消耗化石能源的间接税率变化为依据。由于环境税是以从量税征收的，模型里把从量税转化为从价税税率，具体方程如下：

$$T_g \cdot C_{g,i,e,s} = B_{g,i} \cdot t_{g,i} \tag{2}$$

方程的左边是从量税，i 代表 135 个生产部门，g 代表 SO_2 或 NO_X，e 代表 6 种能源产品，s 代表国产或进口；T_g 代表对 SO_2 或 NO_X 征从量税的税基，单位是元/吨，$C_{g,i,e,s}$ 代表行业 i 燃烧来源 s 为国内或进口的化石能源产品 e 所排放的 SO_2 或 NO_X，单位是吨，$B_{g,i}$ 代表行业 i 征收的环境税税基，单位是元，$t_{g,i}$ 代表由于征收环境税导致行业 i 消耗化石能源的间接税率上涨幅度，单位是百分比。

燃烧排放是与燃烧的化石能源同步变化的。由于模型中刻画了不同能源投入之间的替代，由此可以描述在部门产出不变的情况下，能源投入结构的变化所导致的污染排放减少的机制。燃烧排放涉及的方程如下：

$$C_{g,i,e,s} = X_{i,e,s} \cdot a_{g,i,e,s} \tag{3}$$

其中，$C_{g,i,e,s}$ 代表行业 i 燃烧来源 s 为国内或进口的能源产品 e 所排放的 SO_2 或 NO_X，单位是吨；$X_{i,e,s}$ 代表行业 i 对来源 s 为国内或进口的能源产品 e 的使用需求，单位是吨；$a_{g,i,e,s}$ 代表行业 i 使用来源 s 为国内或进口的能源产品 e 所排放的 SO_2 或 NO_X 的技术水平。

过程排放和行业产出水平挂钩。也就是说，如果部门产出不变，污染物的排放量也不会发生变化。具体方程如下：

$$P_{g,i} = X_i \cdot a_{g,i} \tag{4}$$

其中，$P_{g,i}$ 表示行业 i 的 SO_2 或 NO_X 过程排放量的百分比变化；X_i 表示行业 i 产出的百分比变化；$a_{g,i}$ 表示行业 i 的 SO_2 或 NO_X 过程排放技术水平。

三 模拟结果分析

（一）对宏观经济和污染物减排的影响

征收环境税，短期来说可以引起污染物的排放量减少，同时也会给经济带来负面冲击。从应税污染物的减排总量来看，情景 3 应税污染物的减排效果最好，SO_2 和 NO_X 的排放量下降 1.13% 和 1.00%（SO_2 下降了 29 万吨，NO_X 下降了 13 万吨）。而情景 1 和情景 2 的应税污染物排放量仅下降了 0.89%（SO_2 的绝对量下降了 23 万吨）和 0.51%（NO_X 的绝对量下降了 7 万吨）。而 3 种情景减排的经济代价各不相同，其中情景 2 的经济代价最小，GDP 损失仅为 0.01%，而情景 1 和情景 3 的 GDP 损失分别为 0.02% 和 0.03%（见表 1）。

同时，由于 SO_2 和 NO_X 具有同源性，单独对 SO_2（NO_X）征税，也会引起 NO_X（SO_2）的排放量减少。因此，从废气协同效应减排总量来看，情景 1 和情景 2 的协同减排效果相近，情景 1 带来的 NO_X 协同减排量和情景 2 带来的 SO_2 协同减排量均为 7 万吨（见表 1）。然而，考虑到减排的经济代价，情景 1 的减排效果要优于情景 2。因为情景 1 每减少 1 万元的 GDP 带来的应税污染物（SO_2）和废气（SO_2 和 NO_X）的减排量最大，分别为 42 万吨和 54 万吨（见表 1）。因此从应税污染物和废气减排总量来看，面对相同的经济代价，情景 1 的环境收益最好。

另外，对 SO_2 和 NO_X 征税，也会引起废水污染物——化学需氧量（COD）和氨氮（NH3）的排放量下降。总的来说，仅考虑环境税应税污染物的减排效果，情景 3 的 SO_2 和 NO_X 减排量最大。但是，综合考虑环境税的经济代价和环境减排效果，从 Δ 应税污染物排放量/ΔGDP、Δ 废气排放量/ΔGDP 和 Δ 污染物排放量/ΔGDP 这三个指标（见表 1）来看，面对相同的经济代价，情景 1

的减排效果是最优的。因此，政府如果在短期内减排目标紧迫，可以考虑情景3；若长远考虑经济和环境的可持续发展，情景1最为合适。

表1　征收环境税对宏观经济的短期影响

宏观经济变量	情景1	情景2	情景3
GDP	− 0.02%	− 0.01%	− 0.03%
CPI	0.07%	0.03%	0.11%
消费	− 0.04%	− 0.01%	− 0.05%
投资	− 0.18%	− 0.09%	− 0.27%
政府支出	0.73%	0.36%	1.09%
出口	− 0.1%	− 0.05%	− 0.15%
进口	− 0.01%	0.004%	− 0.01%
实际汇率贬值	− 0.06%	− 0.03%	− 0.09%
要素市场			
就业	− 0.03%	− 0.01%	− 0.04%
资本投资	− 0.18%	− 0.09%	− 0.27%
名义工资价格	0.07%	0.03%	0.11%
废气减排量			
SO_2	− 0.89% （− 23 万吨）①	− 0.25% （− 7 万吨）	− 1.13% （− 29 万吨）
NO_x	− 0.53% （− 7 万吨）	− 0.51% （− 7 万吨）	− 1.00% （− 13 万吨）
E^0/GDP^0（万吨/万元）②	1	0.5	1.4③
△ 应税污染物排放量/△GDP（万吨/万元）④	42	24	51(35 + 16)
△ 废气排放量/△GDP（万吨/万元）⑤	54	47	51
△ 污染物（废水加废气）排放量/△GDP（万吨/万元）⑥	58	50	54

资料来源：CGE 模型模拟结果。

---

① 括号内表示相应污染物变量的减排量的绝对值变化。

② E^0/GDP^0 表示模拟冲击前初始排放量/初始 GDP。情景1表示初始 SO_2 的排放量/初始 GDP；情景2表示初始 NO_x 的排放量/初始 GDP；情景3表示初始废气（SO_2 和 NO_x）的排放量/初始 GDP。

③ 由于 SO_2 和 NO_x 的污染当量数和税收相同，因此二者可以相加。

④ △ 应税污染物排放量/△GDP 表示应税污染物的减排量/GDP 的变化值。情景1表示 SO_2 的减排量/GDP 的变化值；情景2表示 NO_x 的减排量/GDP 的变化值；情景3表示废气（SO_2 和 NO_x）的减排量/GDP 的变化值。

⑤ △ 废气排放量/△GDP 表示废气（SO_2 和 NO_x）的减排量/GDP 的变化值。

⑥ △ 污染物排放量/△GDP 表示四种污染物（SO_2、NO_x、COD 和 NH3）的减排量/GDP 的变化值。

（1）征收环境税，对 GDP 的冲击很小。情景 1、情景 2 和情景 3 分别使 GDP 下降 0.02%、0.01% 和 0.03%（见表 1）。征收环境税，使污染物排放基数大的行业的税收成本增加，产出萎缩，进而对劳动力的需求下降；而低污染行业由于排放的污染物基数小，成本具有相对优势，产出扩张，对劳动力的需求上涨。因此，劳动力从高污染行业向低污染行业转移，但低污染行业对高污染行业释放的劳动力吸收有限，就业规模萎缩导致劳动力对 GDP 的贡献率下降。

（2）征收环境税，导致物价水平 CPI 上涨。情景 1、情景 2 和情景 3 的 CPI 分别上涨 0.07%、0.03% 和 0.11%（见表 1）。居民消费品主要是粮食、畜产品、衣服鞋帽、教育、医疗等劳动密集型产品，劳动要素报酬增加将直接导致私人消费品生产部门成本增加，产出价格上涨，最终 CPI 上涨。

（3）从就业水平看，情景 1、情景 2 和情景 3 的就业规模分别下降 0.03%、0.01%、0.04%（见表 1）。虽然征收环境税会导致政府公共部门、天然气生产供应业、电视广播业等低污染行业的劳动力需求增加，但是钢铁、水泥、煤炭、冶金、化工、制药、肥料等高污染行业及其他排污行业由于生产成本增加导致的劳动力需求下降比例更大，因此，失业率上升。

（4）征收环境税使投资规模和消费需求下降。情景 1、情景 2 和情景 3 导致投资规模分别下降 0.18%、0.09% 和 0.27%（见表 1），消费需求分别下降 0.04%、0.01% 和 0.05%（见表 1）。其中，消费下降主要是因为收入水平决定支出行为，GDP 下降导致国民收入下降，居民可支配收入减少，消费需求下降。投资下降则是因为征收环境税使大部分行业的税收成本增加，投资需求下降，进而投资规模萎缩。

（5）征收环境税不利于我国进出口贸易。情景 1、情景 2 和情景 3 的出口规模萎缩，分别减少 0.10%、0.05% 和 0.15%（见表 1）。出口减少主要是因为劳动力价格上涨导致国内生产价格水平普遍上涨，出口价格继而上涨，出口规模萎缩。而进口规模变化不一，情景 1 和情景 3 进口分别减少 0.01%，情景 2 进口增加 0.004%（见表 1）。进口增加是因为国内物价水平上涨，导致进口品价格具有相对优势，大部分行业的进口需求增加，如电力、水泥、医药、广播电视等。而进口减少则是因为进口比重比较大的行业

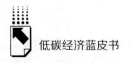

如电子元器件、仪器仪表、黑色金属矿采选业、电子计算机、汽车制造业的
进口量减少的幅度较大。

表2 征收环境税对我国污染物排放的短期影响

单位：吨，%

排放方式	情景1		情景2		情景3	
	绝对量		绝对量		绝对量	
	SO_2	NO_X	SO_2	NO_X	SO_2	NO_X
总排放量	-233248 (-0.89)	-68551 (-0.53)	-66348 (-0.25)	-65586 (-0.51)	-294392 (-1.13)	-129868 (-1.00)
使用方式（排放量）						
行业中间使用	-233669 (-0.94)	-68637 (-0.55)	-66872 (-0.27)	-657113 (-0.52)	-295313 (-1.19)	-130069 (-1.04)
消费使用	423 (0.03)	84 (0.02)	526 (0.04)	123 (0.03)	922 (0.07)	201 (-0.05)
排放方式（排放量）						
过程排放	-2749 (-0.15)	-741 (-0.14)	-1118 (-0.06)	-366 (-0.07)	-3857 (-0.21)	-1099 (-0.20)
燃烧排放	-230499 (-0.95)	-67811 (-0.55)	-65257 (-0.27)	-65203 (-0.53)	-290492 (-1.19)	-128792 (-1.04)
能源品种（燃烧排放量）						
煤炭	-96422 (-0.73)	-67519 (-0.64)	-77794 (-0.59)	-65833 (-0.63)	-168219 (-1.27)	-129039 (-1.23)
油气	-116129 (-2.13)	-1085 (-1.34)	10627 (0.19)	88 (0.11)	-106194 (-1.94)	-1003 (-1.24)
成品油	-16745 (-0.55)	1129 (0.13)	1904 (0.06)	609 (0.07)	-14933 (-0.49)	1704 (0.19)
焦炭	-1626 (-0.14)	-540 (-0.12)	-494 (-0.04)	-217 (-0.05)	-2118 (-0.18)	-753 (-0.16)
天然气	3 (0.10)	120 (0.26)	2 (0.06)	7 (0.01)	5 (0.16)	123 (0.27)
电力	0	0	0	0	0	0

注：括号内表示相应变量的百分比变化。

资料来源：CGE模型模拟结果。

（6）征收环境税可以有效减少 SO_2 和 NO_X 的排放量。3 种情景中 SO_2 和 NO_X 的排放量下降主要是因为行业中使用化石能源煤炭和油气的燃烧排放量减少（见表2）。征收环境税，使大部分行业的税收成本增加，导致行业对高污染能源煤炭和油气的需求下降，最终导致 SO_2 和 NO_X 的排放量下降。情景 1，SO_2 排放量下降主要得益于对油气的使用需求下降，约占燃烧减排总量的 50%，其次是煤炭的需求减少导致排放量下降，约占燃烧减排总量的 42%；NO_X 排放量下降则是主要由对煤炭的使用量下降引起的，约占燃烧减排总量的 99%。情景 2，SO_2 和 NO_X 排放量下降均是主要由对煤炭的需求减少导致的，几乎占燃烧减排总量的 100%。情景 3，SO_2 排放量下降主要是因为对煤炭和油气的需求下降，NO_X 排放量下降主要是因为对煤炭的需求下降。因此，征收环境税使 SO_2 和 NO_X 排放量下降主要是因为行业使用煤炭和油气燃烧的排放量下降。

（二）对产业的影响

征收环境税，使大部分行业产出受损，但整体来说对行业的冲击较小。3 种情景受冲击的行业大部分是重叠的，因此本小节涉及的行业不分情景论述。3 种情景受损较大的行业主要都是煤炭开采洗选业、建筑材料制造业、建筑业、地质勘探业、水泥等排放 SO_2 和 NO_X 较多的行业，受益的多为政府公共部门等低污染行业。各行业受冲击的程度主要取决于两个方面，一是征收环境税使高污染行业的税收成本增加，进一步对其上下游行业产生影响；二是征收环境税带来的全社会劳动力市场、资本市场以及贸易形势的变化对所有行业的影响。

1. 主要受损行业

征收环境税，使大部分行业产出受损。图 2 列出了 3 种情景主要受损的行业产出变动情况。受损行业中，多数为 SO_2 和 NO_X 排放基数较大的行业以及相关上下游行业。其中，受损最大的是煤炭开采洗选业，3 种情景产出下降分别为 0.69%、0.34% 和 0.37%（见图2），说明征收环境税对行业产出的冲击有限。虽然这些行业产出受到的冲击较小，但是其产出下降的原因却有很大的不同，按其影响机理不同可以分为四类。

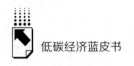

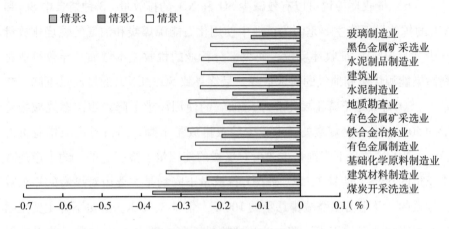

图2 主要受损行业产出变动

资料来源：CGE 模型模拟结果。

（1）高污染排放行业。煤炭属于高污染能源。模型基础数据库显示，大气污染物中，58% 的 SO_2 和 88% 的 NO_x 来自于对煤炭的燃烧使用。征收环境税，会使行业使用煤炭的税收成本增加，导致对煤炭的需求下降，产出萎缩。

（2）宏观经济的需求效应。建筑业（94%）[①] 和地质勘查业（62%）的产出多用于投资。整个社会投资回报率下降，导致这两个行业的投资需求下降，产出萎缩。

（3）下游行业的拉动效应。建筑材料制造业、水泥制造业、水泥制品制造业、铁合金冶炼业、有色金属矿采选业和有色金属制造业的产出大多流向了建筑业。另外，建筑业的投入品对仓储业的依赖性较高。下游行业建筑业的产出下降会降低对上游行业的投入需求，进而引起这 7 个行业产出下降。

（4）中间投入成本增加导致成本劣势。基础化学原料制造业、有色金属矿采选业和黑色金属矿采选业的国内中间投入品中，电力所占份额最大。

---

① 括号内表示行业产出用于投资的百分比，余同。

而电力行业的主要投入品是煤炭，煤炭燃烧是 SO_2 和 NO_X 排放的主要来源。征收环境税，使电力的税收成本大幅增加，电力价格上涨，导致这 3 个行业的中间投入成本增加，行业价格上涨，产出萎缩。另外，有色金属制造业和铁合金冶炼业的主要中间投入品是有色金属矿采选业和黑色金属矿采选业。有色金属矿采选业和黑色金属矿采选业的价格上涨，导致有色金属制造业和铁合金冶炼业的中间投入成本增加，产出萎缩。

2. 主要受益行业

征收环境税，受益的行业较少（25 个）。其中，受益最大的前 10 个行业皆是由于政府支出需求增加导致产出增加。除此以外，还对一些非政府部门的行业进行了分析。图 3 列出了主要受益行业的产出变动情况，公共管理和社会组织产出增加最大，3 种情景产出增加分别为 0.72%、0.36% 和 1.07%（见图 3）。按其影响机理的不同，我们将其产出变化原因分为三类。

（1）能源替代效应。天然气生产供应业和石油核燃料加工业属于低污染能源。六种能源产品中，燃烧使用天然气，几乎不排放 SO_2 和 NO_X。而成品油对 SO_2 和 NO_X 的排放量贡献率是 13% 和 7%。征收环境税，会使企业对能源的使用从高污染能源向清洁能源转变，引起这两种能源的需求增加，产出扩张。

（2）政府支出增加。公共管理和社会组织（98%）[1]、体育（84%）、社会福利业（88%）、社会保障业（71%）、公共设施管理业（72%）、教育（57%）、文化艺术业（47%）、卫生（51%）、电视广播业（44%）和水利管理业（44%）的产出主要用于政府支出。环境税税收返还机制的建立，使得征收的环境税税收被用于政府支出，因此这些行业的政府支出需求增加，产出扩张。另外，农业服务业的产出增加主要得益于这些政府公共部门的需求增加。

（3）下游行业的拉动效应。52% 的管道运输业是用来运输石油的。石油核燃料加工业的产出扩张会导致对管道运输业的运输需求增加，进而产出

---

① 括号内表示行业产出用于政府支出的百分比，余同。

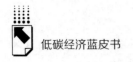

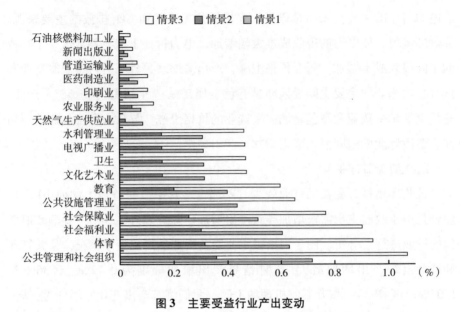

图3 主要受益行业产出变动

资料来源：CGE 模型模拟结果。

扩张。另外，印刷业和新闻出版业的产出主要流向公共管理和社会组织与教育行业，医药制造业主要流向卫生部门。下游行业的产出扩张会拉动上游行业的投入需求，因此，管道运输业、印刷业、新闻出版业和医药制造业的产出增加。

四 结论及政策建议

本报告利用环境 CGE 模型模拟了 3 种环境税情景对中国宏观经济和污染物排放的短期影响。从应税污染物的减排量来看，情景 3 的目标污染物减排量最大。从 SO_2 和 NO_x 的协同减排效果来看，情景 1 的减排效果最好。从能源使用结构角度来看，征收环境税可以增加对清洁能源如天然气的生产使用，减少对高污染能源如煤炭和油气的需求。不同税种对能源结构的影响不同，征收 SO_2 税会减少煤炭和油气等多种高排放能源的使用需求，而 NO_x 税主要对煤炭的使用需求影响最大。行业产出方面，征收环境税使高污染行业受到抑制的同时，低污染行业产出扩张，这主要是因为高污染行业的税收成本增加，生产规模萎缩，释放出的劳动力转移到了低污染行业，因此，征收环境税有利于能源使用结构的优化和产业结构调整。为此，本报告提出以下政策建议。

（1）根据环境效益和经济成本指标合理选择环境税品种。根据模拟结果，如果政府短期内减排压力大，可以考虑同时对 SO_2 和 NO_X 征税。但是，如果综合考虑征收环境税带来的 GDP 损失和污染物减排效果，政府在选择环境税征收品种时可以从 SO_2 税和 NO_X 税中选择其一，可以考虑只对 SO_2 征税。因为无论从应税污染物的角度，还是协同减排效应，面对相同的经济代价，对 SO_2 征税，环境效益均是最理想的。

（2）合理有效分担生产、消费不同环节参与者的税负。根据模拟结果，SO_2 和 NO_X 的排放量减少主要是行业中间使用能源需求结构发生改变导致燃烧排放量下降。征收环境税时，可以根据 SO_2 和 NO_X 生产消费排放比例，对这两种污染物侧重企业生产环节征税。通过调节生产者和消费者的环境行为，降低政策实施阻力和短期成本叠加影响，以更小的税负取得更明显的节能减排效果。

（3）根据废气排放量对能源种类进行等级划分，使环境税的征收更有针对性。对高污染能源，加大税收力度；对于低污染能源，可实行免税，甚至增加补贴。例如，对以煤炭为主要能源的高排放行业可实行最强税收强度；对于在一定时期内污染物减排达到一定标准的企业或者企业自愿承诺在一定时期实现污染物排放达标的，可以考虑根据企业污染物排放的减少量给予相应的税收优惠，积极引导企业对能源的消费从高污染向低污染转变，优化能源使用结构。

参考文献

［1］何建武、李善同：《节能减排的环境税收政策影响分析》，《数量经济技术经济研究》2009 年第 1 期。

［2］李齐云、宗斌、李征宇：《最优环境税：庇古法则与税制协调》，《中国人口·资源与环境》2007 年第 6 期。

［3］李正升：《市场结构、环境税与福利效应分析》，《经济与管理》2012 年第 10 期。

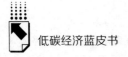
［4］李洪心、付伯颖：《对环境税的一般均衡分析与应用模式探讨》，《中国人口·资源与环境》2004 年第 3 期。

［5］梁伟、朱孔来、姜巍：《环境税的区域节能减排效果及经济影响分析》，《财经研究》2014 年第 1 期。

［6］林伯强、刘希颖、邹楚沅、刘霞、厦门大学中国能源经济研究中心：《资源税改革：以煤炭为例的资源经济学分析》，《中国社会科学》2012 年第 2 期。

［7］刘凤良、吕志华：《经济增长框架下的最优环境税及其配套政策研究——基于中国数据的模拟运算》，《管理世界》2009 年第 6 期。

［8］刘建徽、周志波、刘晔：《"双重红利"视阈下中国环境税体系构建研究——基于国际比较分析》，《宏观经济研究》2015 年第 2 期。

［9］刘晔、周志波：《完全信息条件下寡占产品市场中的环境税效应研究》，《中国工业经济》2011 年第 8 期。

［10］秦昌波、王金南、葛察忠、高树婷、刘倩倩、环境保护部环境规划院：《征收环境税对经济和污染排放的影响》，《中国人口·资源与环境》2015 年第 1 期。

［11］沈田华、彭珏、龚晓丽：《环境税经济效应分析的再扩展》，《财经科学》2011 年第 12 期。

［12］童锦治、沈奕星：《基于 CGE 模型的环境税优惠政策的环保效应分析》，《当代财经》2011 年第 5 期。

［13］俞杰：《环境税"双重红利"与我国环保税制改革去向》，《宏观经济研究》2013 年第 8 期。

［14］Bovenberg A. L., "Environmental Taxes and the Double Dividend," *Empirica*, Vol. 25, No. 1, 1998.

［15］Burniaux J. M., Truong T. P., "GTAP-E: An Energy-Environmental Version of the GTAP Model," *GTAP Technical Papers*, No. 18, 2002.

［16］Carraro C., Galeotti M., Gallo M., "Environmental Taxation and Unemployment: Some Evidence on the 'Double Dividend Hypothesis' in Europe," *Journal Of Public Economics*, Vol. 62, No. 1, 1996.

［17］Dixon P. B., Rimmer M., *Dynamic General Equilibrium Modeling for Forecasting and Policy: A Practical Guide and Documentation Of MONASH*, Contributions To Economic Analysis 256, Amsterdam: North-Holland Publishing Company, 2002.

［18］Fullerton D., Heutela G., "The General Equilibrium Incidence of Environmental Taxes," *Journal Of Public Economics*, Vol. 91, No. 3, 2007.

［19］Xie J., Saltzman S., "Environmental Policy Analysis: An Environmental Computable General Equilibrium Approach for Developing Countries," *Journal Of Policy Modeling*, Vol. 22, No. 4, 2000.

B.10
安徽省碳排放驱动因素分解及演变分析[*]

杨 庆 蒋旭东 汤丽洁 徐 鑫[**]

摘 要： 本报告采用 LMDI 方法，以安徽省为研究区域，考察 1995 ~
2015 年经济发展、产业结构、人口、能源消费演变过程，对
行业碳排放驱动因素进行定量分析，并根据不同演化阶段，
开展驱动因素的阶段性分析。研究得出以下四点结论。第一，
经济发展是碳排放的最主要推动因素。在不同的发展阶段，
经济发展对碳排放具有不同程度的推动作用，其贡献程度远
远超过了人口集聚对碳排放的贡献程度。第二，人口规模效
应与人口集聚正向关联。人口集聚使得人口规模效应对碳排
放产生正面推动作用。第三，排放强度效应是碳排放的最主
要抑制因素。其抑制作用经历由强到弱再增强的变化。第四，
产业结构效应与产业结构优化密切相关。工业化快速发展阶
段产业结构效应成为碳排放的推动因素，而产业结构的优化
可以抑制碳排放。安徽省的实证分析表明，产业结构效应与
战略性新兴产业发展表现出较强的相关性。

关键词： LMDI IPAT 模型 碳排放驱动因素 安徽省

---

[*] 本报告由中国清洁发展机制基金赠款项目（1213054、2013103）资助。
[**] 杨庆，安徽省经济研究院副研究员；蒋旭东，安徽省经济研究院副院长、研究员；汤丽洁，
安徽省经济研究院助理研究员；徐鑫，安徽省经济研究院助理研究员。

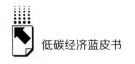

引 言

随着工业化与城市化进程的快速推进,碳排放增加引发的气候变暖问题正成为国内外的焦点。安徽省地处长江经济带,承东启西,经济总量位居全国中游,是我国重要的农业主产区和人口大省,又是我国重要的科教基地,正处于加快经济发展方式转变和产业结构调整的关键时期,工业化、城镇化进程明显加快,人口集聚态势初步显现,创新驱动发展战略稳步推进,战略性新兴产业蓬勃发展。因此,本报告以安徽省作为研究区域,分析人口规模、产业结构、经济发展、排放强度对碳排放的影响,识别碳排放主要驱动因素及贡献量,把握其演变规律,对加强未来一段时间内的碳排放控制、制定有针对性的减排政策、促进产业结构转型升级以及低碳经济发展具有一定的借鉴意义。

一 安徽省经济增长、产业结构、人口集聚与能源消费情况

(一)安徽省经济增长与产业结构变化情况

近年来,安徽省 GDP 持续快速增长,2015 年安徽省 GDP 达 22005. 6 亿元,是 1995 年的 12. 2 倍,年均增长率为 13. 3%;2003 年后增速不断加快,年均增长率为 15. 5%。第一产业比重不断下降,第二产业比重不断扩大,第三产业比重呈现阶段性变化。1995 ~ 2003 年第三产业比重逐步扩大,2004 ~ 2011 年第三产业比重逐步缩小,2012 后第三产业比重再次呈逐步扩大趋势。从三次产业结构来看,安徽省经济发展大致经历了三个时期。第一个时期为 1995 ~ 2003 年,安徽处于初始工业化时期。第二个时期为 2003 ~ 2013 年,安徽省工业化进程不断加速,第二产业比例不断加大,第二产业占次产业的比重由 2003 年的 39. 1% 增加到 2013 年的 54. 7%;第三产业比重由 41. 8% 下降到 33. 0%。第三个时期为 2013 年后,在保持第二产业快速发展的同时,第三产业比重稳步上升,处于工业化优化阶段。特别是

2010 年来，战略性新兴产业不断发展壮大，产值从 2010 年的 2498.0 亿元增加到 2015 年的 8921.5 亿元。详见图 1。

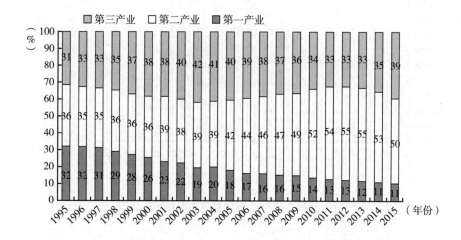

图 1 安徽省 1995～2015 年第一、第二、第三产增加值比重变化趋势

（二）人口集聚演化过程

安徽省人口持续增长，常住人口经历了"集聚－减少－再集聚"的阶段性变化，人口流动频繁。1995～2004 年，人口不断集聚；而 2005～2010 年相对减少，2010 年减少到 5957 万人；2010～2015 年人口再次不断集聚，常住人口数量逐步回升，2015 年常住人口数量回升到接近 2002 年的水平。详见图 2。

（三）能源消费演化过程

1995～2015 年安徽省能源消费总量持续增长，从 1995 年的 4194.1 万吨标准煤增加到 2015 年的 12332.0 万吨标准煤，2015 年能源消费总量是 1995 年的 2.94 倍。能源消费总量的变化趋势总体可以分为 3 个阶段。第一阶段为 1995～2003 年，安徽省能源消费总量增长较为缓慢，增加或减少比例基本控制在 5% 以内，年均增长率为 3.35%。第二阶段为 2004～2012 年，安徽能源消费总量增长速度加快，2011 年是 2003 年能源消费总

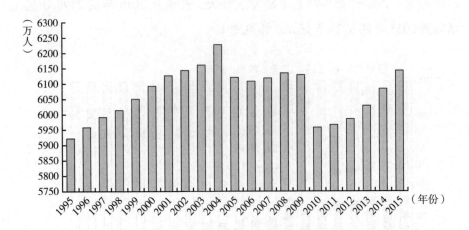

图2　1995～2014年安徽省常住人口变化趋势

量的 1.94 倍，年增长率在 7.5% 到 10.2% 之间浮动，年均增长率为
8.27%。第一阶段和第二阶段的拐点是 2003～2004 年，2004 年比 2003 年
增长 10.24%，为 1995～2014 年间最大年增长率。第三阶段为 2013～2015
年，其间能源消费增长速度大幅下降，增速回落到 3% 以内，年均增长
2.68%。详见图3。

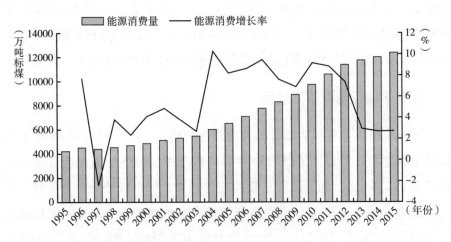

图3　1995～2015年安徽省能源消费总量（万吨标准煤）及年增长率变化趋势

二 碳排放驱动因素分析模型

（一）碳排放驱动因素分析模型的构建

Ehrlich 和 Holdren 提出了表征经济增长与资源环境关系的方程式，即环境冲击（I）和人口（P）、富裕度（A）、技术（T）三因素间的恒等式。本报告将环境冲击分解为人口、富裕度和技术三种驱动因素的联合影响，富裕度通常用 GDP 总量或收入表征，等式为：

$$I = P \times A \times T$$

以碳排放量为例，可写作：

$$C = \sum_{i=1}^{n} \left(P \times \frac{GDP}{P} \times \frac{Y_i}{GDP} \times \frac{C_i}{Y_i} \right) = \sum_{i=1}^{n} (P \times D \times S_i \times I_i)$$

其中，C 表征区域碳排放量，P 表征人口规模，GDP 表征地区生产总值，Y_i 表征第 i 行业的增加值；$D = GDP/P$ 即人均生产总值，反映经济发展水平；$S_i = Y_i/GDP$ 表示产业结构，即第 i 行业增加值占生产总值的比例；$I_i = C_i/Y_i$ 表示碳排放强度，即单位生产总值产生的碳排放，从侧面反映了能源利用效率。

根据 LMDI 模型分解原理，碳排量从基期"t"到"$t+1$"期的碳排放变化量（ΔC）可以分解为排放强度效应（ΔI）、产业结构效应（ΔS）、经济发展效应（ΔD）和人口规模效应（ΔP）。其中，排放强度效应表征行业技术进步（行业排放强度变化）对碳排放变化的影响；产业结构效应表征产业结构对碳排放变化的影响；经济发展效应表征经济增长对碳排放变化的影响；人口规模效应表征人口规模变化（集聚或者减少）对碳排放变化的影响。

（二）数据来源与预处理

安徽省常住人口、行业增加值等数据均来源于《安徽省统计年鉴》（1996～2016 年）。在数据分析中，行业增加值均以 2005 年可比价格计算。

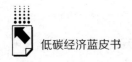
在行业增加值统计中，全部行业划分如下。（1）农、林、牧、渔、水利业；（2）工业；（3）建筑业；（4）第三产业1：交通运输、仓储及邮电通讯业、批发和零售贸易业、餐饮业；（5）第三产业2：信息传输、软件和信息技术服务，金融，房地产、租赁和商务服务，科学研究和技术服务，水利、环境和公共设施管理业居民服务，修理和其他服务业，教育、卫生和社会工作文化、体育和娱乐业公共管理，社会保障和社会组织等。

1995～2014年各行业分品种能源消费量（实物量）来源于《中国能源统计年鉴》中的"安徽省能源平衡表"，2015年各行业能源消费量（标准量）来源于2016年《安徽省统计年鉴》中的"综合能源平衡表"。

（三）碳排放量的计算

在1995～2014年行业碳排放量计算中，根据不同品种的能源消费量计算得到不同品种能源消费碳排放量后汇总得到各行业碳排放量。某种能源消费产生的碳排放量具体计算公式如下：

$$排放量 = 活动水平数据 \times 排放因子$$

分品种能源排放因子采用国家发改委《省级温室气体清单编制指南》提供的数据。

2015年行业碳排放量按照各行业能源消费量（标准量）乘以标煤排放因子折算得到。

三 碳排放驱动因素分解及演变分析

（一）碳排放影响因素分解

首先，本报告逐年解析1996～2015年安徽省碳排放主要驱动因素，定量分析了人口规模效应、经济发展效应、产业结构效应、排放强度效应在各个年份之间的贡献作用。（见表1）与目前大量的研究相似，本报告也研究

单位：万吨碳

表1 1995~2015年安徽省逐年碳排放驱动因素贡分解

年份	1996	1997	1998	1999	2000	2001	2002	2003	2004	2005
经济发展效应	285.1	267.8	195.7	219.5	202.9	234.6	276.1	282.0	385.4	422.2
人口规模效应	14.3	15.0	10.3	15.6	19.4	16.9	8.1	10.1	35.3	-60.7
产业结构效应	-48.7	-17.6	14.3	8.0	14.9	172.1	-86.1	26.3	-66.6	248.5
农林牧渔水	-1.0	-1.7	-6.8	-6.3	-7.5	-9.0	-5.3	-15.5	4.5	-9.5
工业	-55.5	-24.2	10.8	9.6	21.1	184.2	-88.2	30.0	-68.4	285.1
建筑业	-1.4	1.7	6.6	-2.1	1.3	0.2	2.2	4.6	1.9	0.8
三产1	8.9	7.5	2.2	4.2	-3.4	-3.8	2.3	4.2	-4.5	-29.8
三产2	0.3	-0.9	1.5	2.6	3.4	0.6	2.9	2.9	-0.2	2.0
排放强度效应	1.9	-393.9	-67.7	-166.4	-95.5	-254.3	-79.2	-104.2	-362.1	-391.5
农林牧渔水	-6.2	-22.2	15.3	-8.5	0.6	5.1	-10.5	8.6	-18.5	-12.6
工业	29.5	-351.1	-74.4	-135.1	-89.5	-255.8	-60.5	-99.5	-349.5	-402.1
建筑业	-1.5	35.9	-50.8	-4.0	1.8	-2.0	-3.7	-8.8	-3.8	-9.0
三产1	-17.2	-58.7	46.5	-17.8	-5.4	-0.1	-1.0	0.3	9.2	26.1
三产2	-2.8	2.1	-4.2	-1.1	-3.1	-1.7	-3.5	-4.8	0.6	6.2
年际增量	252.6	-128.7	152.6	76.6	141.7	169.3	118.9	214.2	-7.9	218.6

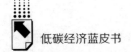
续表

年份	2006	2007	2008	2009	1010	2011	2012	2013	2014	2015
经济发展效应	458.7	561.4	536.1	601.1	862.4	705.7	680.8	615.2	566.2	547.4
人口规模效应	-6.3	5.6	12.8	-3.2	-150.5	10.4	20.5	46.6	62.5	74.1
产业结构效应	204.3	135.9	128.0	77.8	327.3	221.9	50.6	-42.1	-93.7	-381.1
农林牧渔水	-8.0	-1.4	-1.8	-8.4	-7.2	-7.6	-5.2	-5.0	-3.8	-4.1
工业	220.3	153.5	148.2	84.5	361.5	259.3	52.9	-53.0	-105.9	-442.5
建筑业	0.3	-0.5	1.4	3.6	-0.2	-1.6	-1.6	-1.1	-1.0	-2.4
三产1	-7.2	-14.2	-17.2	-1.3	-13.6	-22.2	3.6	7.5	2.2	22.1
三产2	-1.2	-1.6	-2.6	-0.6	-13.2	-6.0	0.9	9.5	14.9	45.8
排放强度效应	-147.3	-324.0	-410.7	-323.5	-759.0	-364.1	-349.4	1.9	-393.9	-67.7
农林牧渔水	0.7	-6.7	2.7	-0.7	-0.8	-2.3	-5.5	-6.2	-22.2	15.3
工业	-160.9	-339.5	-426.4	-308.3	-784.7	-415.8	-459.0	29.5	-351.1	-74.4
建筑业	0.7	-0.4	-1.2	-6.4	4.4	5.6	3.1	-1.5	35.9	-50.8
三产1	10.2	22.8	-17.0	-11.6	14.5	48.7	96.8	-17.2	-58.7	46.5
三产2	2.0	-0.2	31.2	3.5	7.6	-0.3	15.3	-2.8	2.1	-4.2
年际增量	509.5	378.9	266.1	352.2	280.2	573.9	402.6	642.6	310.5	261.4

得出经济发展和人口规模效应是安徽碳排放的拉动因素的结论，但是安徽的
人口规模效应并不是很明显。排放强度效应是碳排放的主要抑制因素。

1996～2015年安徽省碳排放驱动因素演变见图4。

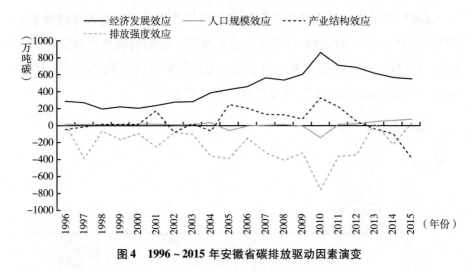

图4　1996～2015年安徽省碳排放驱动因素演变

经济发展效应总体上经历了逐步降低（1995～1998年）、随后逐渐上升
（1999～2010年）、再下降（2011～2015年）的三个阶段。2010～2009年经
济发展效应最大，2011年后，经济发展效应逐步下降。

产业结构效应对碳排放的作用从走势来看分为三个阶段。1995～2003
年，安徽工业化进程不快，产业结构效应大致呈现弱抑制作用；2003～2010
年是安徽工业化高速发展阶段，其产业结构效应对碳排放逐年呈现正向作
用。从2009年开始，产业结构效应对碳排放的贡献量逐年递减，并在2011
年后逐年呈现抑制作用，且抑制作用呈现不断加大趋势。

人口规模效应从走势来看分为三个阶段，整体呈现"弱正向—弱抑制—正
向"变化态势，与安徽省人口集聚变化态势密切相关。1995～2003年，人
口规模效应对碳排放大致呈现弱正向作用；2003～2011年，大致呈现弱抑
制作用；2011～2014年逐渐呈现正向作用，并有增强趋势。

排放强度效应大致呈现弱抑制作用。但是2013年存在波动，对碳排放
呈现正向作用。

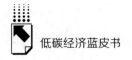
（二）阶段性演变分析

1. 1995～2000年驱动因素

经济发展对这一阶段碳排放起最主要助推作用，引起的碳排放增量为1174.0万吨，人口规模也对碳排放起推动作用，引起的碳排放增量为74.0万吨，排放强度对这一阶段碳排放起最主要的抑制作用，抑制碳排放719.2万吨，产业结构抑制碳排放34.0万吨。详见图5。

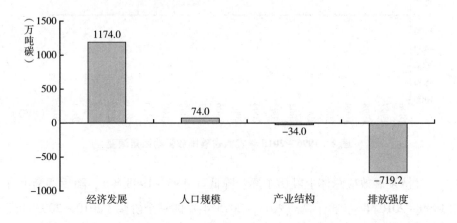

图5　驱动因素的阶段性演变分析（1995～2000年）

2. 2001～2005年驱动因素分析

经济发展对这一阶段碳排放起最主要推动作用，引起的碳排放增量为1576.3万吨。产业结构对碳排放起次要推动作用，引起的碳排放增量为297.0万吨。人口规模效应引起的碳排放增量为14.2万吨。排放强度对这一阶段碳排放起最主要抑制作用，抑制碳排放1174.4万吨。该阶段的显著特点是产业结构成为碳排放的次要推动力，为经济发展效应贡献量的18.8%。其原因主要是，自2003年安徽进入经济加快发展的阶段，工业化进展加快。第二产业占三次产业的比重由2003年的39.1%增加到2005年的42.0%，增长势头明显。详见图6。

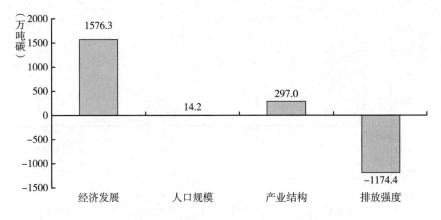

图6　驱动因素的阶段性演变分析（2001～2005年）

3. 2006～2010年驱动因素分析

经济发展仍然对这一阶段碳排放起最主要的助推作用，引起的碳排放增量为2889.7万吨。产业结构效应仍然对碳排放起次要的推动作用，引起的碳排放增量为839.4万吨。排放强度对这一阶段碳排放起最主要的抑制作用，抑制碳排放1823.0万吨。人口增长对碳排放起抑制作用，抑制碳排放119.2万吨。该阶段的显著特点是：其一，人口规模发挥抑制作用；其二，产业结构不仅依旧是碳排放的次要推动因素，而且贡献量比上一阶段更大。其原因有二。第一，2005～2010年是安徽省常住人口下降的阶段，2010年常住人口为2004年常住人口的95.6%，人口流出态势明显。第二，2005～2010年工业化进展继续加快，第二产业占三次产业的比重稳步增长，由2005年的42.0%增加到2010年的52.1%。这一时期的各产业结构效应贡献量中，工业产业贡献最大，各年贡献量占产业结构效应贡献量的比重在107.8%到115.8%之间波动，工业化进程促进了碳排放的增长。详见图7。

4. 2011～2015年驱动因素分析

经济发展仍然对这一阶段碳排放起最主要的助推作用，引起的碳排放增量为3068.2万吨。人口增长也对碳排放起推动作用，引起的碳排放增量为197.1万吨。排放强度对这一阶段碳排放起最主要的抑制作

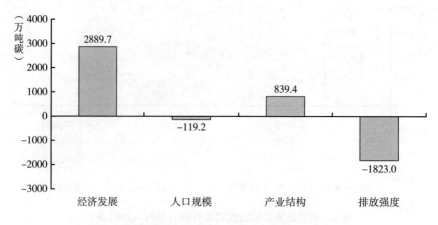

图7 驱动因素的阶段性演变分析（2006~2010年）

用，抑制碳排放 884.9 万吨。产业结构表现出明显的抑制作用，抑制碳排放 189.3 万吨。该阶段的显著特点是产业结构表现出明显的抑制作用。该阶段正是安徽省战略性新兴产业发展壮大的时期，战略性新兴产业产值年均增长 29.0%，表明该阶段虽然工业化进展不断加快，但是战略性新兴产业的发展优化了产业结构，从而对碳排放产生了抑制作用。详见图8。

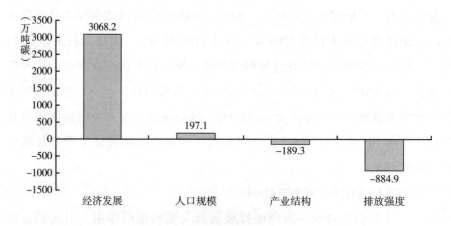

图8 驱动因素的阶段性演变分析（2011~2015年）

四　主要结论及建议

（一）主要结论

采用 LMDI 方法，本报告编写组利用 1995～2015 年安徽省相关数据，定量分析了经济发展效应、人口规模效应、产业结构效应、排放强度效应对碳排放的影响作用和贡献度，主要的研究结论如下。

（1）经济增长是安徽碳排放的最主要推动因素。虽然在不同的发展阶段，经济增长带来的经济发展效应的贡献程度不同，但不同阶段的经济发展效应对碳排放的贡献程度均远远超过了其他效应的贡献程度。

（2）人口规模效应与人口集聚正向关联。人口集聚阶段，人口规模对能源增长产生正面推动作用，人口的减少对碳排放产生抑制作用。随着人口政策的调整，人口规模可能对能源增长产生正面推动作用。

（3）产业结构与工业化进程中的发展方式密切相关。安徽省战略性新兴产业的发展优化了产业结构从而对碳排放产生抑制作用。

（4）排放强度成为抑制碳排放的最主要因素。排放强度效应经历由强到弱再增强的变化历程。通过技术创新，提高能源利用效率，降低排放强度是减少碳排放的关键因素。

（二）相关建议

今后一段时间，安徽省经济发展将继续保持快速增长，工业化、城镇化步伐进一步加快，经济产出不断扩大，同时随着人口政策的调整，人口集聚态势将愈发明朗。根据上文对安徽省碳排放的分解分析，考虑安徽所面临的实际情况，笔者提出如下建议。

（1）大力实施创新驱动战略。落实国家创新驱动发展战略，把创新摆在经济发展全局核心位置，与制度创新、管理创新、商业模式创新、业态创新和文化创新相结合，以大科学中心建设带动全省系统全面创新改革，使经

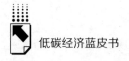

济增长由投资推动型增长模式向创新驱动型、消费驱动型转变。例如在能源领域，重点在节能技术、煤清洁生产等方面加大研发力度，突破核心技术和共性技术，提升能源利用的效率。

（2）优化产业结构。从安徽省的产业结构来看，其经济发展主要依赖第二产业，重工业、高耗能行业所占比重较大。应优化产业结构，一是应在第二产业领域，提高新建工业项目的技术门槛、能源门槛，严格把控高能耗、高污染的项目。二是培育和发展一批耗能低、技术含量高的产业，特别是要培育和壮大战略性新兴产业。三是大力发展第三产业，特别是促进设计、咨询、研发等生产性服务业发展。

（3）加强节能减排。以发展新能源产业、优化能源结构为出发点，大力发展太阳能行业，稳步发展生物质能行业，加快发展风能行业，积极有序发展其他清洁能源行业，提高非化石能源利用比重，构建低碳能源保障体系，全面提升能源利用效率。严格实施节能评估审查制度，强化节能监察力度。推动工业、建筑、交通、公共机构等重点领域节能降耗。实施全民节能行动计划，组织开展重点节能工程。加强能源计量监管和服务，实施能效领跑者引领行动。降低煤炭消费比重，提高天然气利用份额。加强智能电网建设，提高电网对可再生能源的吸纳能力，积极开展微电网试点示范。积极探索碳捕集、利用和封存规模化产业示范模式。

（4）提倡绿色生活方式。一是发展绿色交通。发展城际轨道交通、市区轨道交通、市域公交，倡导自行车等绿色出行方式。二是发展绿色建筑。发挥节能应用示范效应，加强建筑节能技术的开发，建设绿色低碳社区、低碳园区、低碳城市。三是提倡绿色消费。倡导家居产品循环化利用。

参考文献

［1］邓吉祥、刘晓、王铮：《中国碳排放的区域差异及演变特征分析与因素分解》，《自然资源学报》2014 年第 2 期。

［2］ 黄国华、刘传江、赵晓梦：《长江经济带碳排放现状及未来碳减排》，《长江流域资源与环境》2016 年第 4 期。

［3］ 蒋晶晶、叶斌、计军平、马晓明：《中国碳强度下降和碳排放增长的行业贡献分解研究》，《环境科学》2014 年第 11 期。

［4］ 王锋、吴丽华、杨超：《中国经济发展中碳排放增长的驱动因素研究》，《经济研究》2010 年第 2 期。

［5］ 徐丽杰：《中国城市化对碳排放的影响关系研究》，《宏观经济研究》2014 年第 6 期。

［6］ 许泱、周少甫：《我国城市化与碳排放的实证研究》，《长江流域资源与环境》2011 年第 11 期。

［7］ 赵爱文、李东：《中国碳排放与经济增长的协整与因果关系分析》，《长江流域资源与环境》2011 年第 11 期。

［8］ 卓德保、吴玉海、潘植强：《中国工业碳排放的特征及影响因素》，《经济纵横》2015 年第 4 期。

［9］ B. W. Ang. , "Decomposition Analysis for Policymaking in Energy: Which is the Preferred Method", *Energy Policy* (32), 2004.

［10］ Ehrlich P. , R. , Holdren J. , P. , *Impact of Population Growth: Population, Resources and the Environment* (Washington, DC: US Government Printing Office, 1972).

B.11
我国低碳发展的财税政策研究[*]

付伟 张连刚 罗明灿[**]

摘　要：　低碳发展的提出是对低碳经济内涵的延伸扩展，低碳发展过程中存在外部经济，市场失灵现象明显，因此本报告在逐层解析低碳发展财税政策的理论基础上，详细分析政府的财政收入、支出政策，最终提出实现外部性内部化的约束机制和激励机制相结合的财税政策优化建议，建立低碳发展的长效机制。

关键词：　低碳发展　外部经济　财税政策　碳税

资源环境问题伴随着世界人口的迅速增长而凸显，1987年7月11日是世界50亿人口日，1999年10月12日是世界60亿人口日，2011年10月31日是世界70亿人口日，平均每年世界人口新增8500万。人口增长的压力加上人们对生活日益改善的需求，自然资源的消耗急剧增长，尤其是能源的消耗。政府间气候变化专门委员会（IPCC）于2007年发布的第四次评估报告指出，近百年（1906~2005年）来全球地表年平均温度上升了0.74℃，预计未来100年仍将上升1.1~6.4℃。大气中二氧化碳浓度从工业革命前（1750年）的280ppm上升到2005年的379ppm。全球平均海平面上升幅度

　＊　基金项目：云南林业经济研究智库科研与咨询项目"县域绿色发展能力及评价研究"；西南林业大学校级科研启动项目"美丽云南生态文明建设与健商研究"。
＊＊　付伟，西南林业大学，讲师，硕士生导师，主要从事生态经济与可持续发展教学及研究工作；张连刚，西南林业大学，副教授，主要研究方向为林业经济管理及贸易经济；罗明灿，西南林业大学，教授，博士生导师，主要从事资源评价与管理教学及研究工作。

为 0.18 米~0.59 米。被誉为中国最早投入可持续发展研究先锋之一的中国科学院研究员牛文元在其主编的《2015 世界可持续发展年度报告》中提出 21 世纪是救赎的世纪。积极应对气候变化，促进低碳发展是实现救赎的内容之一[1]。在低碳发展的过程中市场失灵现象屡见不鲜，主要是因为节能减排、良好的生态环境存在明显的外部经济，所以政府宏观调控手段是实现外部经济内部化的必要措施，而财税政策是政府宏观调控和合理配置资源的重要手段，在引导低碳生产、低碳消费等方面具有其他经济手段难以替代的功能。

一 中国应对气候变化，实现低碳发展意义重大

中国正以历史上最脆弱的生态环境承载着历史上最多的人口，担负着历史上最空前的资源消耗和经济活动，面临着历史上最为突出的生态环境挑战[2]。其中，气候变化就是最主要的生态环境挑战之一。我国是目前温室气体全球第一排放大国，2012 年的排放量接近欧盟和美国之和[3]。其中，城市能源使用是全球气候变化的主要原因。根据政府间气候变化专门委员会（IPCC）第五次评估报告，城市地区能源消费占全球能源消费的 67%~76%，产生了 3/4 的全球碳排放[4]。中国的比重更高，中国约 85% 的 CO_2 排放量在城市经济活动中产生。随着中国城市人口预计在未来 35 年间增加 2.4 亿，该比重将会继续增大[5]。

我国一直在低碳环保方面做出贡献。1998 年 5 月，中国签订了《京都议定书》；2009 年，哥本哈根会议前夕，中国提出，到 2020 年单位 GDP 碳排放相对于 2005 年下降 40%~45%；2014 年北京 APEC 会议期间，中国宣布在 2030 年前后达到 CO_2 排放峰值；2016 年，中国在杭州 G20 峰会上率先签署了气候变化问题《巴黎协定》，承诺与其他国家一起将全球气温升高幅度控制在 2℃ 范围之内，并努力实现控制在 1.5℃ 以下的目标，到 21 世纪下半叶要实现温室气体净零排放[6]。2017 年 10 月 18 日中国共产党第十九次全国代表大会开幕，习近平总书记代表十八届中央委员会向大会做报告，其中报告指出，加快生态文明体制改革，建设美丽中国。人与自然是生命共同

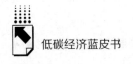

体，人类必须尊重自然、顺应自然、保护自然。要推进绿色发展，推进能源生产和消费革命，构建清洁低碳、安全高效的能源体系。

二　低碳发展的财税政策理论基础

低碳发展的财税政策实施是基于低碳发展的实施过程具有较强的外部经济，导致市场失灵，按照生态补偿的"谁破坏，谁补偿；谁受益，谁补偿"的原则，以政府为主导，以低碳发展为导向，集中社会力量，通过直接的资金支持、贷款贴息、以奖代补、低碳税收等手段将外部经济内部化。

（一）公共产品理论

2013 年，习近平总书记在海南考察时强调："良好生态环境是最公平的公共产品，是最普惠的民生福祉。"公共产品的质量高低，惠及程度，直接影响着人们的生活福利水平。

在经济学中，产品可以分为公共产品（Public Goods）和私人产品（Private Goods）两大类。公共产品的研究始于萨缪尔森，他认为可以依据物品或服务满足不同的对象来区分公共产品，满足私人个别需要的是私人物品或服务，满足社会公共需要的是公共物品或服务。因此，与私人产品相比，公共产品主要具有以下 2 个基本特征：非竞争性和非排他性。非竞争性，主要是指消费的非竞争性，是公共物品在消费上不具有竞争的特征，即每增加一个消费者的边际生产成本为零；非排他性，主要是指受益的非排他性，任何人都不能阻止其他人从中获益。同时具备这两个特征的是纯公共产品，只具备其中之一的是准公共产品或混合公共产品。另外，公共物品还具有效用的不可分割性。

低碳发展实行对碳排放总量及碳排放强度的控制，可以有效地应对气候异常变化。优质的气候条件具有非竞争性和非排他性，同时效益是不可分割的，所以低碳发展的过程创造了普惠人民生活的公共产品。公共产品通常都具有外部经济，从而涉及外部性理论。

（二）外部性理论

斯密的"看不见的手"理论适用于不存在外部性的理想市场，在这种市场条件下，个体的利己行为最终会产生社会有效的结果。但是外部性会导致资源的配置被扭曲。例如，私人企业或个体进行生产时，其行为会带来自身利益的最大化，而不会考虑对其他企业或环境的影响，从而使社会资源无法有效配置。

外部性理论的研究起源于 19 世纪末 20 世纪初，外部性概念是新古典学派的创始人马歇尔（Marshall）在 1890 年出版的《经济学原理》一书中提出的。一般来说，公共产品会产生外部性。外部性可以分为外部经济性（正外部性）（External Economy）和外部不经济性（负外部性）（External Diseconomy）。外部经济性指在市场经济中，一个市场主体（消费者或者生产者）的行为使他人受益，而受益者却无须为此支付费用的现象；外部不经济性指一个市场主体（消费者或者生产者）的行为使他人受损而经济行为个体却没有为此承担成本的现象[7]。

进行低碳生产、低碳技术研发的企业购买节能减排设备，技术投入高，投资风险大，其行为使社会其他人受益，但受益者没有对此进行支付，具有明显的外部经济，导致企业的积极性及主动性不足，是低碳发展的无形阻力。基于此，政府要发挥宏观调控职能，利用各种政策工具弥补市场不足，解决外部经济，使外部性内部化的有效手段之一就是庇古税。

（三）外部性内部化手段——庇古税

庇古（Pigou）在《福利经济学》中提出了"边际社会净产值"与"边际私人净产值"两个概念，当外部不经济时，边际社会成本大于边际私人成本。同时，庇古首次将污染作为外部性进行分析，提出"外部效应内部化"，并在此基础上提出征收庇古税。对于排污量大的企业，以征税或收费的形式将污染造成的成本加到产品的价格上，这样企业会主动提升自身的技术创新能力来减少碳的排放。国际社会上的环境税就是其主要的体现之一。1975 年，德国开始对润滑油征收环境税。次年，德国制定了世界上第一部征

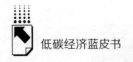

收排污税的法律《向水源排放废水征税法》。而后，美国、法国等国家纷纷效仿，其开征的税种也越来越多，比如燃料税、噪音税、垃圾税、石油产品税、消费税，可谓应有尽有[8]。

可见，庇古税是向高碳排放企业、高碳消费者等征收的，通过价格调整，利用市场力量约束排污水平，也是一种"准市场"手段，体现了外部效应内部化的另外一个相关理论——生态补偿理论，其基本原则是，"谁污染，谁治理；谁污染，谁付费"。另外，对于践行低碳发展的企业，生态补偿政策同样发挥着重要作用。

（四）生态补偿

生态补偿（Ecological Compensation）最早源于德国 1976 年实施的 Engriffs Regelung 政策，在国际上通常把它称为"生态服务费"（PES）或"生态服务补偿"（CES），是改善生态环境和维护生态系统服务的重要手段。生态补偿是一种通过外部效应内部化，调整生态环境利用、保护和建设中相关方的利益关系，实现生态资源可持续利用的一种手段或制度安排[9]。

按照生态补偿资金筹集方式来划分，常见的生态补偿资金筹集方式有财政专项资金、财政转移支付、生态建设专项基金、社会捐赠、征收资源使用费、引入市场融资等[10]。按照生态补偿内容来划分，生态补偿方式可分为政策补偿、实物补偿、资金补偿、智力补偿、项目补偿和生态移民安置等。

对于低碳发展的生态补偿，政府通过设立国家低碳发展专项资金，对企业和金融机构的低碳投融资给予鼓励和扶持。

三 国外促进低碳发展的经验

欧盟、美国、日本等发达国家或地区，都制定了相关减排财税政策，并取得了一定的成效，对于我国具有一定的借鉴和参考价值，其主要的财税政策如表 1 所示。

表 1　国外国家或地区低碳发展财税政策

国家或地区	促进低碳发展的财税政策	具体事例
欧盟	财政直接投资	2009 年,在低碳领域投资 1050 亿欧元,并加大对节能、环保汽车及可再生能源的投入
	税收优惠	瑞典、荷兰和丹麦等国导入"地球变暖对策税";德国、英国和意大利等国采用碳税、气候变化税等
	政策引导	率先实行二氧化碳排放总量管制与排放权交易制度(ETS);英国的《气候变化法》,确定了 5 年期的"碳预算"体制
美国	财政直接投资	从 2009 年开始的 10 年,每年向可再生能源、清洁煤技术、二氧化碳回收储藏技术、环保车等低碳技术投资 150 亿美元
	财政补助	节能项目补助、可再生能源研发补助、购买节能家电商品补助
	税收优惠	可再生能源的税收优惠、替代能源开发利用优惠等
	政策引导	制定"政府节能采购指南"等
日本	财政直接投资	投资低碳型基础设施建设、节能改造、节能技术研发等
	财政补助	对节能家电消费补贴、对低碳汽车研发补贴等
	税收优惠	世界上最庞杂的运输税收体系,国税层次有石油消耗税、道路使用税、液化气税、机动车辆吨位税、车辆产品税以及二氧化碳税
	政策引导	推进"碳足迹制度"和"碳抵消制度"

资料来源:何平均著《促进低碳经济发展财税政策的国际实践及启示》,《改革与战略》2010 年第 10 期。

由此可见,国外的低碳发展财税政策涉及面广,以设计、生产、销售、运输和服务全过程"低碳化"为核心,采用正面激励和负面约束的双向手段,培养社会的低碳意识,促进低碳实践逐步完善。

四　我国的低碳发展及财税政策现状

(一)低碳发展政策及现状

我国在低碳发展中取得了一定的成绩,清洁生产、清洁能源广泛使用。据加拿大能源研究机构"Clean Energy Canada"发布的最新报告,2015 年,全球清洁能源投资累计达到 3670 亿美元,其中排在前五位的国家包括中国

（1105 亿美元）、美国（560 亿美元）、日本（460 亿美元）、英国（234 亿美元）和印度（109 亿美元）[11]。由此可见，我国作为世界第二大经济体，对低碳发展高度重视，在新一轮的国际竞争中占得先机。

我国制定了一系列低碳发展试点（如表 2 所示），从新能源的利用到低碳省区和城市的多次试点，到低碳交通、节能减排，到低碳社区，集中政府各个部门的力量，财政部、科技部、国家发展改革委、住建部、交通运输部等，十指合力，重拳出击，将低碳落实到衣食住行，落实到每位民众的身边，落实到实处。

表 2　低碳发展试点

颁布年份	相关示范试点	主管部门
2010	新能源汽车试点城市	财政部、科技部、工信部、国家发展改革委
2010	低碳省区和低碳城市试点	国家发展改革委
2011	低碳生态试点城市	住建部
2011	绿色低碳重点小城镇	财政部、住建部、国家发展改革委
2011	低碳交通运输体系试点城市	交通运输部
2011	节能减排财政政策综合示范城市	财政部经建司、国家发展改革委环资司
2012	第二批国家低碳省区和低碳城市试点	国家发展改革委
2013	循环经济示范城市	国家发展改革委
2014	新能源示范城市	国家能源局
2014	低碳社区试点	国家发展改革委
2017	第三批低碳城市试点	国家发展改革委

从 2010 年到 2017 年，我国将低碳城市试点工作贯彻始终，对多个城市进行低碳发展的实践和探索。2010 年国家发展改革委确定在广东、辽宁、湖北、陕西、云南、天津、重庆 7 个省份和深圳、厦门、杭州、南昌、贵阳、保定 6 市开展第一批低碳城市试点；2012 年国家发展改革委再次确定在北京、上海、海南等 29 个省市开展第二批国家低碳省区和低碳城市试点；2017 年国家发展改革委又一次确定在内蒙古乌海市等 45 个城市（区、县）开展第三批低碳城市试点。

（二）低碳发展相关财税政策

我国取得的低碳发展的成绩与低碳试点政策及财税政策密不可分，如表3所示促进低碳发展的财税政策主要有两个方面内容：财政收入政策、财政支出政策。

财政收入政策主要是税收政策，目前政府支持低碳发展采取的税收主要包括资源税、增值税、企业所得税、消费税、车辆购置税等。其中，资源税属于对自然资源占用征收的税种，征收对象主要是在我国境内进行应税矿产品开采和盐生产的单位或个人。消费税是在对一般货物征收增值税基础上，选择特殊消费品再征收的一种税，具有较强的引导消费方向的功能。如对一次性木制筷子、实木地板、小汽车等征收消费税，对高排放、高污染的消费征收高额税收，引导低碳发展。尤其是最新的消费税改革中，对不同排量的小汽车，征收3%～20%的差别税率，引导消费者购买和使用小排量汽车。

表3 低碳发展的财税政策及建议调整方案

低碳发展的财税政策			促进低碳发展的建议调整方案
财政收入政策	税收政策	资源税	提高高碳排放资源的税收标准，扩大征收范围
		增值税	对关键性的、节能效益显著的产品，可有一定程度的减免政策
		企业所得税	减免或降低生产环保产品、节能减排项目的企业所得税，对实施CDM项目的企业实行优惠政策等
		消费税	差别税率，扩大级差，对高耗能产品、大排量汽车收取高额消费税，对环保汽车、节耗汽车降低税率
		车辆购置税	购买清洁能源及新能源汽车，给予适当的税收优惠
		碳税（还没有征收）	增加碳税

续表

低碳发展的财税政策			促进低碳发展的建议调整方案
财政 支出政策	资金支持	清洁发展机制基金	综合运用财政预算投入、设立基金、补贴、奖励、贴息、担保等多种形式资金支持,加强对低碳交通的制度构建,完善政府低碳采购机制,改进生态补偿手段
		可再生能源发展相关专项资金	
		节能技术改造财政奖励资金	
		低碳专项资金	
		新兴产业发展专项资金	
		育林基金	
	政策引导	节能产品政府采购	
		低碳科研与教育投资	
	生态补偿措施	森林、草原、湿地、水资源等重点生态功能区的补偿	

财政支出政策主要包括资金支持、政策引导及生态补偿措施等。政府以直接或间接的形式进行资金支持,目前相关的财政支持性资金名目繁多,有低碳试点前的清洁生产、节能减排、新能源和产业调整等支持资金,也有试点后尤其是试点省市的低碳发展专项资金。资金的补助方式,有的是项目投资补助,有的是基于结果的资金奖励,也有政府关于低碳管理的公共投资。既有中央政府的,也有地方政府的,还有通过其他渠道筹集的[3]。

总体来看,我国的低碳发展财税政策是将激励低碳环保产业与约束高碳污染产业相结合,在促进低碳发展方面起到了积极的作用。但是仍然存在不足,主要体现在以下几个方面。

第一,低碳税种有待完善。我国目前对环境保护十分重视,借鉴经济与合作发展组织(OECD)多数国家利用税收手段抑制污染物和二氧化碳排放的经验,我国财政部从2007年开始研究开征环境保护税的问题,经过财政部、环境保护部、国家税务总局等部门近10年的努力,《中华人民共和国环境保护税法》于2016年12月25日由中华人民共和国第十二届全国人民代表大会常务委员会第二十五次会议通过,自2018年1月1日起施行。环境保护税代替了排污费,加大了环保力度。但是低碳发展注重降低CO_2的排放量,CO_2不是传统意义上的污染物,环境保护税里没有针对CO_2的排放量的税收，所以建立专门的碳税制度迫在眉睫。

第二，没有形成完整的低碳发展财税链条。低碳产品和服务需要从产品设计、原材料选择、生产、加工、流通、交换、消费、产品再次循环利用等方面全方位、一条龙式的考虑。低碳设计与取材、低碳交通物流运输的实现都需要高新技术及清洁能源的支持。虽然国家层面有相关考虑，但地方层面的低碳发展财税政策各有侧重，没有形成由点到线的发展。

第三，社会参与力量有待提高。低碳发展需要以政府为核心，企业单位、高校科研单位、社会团体、家庭、个人等多元主体共同参与，合力完成。但是由于财政的低碳减排基金等项目技术含量高，对参与企业的资质要求高，所以各级政府下达的低碳资金支持范围仍然以国有企事业单位为主，中小企业、社会资金的投入受限。

五　促进低碳发展的财税政策建议

针对现有的具体财税政策在表 3 中已提出具体的建议调整方案，下文针对存在的主要问题提出相关建议。

（一）增设针对低碳发展的碳税

碳税（Carbon Tax）政策是政府建立的一种直接对企业 CO_2 排放进行定价的控制手段，遵循"谁消费，谁付费"的原则[12]。欧盟等早已实施碳税政策，我国一直对征收碳税的可行性进行研究，节能减排政策应该选择碳税还是碳排放交易机制，研究部门和学者也有分歧。石敏俊、袁永娜、周晟吕等[13]基于动态 CGE 模型构建了中国能源 - 经济 - 环境政策模型，模拟分析了单一碳税、单一碳排放交易及两者结合的三者情景下的减排效果、经济影响与减排成本，结果显示适度碳税与碳排放交易相结合的复合政策是较优的减排政策。值得一提的是，中国碳税政策的实施框架已经进入调研和论证阶段，国家发展改革委和财政部有关课题组已经形成了"中国碳税制度框架设计"的专题报告[12]。碳税政策将是未来节能减排的又一有效手段。

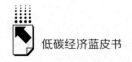

（二）地方层面加大对低碳财税政策的全方位落实

地方政府的相关部门要形成合力，特别是低碳试点城市，建立碳排放总量控制和碳排放强度控制机制，全方位考虑 CO_2 排放权分配方案及减排领域、减排环节，同时广泛吸纳国内外低碳城市建设方面的先进技术和成果，提高低碳发展的总体质量。

（三）扩大融资途径，提高社会参与度

打破财政资金在低碳补偿方面唱"独角戏"的局面，充分发挥基金、金融对社会资金的撬动力量，更多地引入社会资金，从多渠道筹集投资资金。让低碳发展理念更多地贯彻到中小企业、社区、家庭、个人，提升低碳发展是未来发展的必然趋势这一理念的认可度，形成全社会自觉参与的局面。

六 结束语及展望

低碳发展要从碳的源头及吸收两方面入手，既考虑减少人的经济行为产生的碳排放量，也考虑维持自然界对碳的容纳吸收量。全球土壤有机碳（SOC）储量约为15500亿吨，是大气碳库的2倍、陆地生物质碳库的2～4倍，因此，加强对土壤的保护，从一定意义上说就是低碳减排。

低碳发展是对传统发展观念的变革，而财税政策是推动低碳发展的主动力。推动低碳发展，完善绿色税收体系，加强政府低碳采购引导，多种政府投入方式并存，打造"政府推动，企业、科研院所参与，社区家庭显现成效"的格局，从而营造绿色、低碳、环保的优良生态环境。

参考文献

［1］牛文元主编《2015世界可持续发展年度报告》，科学出版社，2015。

［2］胡鞍钢：《中国：绿色发展与绿色 GDP（1970～2001 年度）》，《中国科学基金》2005 年第 2 期。

［3］丁丁、杨秀：《中国低碳发展政策路径研究：从顶层设计到实践应用》，科学技术文献出版社，2015。

［4］Creutzig F., Baiocchi G., Bierkandt R., et al., "Global Typology of Urban Energy Use and Potentials for an Urbanization Mitigation Wedge," *Proceedings of the National Academy of Science of the United States of America*, Vol. 112（20）, 2013.

［5］Liu Z., China's Carbon Emission Report 2015（Belfer Center for Science and International Affairs, Harvard Kennedy School, 2015）.

［6］钱小军、周剑、吴金希：《巴黎协定后中国绿色发展的若干问题思考：清华大学绿色经济与可持续发展研究中心政策研究报告 2016》，清华大学出版社，2017。

［7］付伟、王见、杨芳、罗明灿：《城市饮用水源区生态补偿理论研究》，《西南林业大学学报》2017 年第 3 期。

［8］傅国华、许能锐：《生态经济学》，经济科学出版社，2015。

［9］付伟、赵俊权、杜国祯：《青藏高原高寒草地生态补偿机制研究》，《生态经济》2012 年第 10 期。

［10］林凌：《基于公平发展原则的生态补偿机制探析——以莆田市东圳水库饮用水水源保护区为例》，《福建财会管理干部学院学报》2011 年第 1 期。

［11］刘德海：《绿色发展》，江苏人民出版社，2016。

［12］程永宏、桂云苗、张云丰：《碳税政策对企业生产与减排投资决策的影响研究》，《生态经济》2017 年第 7 期。

［13］石敏俊、袁永娜、周晟吕、李娜：《碳减排政策：碳税、碳交易还是两者兼之?》，《管理科学学报》2013 年第 9 期。

B.12
关于绿色发展国内同类城市比较研究

武汉市发展改革委环资处

摘　要：　当前，武汉经济社会发展处在稳步前行的新阶段、新常态，长江经济带、中部崛起等国家重大战略聚焦武汉，国家中心城市、全面创新改革试验区、自主创新示范区、自由贸易试验区等国家重大改革发展试点落户武汉，武汉站在了城市发展与转型的新的历史起点上。对标国内兄弟城市在绿色发展方面的做法和经验，有助于增强武汉可持续发展能力，推动现代化、国际化、生态化大武汉建设进程。本报告选取了国内绿色发展标兵城市广州、上海、深圳，绿色发展追兵城市成都、杭州、南京、青岛、宁波，以及在低碳城市试点示范方面具有较强代表性的城市镇江市，通过绿色发展指标体系开展比较研究，提出今后一个时期推进武汉绿色发展的对策建议。

关键词：　绿色发展　低碳城市　指标体系

　　当前，武汉经济社会发展处在稳步前行的新阶段、新常态，长江经济带、中部崛起等国家重大战略聚焦武汉，国家中心城市、全面创新改革试验区、自主创新示范区、自由贸易试验区等国家重大改革发展试点落户武汉，武汉站在了城市发展与转型的新的历史起点上。对标国内兄弟城市在绿色发展方面的做法和经验，有助于增强武汉可持续发展能力，推动现代化、国际化、生态化大武汉建设进程。

　　本报告选取了国内绿色发展标兵城市广州、上海、深圳，绿色发展追兵城市成都、杭州、南京、青岛、宁波，以及在低碳城市试点示范方面具有较强代表性的镇江市，通过绿色发展指标体系开展比较研究，提出今后一个时期推进武汉绿色发展的对策建议。

一 绿色发展，国内同类城市比较分析

近年来，党中央和国务院高度重视生态文明建设，密集出台了一批关于生态保护和环境治理的政策法规，绿色发展正成为全党全国的普遍认识和共同行动。2016 年 12 月 12 日，由国家发改委、国家统计局、环境保护部、中央组织部制定的《绿色发展指标体系》，既是今后对党委政府生态文明建设评价考核的依据，也是衡量一个地方可持续发展的量化指标。本报告依据绿色发展指标体系，从资源利用、环境治理、环境质量、生态保护、增长质量、绿色生活 6 方面将武汉与国内相关城市进行比较分析。

1. 资源利用

资源利用主要包括能源消费总量、单位 GDP 能源消耗量（简称单位 GDP 能耗）、非化石能源占一次能源消费比重、单位工业增加值用水量、单位 GDP 建设用地面积降低率、工业固体废物综合利用率等指标。

（1）能源消费总量

如图 1 所示，2015 年 8 个城市按照能源消费总量可分为 4 个梯队：总量突破 10000 万吨标准煤的上海；在 5000 万～6000 万吨标准煤之间的广州和南京；在 4000 万～5000 万吨标准煤之间的武汉、成都；在 3000 万～4000 万吨标准煤之间的深圳、杭州和宁波。2015 年，武汉市能源消费总量为 4858 万吨标准煤，与 GDP 处于同一水平的成都（4803 万吨标准煤）大体相当，较杭州（3948 万吨标准煤）高 23%。从"十二五"期间能源消费总量年均增速来看，武汉为 6.1%，在 8 个城市中排名第 1，为排第 2 名的成都的 1.2 倍，为最低的上海的 4.7 倍。武汉"十二五"期间能源消费总量增速较高，主要原因是 80 万吨乙烯项目投产。"十三五"期间国家将能源消费总量控制纳入了约束性目标，在武汉新一轮产业招商和发展过程中，必须注意严控高耗能产业发展的问题。

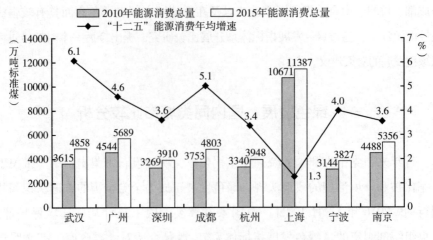

图1　能源消费总量及能源消费年均增速

（2）单位 GDP 能源消耗量

单位 GDP 能耗值反映一个城市的能源支撑经济发展的效率。如图 2 所示，武汉 2015 年单位 GDP 能耗为 0.5229 吨标准煤/万元，在 8 个城市中排名仅低于南京，而比最低的深圳高 75.4%，说明武汉总体能源消费量水平偏高，同时"十二五"期间武汉单位 GDP 能源消耗量年均降速在 8 个城市中排名最后，说明节能降耗任务仍十分艰巨。

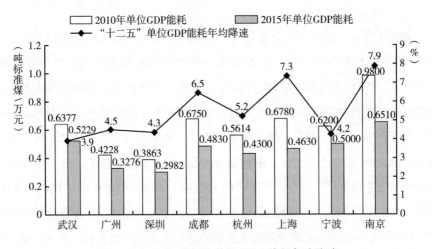

图2　单位 GDP 能耗及单位 GDP 能耗年均降速

（3）非化石能源占一次能源消费比重

非化石能源占比反映一个城市能源清洁化水平，是能源结构调整和发展的重要方向。如图3所示，2015年武汉市非化石能源占一次能源消费比重为11.5%，在对比城市中处于较高水平。究其原因，湖北省水电资源丰富，武汉外购电中约50%为水电，这部分作为非化石能源计入一次能源消费，提高了非化石能源的占比。但武汉市内由于资源禀赋的限制，依靠发展太阳能、风能等提高非化石能源占比的潜力有限。成都非化石能源占比超过30%，也是因为其水电比例较高。

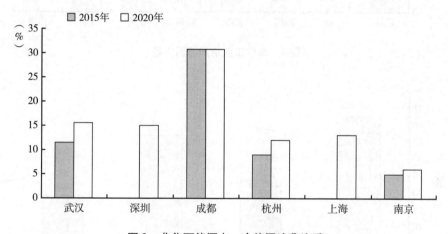

图3　非化石能源占一次能源消费比重

（4）单位工业增加值用水量

如图4所示，2015年武汉单位工业增加值用水量为43立方米/万元，在同类城市中处于较高水平，低于广州、成都，与上海接近，但远高于深圳、杭州、南京、宁波，约是它们的3~6倍。

（5）单位GDP建设用地面积降低率

如图5所示，在4个城市中，武汉2015年单位GDP建设用地面积累计降低率为42.5%，分别是广州、杭州、上海的1.80倍、1.15倍、2.24倍，比国家要求的"十三五"各省（区、市）单位GDP建设用地面积下降不低于20%的目标高1.12倍，可见"十二五"期间武汉在土地集约高效利用方面取得了较好的成绩。未来武汉需继续释放土地资源利用的空间和潜力。

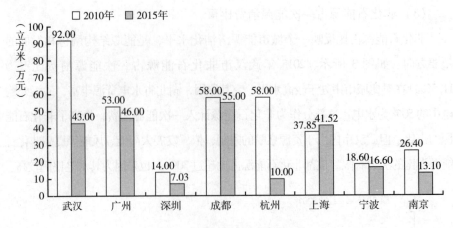

图4　单位工业增加值用水量

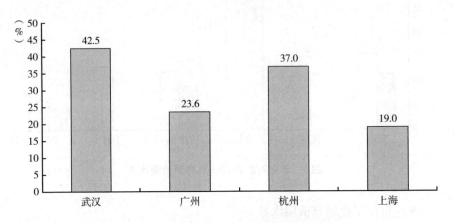

图5　"十二五"单位GDP建设用地面积累计降低率

（6）工业固体废物综合利用率

如图6所示，2015年，武汉市工业固体废物综合利用率为91%，为10个城市中最低。其中，与标兵城市上海、广州、深圳相比，2015年武汉工业固体废物综合利用率比这三个城市的平均值低6.08个百分点。与追兵城市成都、杭州、宁波、南京、青岛相比，2015年武汉工业固体废物综合利用率比这些城市的平均值低4.6个百分点。

小结：从资源利用水平来看，2015年武汉市在所选对比城市中处于中下等水平。其中：能源消费总量受重化工产业影响基数较大，单位GDP能

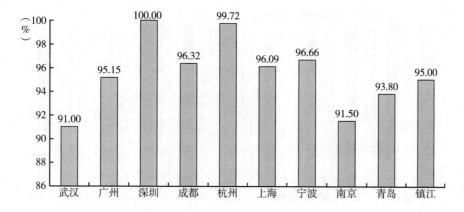

图6　2015年工业固体废物综合利用率

耗下降率偏低，未来节能降耗任务艰巨；工业固体废物综合利用率排名靠后，工业增加值用水量偏高，必须提高工业资源利用效率；非化石能源占比虽然较其他城市高，但主要是得益于水电占比，风能、太阳能、地热能、生物能发展基础还十分薄弱。

2. 环境治理

环境治理主要包括危险废物处置利用率、生活垃圾无害化处理率、城镇污水集中处理率等指标。

（1）危险废物处置利用率

如图7所示，2015年武汉危险废物处置利用率为97.08%，仅高于杭州（94.23%），这一情况与武汉市危废处置能力不足有关，如目前亟须处理汽车行业产生的装饰布等危险废物。未来五年武汉市将招商引资列为"一号工程"，制造业还将面临较快发展，随之带来的工业废弃物（含危废）将大量增加，须加快危废处置项目建设。

（2）生活垃圾无害化处理率

"十二五"期间，武汉市大力推动"五焚烧两填埋"工程建设，生活垃圾无害化处理水平从85%提升到100%，增幅较大，高于广州和南京，见图8。同时，与上海、广州等城市相比，武汉市垃圾分类工作还比较滞后，虽在东西湖区开展了试点工作，但尚未形成可复制推广的经验。

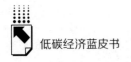

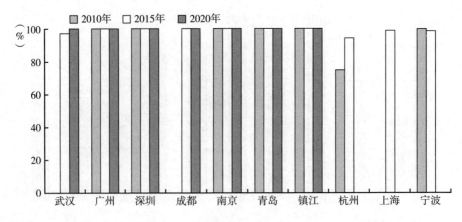

图7　危险废物处置利用率

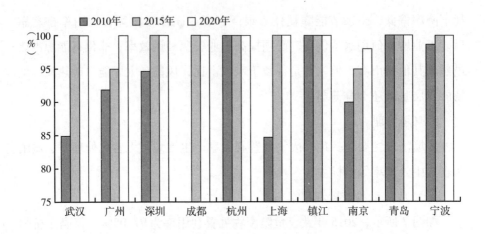

图8　生活垃圾无害化处理率

（3）城镇污水集中处理率

如图9所示，2015年，武汉城镇污水集中处理率为93.8%，略高于上海、广州，低于青岛、南京、深圳、杭州。

小结：从环境治理水平来看，武汉危险废物处置利用和城镇污水集中处理工作与对比城市还有一定差距；生活垃圾无害化处理率虽然已达100%，但垃圾收集、转运、焚烧等引起的"邻避效应"还时有发生，建筑垃圾和餐厨垃圾无害化、资源化处理还在探索和起步阶段，需要加强。

144

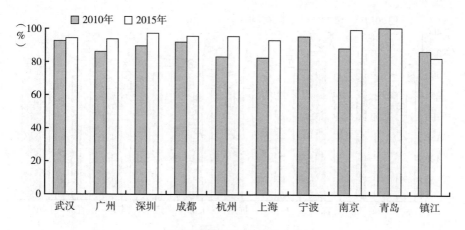

图9　城镇污水集中处理率

3．环境质量

环境质量主要包括城市空气质量优良天数、细颗粒物（PM2.5）浓度、地表水达到或好于Ⅲ类水体比例、地表水劣Ⅴ类水体比例等指标。

（1）城市空气质量优良天数、细颗粒物（PM2.5）浓度

如图10所示，同其他9个城市相比，武汉2010年和2015年的空气质量优良天数均为最少，其中2015年仅为192天，比最优的深圳少148天，比第二差的成都少22天；如图11所示，2015年武汉PM2.5全年平均浓度为70μg/m³，在对比城市中为最高，是最低的深圳的2.3倍，比第二高的成都高9.4%。可见目前武汉的空气质量在对比城市中是最差的。图10中，2020年武汉的空气质量优良天数目标是259天，同2015年相比增加了34.9%，增长率为对比城市中最高，但总天数仍是所有城市中最少的。

（2）地表水达到或好于Ⅲ类水体比例、地表水劣Ⅴ类水体比例

如图12所示，在已公布指标的5个城市中，2015年武汉地表水达到或好于Ⅲ类水体比例为63.6%，高于广州、南京、青岛，仅次于镇江的73%。2015年武汉地表水劣Ⅴ类水体比例为9%，在对比城市中为最低。由以上数据可见，武汉地表水质情况是优于其他城市的。且由于武汉水域面积广，地表水资源超过对比城市，要达到其地表水质水平，对于其他城市来说难度更大。2020年武汉地表水达到或好于Ⅲ类水体比例的目标为80%，在对比

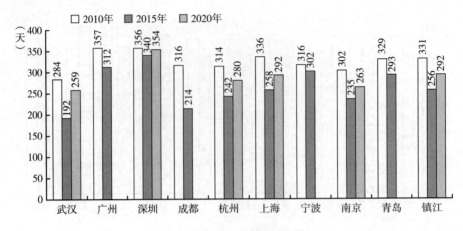

图10 城市空气质量优良天数

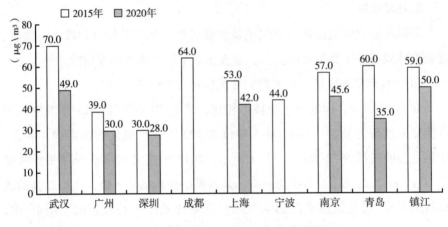

图11 细颗粒物（PM2.5）年均浓度

城市中为最高。

小结：从环境质量水平来看，武汉空气质量现状和目标均低于对比城市，未来需要投入更大的精力用于空气质量改善；地表水水质情况现状优于多数对比城市，目标为对比城市中的最高，如何改善水质，实现这一高要求的目标也是一项挑战。

4. 生态保护

如图13所示，武汉2015年森林覆盖率为28%，在对比城市中仅高于

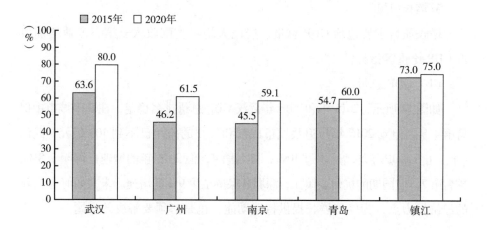

图12　地表水达到或好于Ⅲ类水体比例

镇江和上海，同其他城市相比差距较大，杭州、宁波、深圳森林覆盖率分别达到65%、51%和42%。关于2020年发展目标，武汉市以保持为主，而其他城市基本上有一定程度的增加。

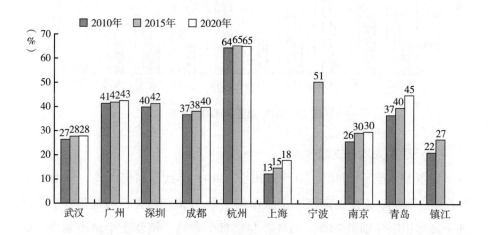

图13　森林覆盖率

小结：武汉森林覆盖率在对比城市中排名靠后，有很大的增长空间，未来需要加大植树造林、护绿补绿增绿的力度。

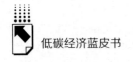

5．增长质量

增长质量主要包括 GDP 总量、居民人均可支配收入、第三产业增加值占 GDP 比重等指标。

（1）GDP 总量

如图 14 所示，2015 年和 2016 年武汉 GDP 总量排名稳定，在 8 个城市中保持第 4 名，但到 2016 年与追兵城市成都和杭州的差距已不到 100 亿元。武汉"十二五"GDP 年均增速超过 10%，排名第 4，但 2016 年的增速已降至 7.8%，排名第 7，但同期的杭州、镇江、深圳还保持至少 9% 的增速。未来如何寻找新的经济发力点，为经济增长提供持续动能，也是必须要解决的问题。

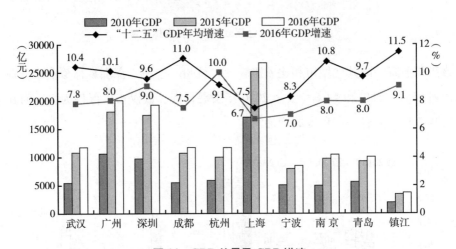

图 14　GDP 总量及 GDP 增速

（2）居民人均可支配收入

如图 15 所示，对比的 10 个城市中，2015 年武汉居民人均可支配收入与广州、深圳、上海、南京 4 个城市相比低 27% ~ 41%，与杭州、宁波这两个城市相比分别低 24%、21%，与成都、青岛、镇江 3 个城市相当。杭州、宁波、南京和镇江 4 个城市公布了 2020 年的指标，其中镇江 8.5 万元的指标最优。

（3）第三产业增加值占 GDP 比重

如图 16 所示，2015 年武汉第三产业增加值占 GDP 比重比广州、深圳、

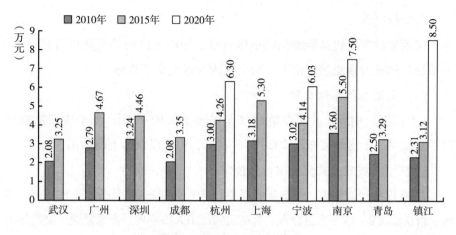

图15 居民人均可支配收入

杭州、上海、南京5个城市的指标低6.3到16.3个百分点,与成都、青岛相当。武汉、广州、成都、南京和镇江5个城市公布了2020年的指标,其中广州的指标最佳,占比70%,比武汉高出15个百分点。

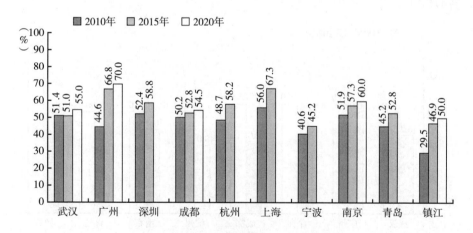

图16 第三产业增加值占GDP比重

小结:武汉GDP增速降低,未来需寻找新的经济发力点;居民人均可支配收入与标杆城市相比差距较大,与追兵城市有一定差距;第三产业增加值占GDP比重与标兵城市及多个追兵城市相比占比较低,优化产业结构任重道远。

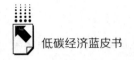

6. 绿色生活

绿色生活主要包括新能源汽车保有量、中心城区公共交通出行分担率、城镇绿色建筑占新建建筑比重、城市建成区绿地率等指标。

（1）新能源汽车保有量

"十二五"期间，武汉新能源汽车保有量1.05万辆，低于深圳指标的72%。武汉、上海均发布了2020年的指标，但武汉仅为上海的1/3。

（2）中心城区公共交通出行分担率

从图17中可以看出，2015年武汉中心城区公共交通出行分担率比广州、深圳、南京低3.8～13.8个百分点。为解决镇江市人口密集、资源紧缺、交通压力大等现实困难，"十三五"期间镇江市将大力发展公共交通（2020年中心城区公共交通出行分担率达95%），将城市公交车的发展作为适应镇江市自身特点的主要工作。武汉市提出的2020年中心城区公共交通出行分担率60%的目标，与镇江相比低35个百分点，与广州、深圳、成都相比低5个百分点，与杭州、南京、青岛相当。

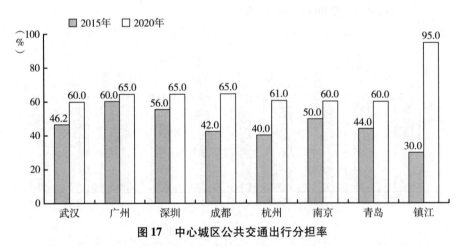

图17　中心城区公共交通出行分担率

（3）城镇绿色建筑占新建建筑比重

武汉、广州、深圳、上海等城市提出2020年城镇绿色建筑占新建建筑比重，武汉为50%，与深圳（80%）、上海（100%）的指标相比分别低30个百分点和50个百分点。

（4）城市建成区绿地率

如图 18 所示，2015 年，武汉城市建成区绿地率比广州、深圳、成都、上海和镇江 5 个城市的指标低 1.8 至 8.41 个百分点。武汉提出的 2020 年目标为 35.8%，低于镇江（40%）的指标。

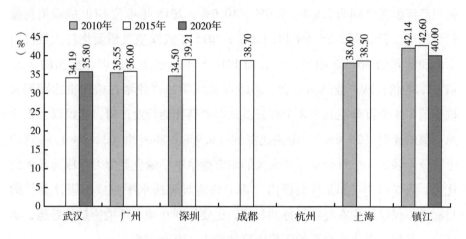

图 18　城市建成区绿地率

小结：绿色生活方面，有很大追赶空间。武汉新能源汽车保有量与标兵城市深圳相比较低，目标和标兵城市上海相比也较低；中心城区公共交通出行分担率与对比城市相比处于一般水平，目标和低碳示范城市镇江相比较低；城镇绿色建筑占新建建筑比重的目标和标兵城市深圳、上海相比较低；城市建成区绿地率和标兵城市、追兵城市和低碳示范城市镇江相比均较低，2020 年目标和镇江相比较低。

综合上述指标对比，可以得出以下结论。

武汉市在水环境治理方面同其他城市相比有明显的优势；武汉市危险废物处置利用率、生活垃圾无害化处理率已接近或达到先进水平；在非化石能源比重、单位工业增加值用水量、城镇污水集中处理率、中心城区公共交通出行分担率方面处于一般水平；在单位 GDP 能源消耗量、工业固体废物综合利用率、森林覆盖率、居民人均可支配收入、第三产业增加值占 GDP 比重、新能源汽车保有量、城镇绿色建筑占新建建筑比重、城市建成区绿地率

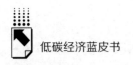

方面水平较低，有一定的改善空间；而在城市空气质量优良天数、细颗粒物（PM2.5）浓度方面最差，必须加大力度改善。

特别值得关注的是，对标城市中，深圳和杭州两市，近几年经济都保持了较高增速，同时综合环境质量也得到很大改善。2016年，武汉、深圳、杭州经济增速分别为7.8%、9.0%、10.0%；2015年单位GDP能源消耗量武汉比后二者分别高75.4%和21.6%；2015年武汉空气质量优良天数仅为深圳和杭州的56.5%和79.3%，而PM2.5年均浓度为深圳和杭州的2.33倍、1.23倍；从产业结构来看，2015年武汉第三产业增加值比重比深圳和杭州低7.8个百分点和7.2个百分点，六大高耗能行业产值占规模以上工业总产值的比值（25.6%），分别比深圳（6.9%）和杭州（22.2%）高18.7个百分点和3.4个百分点。在未来的城市竞争中，绿色竞争力将成为最大的优势。武汉市十三届党代会提出"奋力拼搏赶超高水平建成小康社会"的目标，不仅仅体现在经济目标的赶超，也要体现在城市环境质量的赶超，实现这一目标，需要在今后的工作中更加发力，有所作为。

二　对比城市值得借鉴的经验和主要措施

（一）上海市

1. 强力推进海绵城市建设

上海出台了《上海市海绵城市专项规划》，除提出临港地区、普陀桃浦地区、松江南部新城、徐汇滨江等海绵城市试点外，还提出在郊区新城、重点功能区域、重点转型区域、成片开发区域和郊野公园建设中全面落实海绵城市建设的要求。到2020年，基本形成生态保护和低影响开发雨水技术与设施体系，上海市海绵城市建设面积达200平方公里以上，占全市面积的3.15%。提出不同管控分区的年径流总量控制率为70%~80%。

武汉市与上海相比，2020年的目标为海绵城市建设面积为建成区20%，160平方公里，占全市面积的1.86%。提出不同建设分区的年径流总量控制率为 60% ~ 80%，有部分建设分区的控制率要求低于 70%。

2. 大力推广绿色装配式建筑

上海 2014 年即出台了《上海市绿色建筑发展三年行动计划（2014 ~ 2016）》，新建民用建筑原则上全部按照绿色建筑一星级及以上标准建设。单体建筑面积 2 万平方米以上的大型公共建筑和国家机关办公建筑，按照绿色建筑二星级及以上标准建设。2016 年，外环线以内符合条件的新建民用建筑原则上全部采用装配式建筑。

武汉于 2010 年出台了《武汉市绿色建筑管理办法（试行）》，规定新建单体建筑面积 2 万平方米以上的公共建筑、新建建筑面积 5 万平方米以上的住宅小区应按绿色建筑标准进行规划、建设和管理。同上海相比，建设范围偏小，仅对 2 万平方米以上公建和 5 万平方米以上小区作要求，而上海是对所有新建民用建筑作要求；标准偏低，2 万平方米以上的公建仅需为星级即可，但上海要求为二星及以上。2015 年武汉市出台《关于加快推进建筑产业现代化发展的意见》，提出 2016 年至 2017 年为建筑产业现代化试点示范期，2018 年起为建筑产业现代化全面推广应用期，建筑产业现代化建造项目占当年开工面积的比例不低于 20%，每年增长 5%，项目预制装配化率为 30% 以上。武汉市提出建筑产业现代化，涵盖的范围比装配式建筑广；要求的推进时间比上海晚 2 年；武汉市提出了具体的装配化比例，即预制装配化率为 30% 以上，上海要求原则上全部采用装配式建筑。

3. 严格产业环境准入条件

提高产业准入门槛。制定实施严于国家要求的产业准入标准和名录。进一步提高钢铁、石化化工等高耗能、高碳行业的准入门槛和技术要求。严格项目环评。104 个工业区块外原则上不得新建工业项目（都市型产业项目除外）。禁止新建钢铁、建材、焦化、有色等行业的高污染项目，禁止建设新增长江水污染物排放的项目，严格控制石化化工和劳动密集型一般制造业新增产能项目。

4. 深化燃煤污染控制

制定了严于国家标准的锅炉大气污染排放标准（BD31/387 - 2014）。严格控制能源总量，实施全市能源消耗和煤炭消耗双总量控制，进一步压减钢

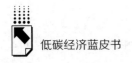

铁和化工等行业用煤总量，合理控制发电用煤总量。推进上海石化、高桥石化、宝钢自备电厂燃煤机组清洁化改造，所有燃煤机组达到地方标准排放要求。2017 年底前，完成剩余集中供热和热电联产燃煤锅炉清洁能源替代，全面取消分散燃煤。

5. 大力推进生活垃圾分类处理利用

制定出台《上海市促进生活垃圾分类减量办法》。"十二五"期间，全市生活垃圾分类已覆盖 400 万户，"绿色账户"激励机制覆盖 105 万户，人均生活垃圾末端处理量比 2010 年减少 20%，相比 2010 年末实现了日均约 2200 吨生活垃圾的分流分类利用和处理。2015 年，城市生活垃圾无害化处理率达100%。其中，41.68% 卫生填埋，31.65% 焚烧发电，4.30% 堆肥处理，13.75% 厨余垃圾资源化利用，1.95% 回收利用，其他 6.67% 分流处理。

正推动《上海市生活垃圾管理条例》人大立法。"十三五"期间，上海采取有效措施，在实行分类的居住区严格实施垃圾"定时定点"投放。同时，落实单位垃圾分类责任主体的义务，逐步实现单位垃圾"不分类、不收运"和"分类实效与收费挂钩"的管理模式。以湿垃圾资源化利用为重点，推动生活垃圾源头分类，最终实现城市生活垃圾零填埋。

（二）成都市

1. 优化市域生态保护格局，加大绿化景观改造提升力度

有机统筹"山、水、田、林"，全面构建"两山两环两网六片"生态保护格局。实现绿道系统全域覆盖。加快建设九大主题线组成的市域Ⅰ级健康绿道，推进区（市）、县支线健康绿道建设，形成市域Ⅱ级健康绿道。

2. 落实国家加快节能环保产业发展的相关政策，积极培育市场

提出到 2020 年，建成西部领先的国家级节能环保产业示范基地，主营业务收入突破 800 亿元。

3. 建立行人、非机动车和公交车优先的路权体系，完善城市慢行系统

拟在环城生态区内建设一条全长约 100 公里的自行车高速公路，将贯穿六湖、八湿地、六森林，设计骑车速度可达 60 公里/每小时。鼓励支持共享单车、共享新能源汽车等共享交通健康发展。在低碳交通方面，成都市是在深圳市之后第二个开通运行 HOV 多乘员车辆专用车道（HOV 车道的概念最早起源于美国，是由公交专用车道改建而来）的城市，在每个工作日的早晚高峰时段（上午 7 点半到 9 点，下午 5 点到 7 点），只允许有 2 名及以上乘员的车辆行驶，能有效减少拥堵，节约道路资源，低碳环保。

（三）杭州市

杭州市贯彻落实党的十八大精神和习近平总书记关于将杭州建设"成为美丽中国建设的样本"的重要指示精神，将生态环境作为杭州具有魅力、最富竞争力的独特优势和战略资源，2013 年 7 月 30 日通过了《中国共产党杭州市第十一届委员会第五次全体会议关于建设"美丽杭州"的决议》，随后制定"美丽杭州"建设实施纲要、三年行动计划及年度行动计划，部署实施功能布局优化、生态保育修复等九大行动，大力推进"五水共治""五气共治""五废共治"的"三五"攻坚战、"三改一拆"、城市"四治"等重头工作。扎实推进"三江两岸"生态景观保护与修复工程，整治河道排口 9200 多个，基本消灭了垃圾河、黑臭河；全面淘汰和治理燃煤锅炉和黄标车、老旧车，杭州成为无钢铁生产企业、无燃煤火电机组、无黄标车的"三无"城市。精细整治 2800 多条背街小巷，使一大批富有地域特色和人文韵味的背街小巷重新焕发了青春。累计开展垃圾分类生活小区 1959 个，主城区垃圾分类小区基本实现全覆盖和清洁直运，被评为全国第一批生活垃圾分类示范城市；建成国家级生态乡镇（街道）118 个，被环保部授予"国家生态市"荣誉称号，成为全国省会城市首个、副省级城市中首批命名的国家生态市。

中国城市竞争力研究会发布《2015 中国城市分类优势排行榜》，杭州获得"中国最美丽城市"排第一名，发布《2016 全球最美丽城市排行榜》，杭州排全球第五名、中国第一名。

1. 实施"五水共治"

杭州市制定了关于"治污水、排涝水、防洪水、保供水、抓节水'五

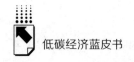

水共治'"的重大决策及三年行动计划任务（2014～2016年）。截至2016年底，杭州市累计完成71条460公里垃圾河、277条802公里黑臭河整治，基本消灭了黑臭河、垃圾河；建成10个"清水入城"工程，钱塘江杭州段成为浙江省首条全流域三类水质的重要河流，运河出境断面全部消除"劣五类"，西部四县基本实现全域可游泳。

杭州市创新实施的"河长制"正在全国推广。

2. 实施"五气共治"

杭州市把空气质量改善作为目标，以治理燃煤烟气、工业废气、汽车尾气、建设灰气、餐饮排气等"五气共治"为核心，全力打造天蓝地净、山清水秀的"西湖蓝"。目前，杭州已成为无钢铁生产企业、无燃煤火电机组、无黄标车的"三无"城市。2016年，杭州市区环境空气优良天数260天，突破性地创造了"三个首次"：优良率首次超过70%（71%）、PM2.5年均浓度首次降低到50μg/m³以下（48.8μg/m³）、PM2.5优良天数首次突破300天（306天）。

3. 率先发展公共自行车系统体系

目前，杭州有国内最大、输出城市最多的城市公共自行车系统，依靠服务点亭棚广告开发、"杭州模式"的输出、押金及预存消费金、阶梯计时收费等收入，基本做到自负盈亏。2015年，杭州市公共自行车投放数量达到84100辆，平均每万人公共自行车拥有量达到了121辆。服务站点达到3504个，全年累计租用量达到1.5亿次，平均日利用率是每辆车3.75次。

4. 开创中国湿地保护与利用的"西溪模式"

杭州西溪国家湿地公园被誉为"杭州之肺"，占地面积约10.08平方公里，开放区域3.46平方公里。杭州市人大常委会审议通过《杭州西溪国家湿地公园保护管理条例》。在严格保护的基础上，杭州充分发挥西溪湿地资源的利用价值，重点构建生态保护、科研科普和生态旅游三大功能，通过实施一、二、三期西溪湿地综合保护工程，打造了湿地保护和利用的"西溪模式"。"西溪模式"先后获得20多项国家级荣誉。

（四）南京市

1.实施排污权交易制度

2015年1月5日，南京市出台了《南京市主要污染物排放权有偿使用和交易管理办法（试行）》等文件，明确了各项排污权指标交易及资金管理办法，开发了排污权交易管理平台，制定了排污权交易程序和规范，在电力、钢铁、石化、水泥等重点行业、企业开展初始排污权核定工作。2015年12月24日，南京市在市公共资源交易中心举行了首次排污权公开竞价交易，对四项排污权指标（二氧化硫135吨、氮氧化物300吨、化学需氧量160吨、氨氮10吨）进行公开拍卖，17家企业参与竞拍，成交总额1306万元，与排污权指标征求标准相比，溢价率达到了46%。

2.开展重大工程项目"绿评"

2011年3月20日，南京市出台了《市政府关于进一步加强城市古树名木及行道大树保护的意见》，将针对护绿实施五大举措：一是对每株大树建立动态信息库，内容涵盖种类、年代、养护情况等，做到有标记、有形象图；二是今后所有的城建重点工程均要提前实施专家、公众意见征询；三是对全市所有重大工程项目实施"绿评"制度；四是以街道、社区为单位，鼓励和发动更多市民投入爱绿、护绿行动中；五是加大全市植树造林、补绿增绿力度，维护共同的绿色生态家园。

"绿评"制度是由南京市住房和城乡建设委员会建立平台，联合政府决策部门、城市管理部门、园林管理部门等相关部门，邀请人大代表、政协委员、专家学者和市民代表共同组成咨询小组，对该市重大工程项目建设过程中对周边环境的影响做出评估和建议。

3.生态保护补偿走在全国前列

2016年9月30日，南京市出台了《南京市生态保护补偿办法》，办法明确，南京将对因承担重要生态保护区域保护责任及其他生态保护责任使经济发展受到一定限制的有关组织和个人给予补偿。针对不同的生态保护区域有不同的补偿办法，可以开展生态补偿的主要有四类生态保护区域，分别是

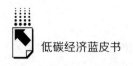

生态红线保护区域、耕地、生态公益林和水利风景区。每个区域的生态补偿标准不一样，其中实际种植水稻的区域，除了生态补偿之外，另给予补偿 120元/（亩·年）；国家级水利风景区补偿标准为不超过 200 万元/年、省级水利风景区补偿标准为不超过 100 万元/年。生态保护补偿标准一般 3 年调整一次。

办法要求，生态保护补偿资金应当用于生态环境保护、生态经济发展、生态修复、生态工程建设和补偿集体经济组织成员等，不得用于考察、旅游、接待及购置交通工具等"三公"行政管理支出。

（五）镇江市

1. 率先规划实施主体功能区制度。

2013 年镇江出台《镇江市主体功能区实施规划》及《镇江市主体功能区制度配套政策》，从规划管控、产业准入、土地管理、环境准入、财政支持、镇（街道）考核等领域制定实施了一系列配套政策。出台了《镇江市主体功能区生态补偿资金管理办法（暂行）》《主体功能区生态补偿资金管理办法》，提出建立生态补偿、生态保护财政转移支付和税收共建共享激励三大机制。生态补偿机制以辖市区、乡镇（街道）作为补偿对象，分重点性补偿、基础性补偿和激励性补偿三个部分。为此，设立市级和辖市区两级主体功能区生态补偿"资金池"。其中市级从三个方面筹集资金：市级财政从 2014 年开始统筹年度新增税收财力的 10%，设立生态补偿专项引导资金 3000 万元，以后年度以 2014 年为基数确保增长 10%；各辖市区从 2014 年起集中年度财力增量的 5% 纳入市级主体功能区生态补偿"资金池"，以后年度以此为基数按每年 5% 增长；争取中央和省里的生态补偿转移支付资金充实"资金池"，专项用于主体功能区生态补偿。在生态保护转移支付机制方面，通过纵向财力转移和横向财力集中等方式，调整优化市区财政分成体制，加大主体功能区投入力度，构建适合主体功区建设目标的财政转移支付保障机制。在税收共建共享激励机制建设方面，明确了跨功能区的引荐项目实施税收共享和项目搬迁税收分成标准。为使生态补偿标准具有可操作性，镇江市制定了具体的主体功能区生态补偿资金计算方法和生态红线区域名录。在镇（街道）考核方面，按照优化开发、重点开发和适度开发三种类型分类考核，按照主体功能分类设置相应的特色发展指标和主体功能区建设指标考核体系。

2. 率先建立"生态云"。

镇江综合运用云计算、物联网、智能分析（BI）、地理信息系统（GIS）等先进的信息化技术，在全国首创开发运营低碳城市建设管理云平台。2015年，在云平台的基础上，进一步整合国土、环境、资源、产业、节能、减排、降碳等数据资源，"生态云"上线。通过建立数据、管理、服务、交易、查询5个中心，形成面向政府、企业、社会的虚拟化网络服务中心，实现全市重点污染企业以及重要的水体和山体、大气等实时在线监测，全面、直观反映生态资源和环境承载。

（六）青岛市

青岛市发布"十三五"建筑节能与绿色建筑发展规划，将实施八大重点任务，被动式超低能耗绿色建筑的发展是一大创新示范亮点。"十三五"期间，青岛市将加强被动式低能耗建筑技术研究和试点示范，在城市新区内进行区域性推广，目标为推广实施被动式建筑100万平方米以上。在新建绿色生态城区建设指标体系中，将明确要求被动式超低能耗建筑占新建建筑比例。探索研究在中德生态园0.5平方公里、中韩贸易合作区3.7平方公里范围内区域性推广被动式低能耗建筑示范，探索集中成片区域化推广方式。其中青岛中德生态园被动房技术体验中心项目建成并通过德国被动房研究院（PHI）权威认证后，将成为亚洲首个获得被动房中级认证的示范项目。

三　对策建议

"十三五"时期是武汉高水平全面建成小康社会的决胜阶段，是城市格局调整的重大变革时期，需着力在提升城市品质上下功夫，通过规划建设"长江新城"、优化武汉"长江主轴"、建设"东湖城市生态绿心"等举措，

提升武汉市国际知名度、美誉度和城市竞争力，使武汉成为"美丽中国"典范城市、国际知名宜居城市，实现人与自然、人与人、人与城市和谐共生，让绿色福利惠及子孙后代。

（一）做好绿色发展的顶层设计

1.创新完善体制机制

一是建立健全生态保护补偿机制、主体功能区规划等绿色行政法规，进一步找准绿色发展和生态文明建设方向、目标和路径，强化尊重自然、顺应自然和保护自然理念。从镇江实施主体功能区规划实践看，国家主体功能区规划在武汉市进一步落地完善完全具有可能性。二是严格落实生态控制线等生态功能保障底线、环境质量安全底线和资源利用底线，建立自然资源负债统计、衡量与核算指标体系，自然资源资产产权和用途管制制度以及生态、资源和环境风险监测预警和防控机制。全面推行河长制，完善湖长制，落实最严格的水资源保护制度。三是进一步完善考核问责机制，加大资源消耗、环境保护、生态效益等方面的考核权重，作为衡量党政领导班子和领导干部政绩的重要依据。

2.打造具有武汉特色的绿色指数

一是依托"互联网+"提升资源利用指数。全力推广O2O废品回收模式，建设O2O线下废旧物品三级转运体系，全面整合市内回收站点。开展O2O废品回收"进机关""进校园""进园区""进社区"活动。启动"低碳生活家+"行动计划，建立个人碳积分应用平台，将低碳居住、低碳出行、低碳消费融入"双创"活动，实现低碳生活方式与互联网相结合，引导消费者践行低碳消费理念。推进武汉城市矿产交易平台发展，争取"十三五"末在武汉城市圈及湖北省范围内，在城市矿产要素聚集、体制机制创新、优势转化等方面取得突破，力争实现交易所交易量为500万吨以上。打造城市矿产大宗商品"武汉价格指数"，打造具有湖北省特色的城市矿产交易平台，建立全国性的循环经济大数据中心。二是重点发力环境质量指数。尤其是做足水文章，大力推进"四水共治"，分类推进"百湖"规划建设升级，延伸两江四岸生态画廊，加快构建全域生态水网，全面恢复水体生机活力，充分利用水下、水面、水上空间，勾画出江湖相济、湖网相连、人水相依的美丽画卷，努力打造国内外知名的滨水生态绿城。

（二）打造绿色产业

1. 构筑招商引资绿色思维

在招商引资过程中，把环境保护作为经济持续发展的关键，树立负面清单导向、绿色指标引领理念，充分考虑资源环境承载力，筑高绿色门槛，科学招商，严格实行环境准入制度。大力发展生态循环农业、绿色制造业、生态服务业。积极发展绿色物流、绿色建筑、装配式建筑。强化土地等资源集约节约利用。最有效地利用资源，打造完整的产业链，形成产业配套、产业集群和产业特色，增强经济发展后劲，走工业制造 2025 道路，努力发展循环经济，建设两型社会，使经济和环境和谐可持续发展。

2. 构建和完善绿色金融体系

近年来，国家大力发展绿色金融，为城市产业发展注入了绿色活力。创建全国性碳排放权和水权交易市场，充分调动企业积极性，以卖出富裕配额来获取资金，努力拓展融资渠道，推动绿色产业长期可持续发展。

以创建全国碳交易中心和碳金融中心为发力点，构建和完善绿色金融体系。武汉已初具全国碳市场中心、碳金融中心、碳定价中心雏形。一是碳市场交易规模全国第一。截至 2016 年底，湖北碳市场配额现货市场线上公开交易累计成交量占全国 50% 以上。湖北二级市场总成交量、总成交额、日均成交量等居全球第二、中国第一。二是碳金融规模最大、品种最齐。目前，湖北碳排放权交易中心支持碳金融业务授信已达 1000 亿元，碳金融产品创新数量与资金规模始终保持全国第一；全国首创碳质押贷款、碳资产托管等业务，能够提供质押回购、碳债券等各类碳金融产品支持绿色、低碳产业发展。三是初步形成全国碳市场定价中心。湖北碳市场价格相对稳定，其他试点市场的碳价向湖北靠拢，湖北碳价已初具全国碳价定价中心的雏形。

3. 加强对绿色技术的研发和创新

加快形成充满活力的绿色科技工作机制，结合供给侧改革，引导社会力量投资和参与绿色技术和产品的研发与推广，使企业真正成为绿色科研开发投入主体、技术创新主体、科研成果应用主体，积极构建以企业为主体、以市场为导向、产学研相结合的自主创新体系。积极构建科研与人才培养有机结合的知识创新机制，着力推进绿色科技的基础研究、共性技术研究和前沿技术研究，形成一批学科优势明显的研究基地和创新团队。逐步搭建开放的绿色科技研究试验平台、信息资源共享平台和战略联盟平台，促进科技与经济相结合、科技与产业相融合，形成互相融合、互相促进、互动发展的态势。

（三）推行绿色生活方式

1. 加强生态文明宣传教育

将生态文明教育全面纳入市民教育和干部教育培训体系，普及生活方式绿色化的知识和方法。充分发挥传统主流媒体、互联网、新媒体的传播优势，广泛宣传生态文明实践和环境保护法律法规；政府有关部门和企业及时准确披露各类环境质量和环境污染物信息，保障公众知情权。健全例行环境新闻发布制度，完善重大信息权威发布与政策解读联动机制，积极回应社会关切。

2. 培育绿色生活方式

倡导勤俭节约的消费观。广泛开展绿色生活行动，推动全民在衣、食、住、行、游等方面加快向勤俭节约、绿色低碳、文明健康的方式转变，坚决抵制和反对各种形式的奢侈浪费、不合理消费。积极引导消费者购买节能与新能源汽车、高能效家电、节水型器具等节能环保低碳产品，减少一次性用品的使用，限制过度包装。大力推广绿色低碳出行，倡导绿色生活和休闲模式，严格限制发展高耗能、高耗水服务业。在餐饮企业、单位食堂、家庭全方位开展反食品浪费行动。

3. 增加绿色产品有效供给

增强绿色供给，完善评估标准、规范认证体系，实现优质优价。打造绿色供应链，从设计、原料、生产、采购、物流、回收等全流程降低全生命周期的环境影响，建设以资源节约、环境友好为导向的采购、生产、营销、回收及物流体系。完善政府绿色采购法律法规，制定政府采购绿色产品目录，倡导非政府机构、企业实行绿色采购。建立绿色包装标准体系，鼓励包装材料回收再利用。

（四）着力推动重点领域创新实践

1. 大力推进拥抱蓝天工程

贯彻实施《武汉市"十三五"拥抱蓝天专项规划》，调整优化能源结构，强力推进工业企业大气污染减排及挥发性有机物总量减排，强化移动源排气污染治理，加强扬尘和工业无组织排放的污染防控，进一步推进餐饮油烟污染治理，做好农作物秸秆和垃圾露天焚烧污染防控，加强机动车污染治理等。

2. 大力推广城镇绿色建筑

与深圳、上海提出 2020 年城镇绿色建筑占新建建筑比重为 80%、100% 相比，武汉市该指标低 30 个百分点和 50 个百分点。"十三五"期间需大力推广城镇绿色建筑，制定并实施绿色建筑发展行动方案，执行绿色建筑标准，推广被动式建筑节能技术，有效降低能耗。加快推动太阳能、地热能等可再生能源在建筑中的规模应用，助推"冬暖夏凉"工程。

3. 积极创建国家生态园林城市

以建成区绿化覆盖率≥40%、绿地率≥35%、人均公园绿地面积≥10平方米/人为创建目标，完善城市绿地系统规划与构建，通过建设与管控相结合，大力实施城市绿道、道路绿化、立体绿化、山水景观提升和社区绿化等工程，打造"山水十字轴，六楔连百湖"的空间景观格局，建设城市滨水临山开敞空间等。

此外，成都市的路权体系建设、杭州市的五水共治、上海市的海绵城市建设及生活垃圾分类等方面的经验，均值得武汉市借鉴。

探索建立行人、非机动车和公交车优先的路权体系，打造具有武汉特色的滨水绿道城市慢行系统，既缓解交通拥堵，更助力居民回归舒适宜人的出行方式。启动四水共治，锁定水系保护蓝线，构建"江湖相济、生态连续、

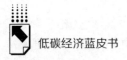

水流畅通、调度灵活"的水网体系；大力推进海绵城市建设，增强城市蓄水防涝调理能力；严格保护水系生态环境，持续加大控源截污力度，建立全过程管控机制，全面恢复水生态系统，使水资源优势成为核心竞争力。推行生活垃圾分类，率先在居住小区、学校和机关事业单位、国有企业等开展生活垃圾分类试点。制定推进垃圾分类实施意见，建设分类投放、分类收集、分类运输、分类处理系统，打造垃圾分类循环利用生命链。

案 例

Cases

B.13

林业碳汇的探索

——以河北省塞罕坝机械林场项目为例

张 磊　龙双红*

摘　要：　近年来，国家高度重视林业在应对气候变化中的特殊地位和作用，明确提出要"大力增加森林碳汇"，即提高国内森林吸收和储存二氧化碳的能力。河北省塞罕坝机械林场林业碳汇项目首批国家核证减排量（CCER）获得国家发改委签发，成为华北地区首个在国家发改委注册成功并签发的林业碳汇项目，也是迄今为止全国签发碳减排量最大的林业碳汇自愿减排项目。本报告以塞罕坝林业碳汇项目为例，介绍我国林业碳汇CCER项目的政策背景及开发现状。

* 张磊，塞罕坝机械林场总场办公室副主任；龙双红，塞罕坝机械林场总场森防站，林业正高级工程师。

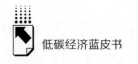

关键词： 林业碳汇 CCER 案例分析 塞罕坝机械林场项目

一 政策背景

（一）巴黎协议

2015 年底召开的巴黎世界气候大会是全球气候治理进程中里程碑性质的事件。《巴黎协议》明确了以"国家自主贡献"（Nationally Determined Contributions）为基础的减排机制，在签署首日即获得 175 国的支持，这表明各国在气候变化治理的国际合作方面达成了普遍的政治共识。

2016 年 6 月 30 日，中国向联合国气候变化框架公约（以下简称"公约"）秘书处提交了应对气候变化国家自主贡献文件《强化应对气候变化行动——中国国家自主贡献》。围绕林业碳汇方面，中国自主贡献文件主要包括以下内容。

一是所取得的成效。2014 年，我国森林面积比 2005 年增加 2160 万公顷，森林蓄积量比 2005 年增加 21.88 亿立方米。

二是行动目标。中国确定的 2020 年行动目标是森林面积比 2005 年增加 4000 万公顷，森林蓄积量比 2005 年增加 13 亿立方米。2030 年行动目标是森林蓄积量比 2005 年增加 45 亿立方米左右。

此外我国国家自主贡献文件中还提出努力增加碳汇，大力开展造林绿化，深入开展全民义务植树，继续实施天然林保护、退耕还林还草、京津风沙源治理、防护林体系建设、石漠化综合治理、水土保持等重点生态工程建设，着力加强森林抚育经营，增加森林碳汇，加大森林灾害防控，强化森林资源保护，减少毁林排放。继续加强湿地保护与恢复，提高湿地储碳功能。继续推进退牧还草，实现草畜平衡，遏制草场退化，恢复草原植被，加强草原灾害防治和农田保育，提升土壤储碳能力。

（二）国内政策

中国作为一个负责任的发展中大国，充分认识到应对气候变化的重要性和紧迫性，在不断调整经济和产业结构、落实节能减排和提高能效等政策和措施的同时，把发展碳汇林业作为应对气候变化的战略选择。

2007 年 5 月 30 日我国颁布了《中国应对气候变化国家方案》，明确把林业纳入我国减缓气候变化的 6 个重点领域和适应气候变化的 4 个重点领域，提出了林业增加温室气体吸收汇、维护和扩大森林生态系统整体功能、构建良好生态环境的政策措施，突出强调了林业在应对气候变化中的特殊地位和发挥的重要作用。2009 年 6 月，温家宝总理在首次中央林业工作会议上明确提出，林业在应对气候变化中具有特殊的地位；同年 9 月，时任国家主席胡锦涛在世界气候峰会上提出，大力增加森林碳汇是我国应对气候变化重要途径之一，并公布到 2020 年我国森林面积比 2005 年增加 4000 万公顷、蓄积量增加 13 亿立方米的发展目标。同时，《中共中央国务院关于 2009 年促进农业稳定发展农民持续增收的若干意见》中也指出，要建设现代林业，发展山区林特产品、生态旅游业和碳汇林业；国家林业局更是紧密结合行业特点，于 2009 年 11 月发布了《应对气候变化林业行动计划》，为我国碳汇林业的建设提出了明确的规划与发展目标。因此，发展碳汇林业对我国当前及未来经济社会发展具有极为重要的战略发展意义与作用。

（三）国家温室气体自愿减排机制背景下的林业碳汇

国家温室气体自愿减排机制（CCER）是我国 2012 年以来建立的中国温室气体减排机制，根据国家发改委发布的《温室气体自愿减排交易管理暂行办法》（2012 年），参与申请 CCER 备案的项目应采用主管部门（国家发改委）备案的方法学，进行 CCER 的项目开发和设计文件编写。

截至 2017 年 6 月 14 日，中国自愿减排交易信息平台累计公示审定项目

2563 个，一类项目 2215 个（86.4%），三类项目 233 个，二类 103 个，四类项目 12 个。目前，国家发改委对第四类项目暂时不予受理。因此，目前市场的 CCER 供给均来自一类、二类、三类项目。

其中，林业碳汇公示审定项目 90 个，备案项目 12 个，签发项目 3 个，项目信息见表 1。

表 1　已签发、备案的林业碳汇 CCER 项目

项目状态	项目类型	项目名称	年均减排量（tCO$_2$）
签发	造林	塞罕坝机械林场造林碳汇项目	52756
签发	造林	江西丰林碳汇造林项目	119444
签发	造林	广东长隆碳汇造林项目	242523
备案	造林	房山区石楼镇碳汇造林项目	5714
备案	竹子造林	湖北省通山县竹子造林碳汇项目	6556
备案	造林	中国内蒙古森工集团根河森林工业有限公司碳汇造林项目	127961
备案	森林经营	黑龙江翠峦森林经营碳汇项目	469295
备案	造林	广东省西江林业局碳汇造林项目	27795
备案	森林经营	塞罕坝机械林场森林经营碳汇项目	205090
备案	造林	丰宁千松坝林场碳汇造林一期项目	27309
备案	造林	云南云景林业开发有限公司碳汇造林项目	55928
备案	造林	黑龙江图强林业局碳汇造林项目	411596
备案	造林	内蒙古红花尔基退化土地碳汇造林项目	31194
备案	造林	亿利资源集团内蒙古库布其沙漠造林项目	303926
备案	造林	大埔县碳汇造林项目	119444
减排量合计（tCO$_2$）			2206531

（四）CCER 以外的国内地方减排机制背景下的林业碳汇

1. 北京市林业碳汇政策

2014 年 12 月，北京市发展和改革委员会与河北省发展和改革委员会、承德市人民政府联合印发了《关于推进跨区域碳排放权交易试点有关事项

的通知》(京发改〔2014〕2645号),京冀两地正式启动碳排放权交易试点建设。承德市丰宁千松坝林场碳汇造林一期项目通过北京市发改委评审,预签发96342吨二氧化碳当量,成交3450吨,均价38元,成交额131100元,成为首单成交的京冀跨区域碳汇项目。林业碳汇项目的成功交易,是北京市积极利用市场手段推动跨区域生态环境建设与生态补偿的一项重要机制创新,对推进京津冀多领域多层次协同发展具有重要的探索和实践意义。

2.福建省林业碳汇政策

《福建省林业碳汇交易试点方案》近日出台。《方案》要求,以"生态得保护、林农得利益"为出发点,完善森林生态功能,着力提高森林质量,有效增加林业碳汇,积极推进林业碳汇交易。《方案》提出:2017年,全省选择顺昌、永安、长汀、德化、华安、霞浦,以及洋口国有林场、五一国有林场等20个县(市、区)和林场开展林业碳汇交易试点,每个试点开发生成1个以上林业碳汇项目,全省完成试点面积50万亩以上、新增碳汇量100万吨以上。"十三五"期间,全省力争实施林业碳汇林面积200万亩,年新增碳汇量100万吨以上。

3.广东省林业碳普惠试点

碳普惠制是广东省在全国首创的对节能减碳行为赋予价值的减碳激励机制。近一年来,广东省政府陆续在广州、东莞、中山、惠州、河源等市开展碳普惠制试点。2017年6月,《广东省森林保护碳普惠方法学》《广东省森林经营碳普惠方法学》已在广东省发改委完成备案。经备案的林业碳汇减排量可用于广东省控排企业碳排放配额的抵消,形成高耗能、高排放地区对经济欠发达生态功能区的市场化长效补偿机制。广东省在林业碳普惠制平台系统上还探索建立非控排企业和个人购买林业碳汇的渠道,鼓励社会公众以认购碳汇或捐资造林的形式积极履行社会责任。

(五)国际林业碳汇现状

1.清洁发展机制

《京都议定书》为减轻发达国家强制减排负担并实现全球范围内的减排成本效益最佳,引入了3个"灵活交易"机制:基于配额的国际排放贸易机制

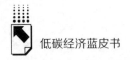

（IET）、基于项目的联合履约机制（JI）和基于项目的清洁发展机制（CDM）。发达国家之间实现林业碳汇交易通过 JI，而 CDM 是唯一适用于发达国家和发展中国家进行交易的机制，因此我国参与跨国碳汇交易以此展开。

但由于清洁发展机制下林业碳汇项目要求严格，迄今我国仅有 4 个严格意义上的造林再造林碳汇项目获得批准。其中，广西碳汇项目作为全球第一个清洁发展机制林业碳汇项目在广西地区成功实施。这在改善当地气候状况、增强生物多样性保护和促进生态系统稳定的同时，为当地农户提供了大量就业机会，创造了可观的经济收益。

2. 国际核证碳减排标准

VCS（国际核证碳减排标准），是非《京都议定书》框架下的机制，可以在国际的碳交易市场，主要是自愿市场进行交易。VCS 旨在建立一个通用的、满足基本质量的标准，并减少管理义务和成本。VCS 计划开发基于绩效的额外性测试。

由于当前的国际碳汇市场的不景气，非《京都议定书》框架下林业碳汇项目的交易价格总体较低，目前的市场环境下，非《京都议定书》框架下的国内林业碳汇项目的收益不到 2 元/吨，扣除开发成本后，利润微乎其微。

二　塞罕坝机械林场造林碳汇项目案例介绍

（一）项目概况

塞罕坝机械林场为全国最大的人工林场，下辖大唤起林场、阴河林场、北曼甸林场、第三乡林场、千层板林场、三道河口林场 6 个林场、30 个营林区，总面积 138.9 万亩（92634.7hm²），优势树种为落叶松和樟子松。为了加快造林绿化进程，改善生态环境，实现经济、社会可持续发展，河北省塞罕坝机械林场自 2005 年起在荒山实施碳汇造林项目，拟议项目涉及造林规模为 3642.5hm²，涉及树种包括樟子松、落叶松和云杉。项目旨在增加碳汇效益的同时，发挥森林的防风固沙、保护生物多样性、改善当地生存环境和自然景观、增加群众收入等多重效益。

塞罕坝机械林场造林碳汇项目采用国家发改委备案的温室气体自愿减排交易方法学《碳汇造林项目方法学》，编号 AR-CM－001－V01。

（二）减排量计算

项目碳汇量，等于项目活动边界内各碳库储量的变化之和减去项目新增排放量，即

$$\Delta C_{ACTURAL,t} = \Delta C_{P,t} - GHG_{E,t} \tag{1}$$

式中：

$\Delta C_{ACTURAL,t}$——第 t 年时的项目碳汇量；$tCO_2-e\cdot a^{-1}$。

第 t 年时项目边界内所选碳库的碳储量变化量；$tCO_2-e\cdot a^{-1}$。

$\Delta C_{P,t}$——第 t 年时由于项目活动的实施所导致的项目边界内非 CO_2。

$GHG_{E,t}$——温室气体排放的增加量，事前预估时设为 0；$tCO_2-e\cdot a^{-1}$。

塞罕坝林场造林碳汇项目针对种植树种（包括落叶松、樟子松、云杉）进行预估，在第 t 年时，项目边界内所选碳库碳储量变化量的计算方法如下：

$$\Delta C_{P,t} = \Delta C_{TREE\_PROJ,t} \tag{2}$$

式中：

$\Delta C_{P,t}$——第 t 年时，项目边界内所选碳库的碳储量变化；$tCO_2-e\cdot a^{-1}$。

$\Delta C_{TREE\_PROJ,t}$——第 t 年时，项目边界内林木生物量碳储量的变化；$tCO_2-e\cdot a^{-1}$。

林木生物质碳储量的监测方法如下。

第一步：样地每木检尺，实测样地内所有活立木的胸径（D），剔除胸径小于 5cm 的活立木数据。

第二步：依照方法学和项目设计文件，采用"生物量方程法"根据样地林木生物量计算样地水平的林木生物质碳储量、碳层的平均单位面积林木生物质碳储量。

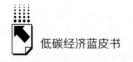

第三步：计算第 i 层样本平均数（平均单位面积林木生物量的估计值）及其方差：

$$C_{TREE,i,t} = \frac{\sum\limits_{p=1}^{n_i} C_{TREE,p,i,t}}{n_i} \tag{3}$$

$$S_{CTREE,i,t}^2 = \frac{\sum\limits_{p=1}^{n_i} (C_{TREE,p,i,t} - C_{TREE,i,t})^2}{n_i * (n_i - 1)} \tag{4}$$

式中：

$C_{TREE,i,t}$——第 t 年第 i 层平均单位面积林木碳储量的估计值；$tCO_2 - e \cdot ha^{-1}$。

$C_{TREE,p,i,t}$——第 t 年第 i 层样地 p 的单位面积林木碳储量；$tCO_2 - e \cdot ha^{-1}$。

n_i——第 i 层的样地数。

$S_{CTREE,i,t}^2$——第 t 年第 i 层平均单位面积林木碳储量估计值的方差；$(tCO_2 - e \cdot ha^{-1})^2$。

p——1，2，3……第 i 层中的样地。

i——本项目碳层。

t——1，2，3……自项目活动开始以来的年数。

第四步：计算项目总体平均数估计值（平均单位面积林木生物量估计值）及其方差：

$$C_{TREE,t} = \sum\limits_{i=1}^{M} (w_i * C_{TREE,i,t}) \tag{5}$$

$$S_{C_{TREE,t}}^2 = \sum\limits_{i=1}^{M} \left(w_i^2 * \frac{S_{C_{TREE,i,t}}^2}{n_i} \right) \tag{6}$$

式中：

$C_{TREE,t}$——第 t 年项目边界内的平均单位面积林木碳储量估计值；$tCO_2 - e \cdot ha^{-1}$。

w_i——第 i 层面积与项目总面积之比，$w_i = A_i/A$；无量纲。

$C_{TREE,i,t}$——第 t 年第 i 层的平均单位面积林木碳储量估计值；$tCO_2 - e \cdot ha^{-1}$。

$S^2_{CTREE,t}$——第 t 年，项目总体平均数（平均单位面积林木碳储量）估计值的方差；$(tCO_2 - e \cdot ha^{-1})^2$。

$S^2_{C_{TREE,i,t}}$——第 t 年第 i 层平均单位面积林木碳储量估计值的方差；$(tCO_2 - e \cdot ha^{-1})^2$。

n_i——第 i 层的样地数。

M——项目边界内估算林木碳储量的分层总数。

p——1，2，3……第 i 层中的样地。

i——本项目碳层。

t——1，2，3……自项目活动开始以来的年数。

第五步：计算项目边界内平均单位面积林木生物量的不确定性（相对误差限）：

$$u_{C_{TREE,t}} = \frac{t_{VAL} * S_{C_{TREE,t}}}{C_{TREE,t}} \tag{7}$$

式中：

$u_{C_{TREE,t}}$——第 t 年，项目边界内平均单位面积林木碳储量估计值的不确定性（相对误差限）;%。要求相对误差不大于 10%，即抽样精度不低于90%。

t_{VAL}——可靠性指标：自由度等于 n-M（其中 n 是项目边界内样地总数，M 是林木生物量估算的分层总数），置信水平为90%，查 t 分布双侧分位数表获得。

$S_{C_{TREE,t}}$——第 t 年，项目边界内平均单位面积林木碳储量估计值的方差的平方根（即标准误差）；$tCO_2 - e \cdot ha^{-1}$。

第六步：计算第 t 年项目边界内的林木总生物量：

$$C_{TREE,t} = A * c_{TREE,t} \tag{8}$$

式中：

$C_{TREE,t}$——第 t 年项目边界内林木碳储量的估计值；$tCO_2 - e$。

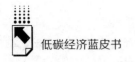

A——项目边界内碳层的面积总和；ha。

$c_{TREE,t}$——第 t 年项目边界内平均单位面积林木碳储量估计值；$tCO_2 - e \cdot ha^{-1}$。

t——1，2，3……自项目活动开始以来的年数。

第七步：计算项目边界内林木碳储量的年变化量。假设一段时间内，林木碳储量的变化是线性的：

$$dC_{TREE(t_1,t_2)} = \frac{c_{TREE,t_2} - c_{TREE,t_1}}{T} \qquad (9)$$

式中：

$d_{C_{TREE(t_1,t_2)}}$——第 t_1 年和第 t_2 年之间项目边界内林木碳储量的年变化量；$tCO_2 - e \cdot ha^{-1}$。

$C_{TREE,t}$——第 t 年时项目边界内林木碳储量估计值；$tCO_2 - e$。

T——两次连续测定的时间间隔（$T = t_2 - t_1$）；a。

t_1，t_2——自项目活动开始以来的第 t_1 年和第 t_2 年。

首次核查时，将项目活动开始时林木生物量的碳储量赋值给公式（7）中的变量 $C_{TREE,t}$，即：首次核证时 $C_{TREE,t_1} = C_{TREE\_BSL}$，此时，$t_1 = 0$，$t_2 = $ 首次核查的年份。

第八步：计算核查期内第 t 年（$t_1 \leq t \leq t_2$）时项目边界内林木生物量碳储量的变化量：

$$\Delta C_{TREE,t} = dC_{TREE(t_1,t_2)} * 1 \qquad (10)$$

式中：

$\Delta C_{TREE,t}$——第 t 年时项目边界内林木碳储量的年变化量；$tCO_2 - e \cdot a^{-1}$。

$d_{C_{TREE(t_1,t_2)}}$——第 t_1 年和第 t_2 年之间项目边界内林木碳储量的年变化量；$tCO_2 - e \cdot a^{-1}$。

1——1 年；a。

（三）项目进展

目前，造林碳汇项目已经完成首批核证减排量的签发工作，计入期为2005年6月30日至2015年6月29日，签发减排量18.275万吨二氧化碳当量，已具备在全国碳排放权交易市场上市的条件。林场首批签发的减排量计划进入北京碳交易市场。根据目前北京碳交易市场每吨二氧化碳当量约50元的市场行情估算，这批减排量将给林场带来900多万元收入。林场的造林碳汇项目今后将以每5年为一个监测期，开展一次核证减排量签发工作。此外，森林经营碳汇项目的第一批核证减排量也将在近期获得签发。根据碳交易市场行情和价格走势保守估计，造林碳汇和森林经营碳汇项目可为塞罕坝林场带来超亿元的收入。

（四）项目意义

该项目对于推进可持续发展具有重要意义，具体体现在以下三个方面。

第一，通过造林活动吸收、固定二氧化碳，产生可测量、可报告、可核查的温室气体排放减排量，发挥碳汇造林项目的试验和示范作用。

第二，增强项目区森林生态系统的碳汇功能，加快森林恢复进程，控制水土流失，保护生物多样性，减缓全球气候变暖趋势。

第三，通过森林的生态功能，防风固沙，涵养水土，为项目所在区域的生态恢复和环境承载力改善发挥积极作用。

三　展望

林业碳汇给国有林区、林场提供了一条实现林业生态效益价值化的有效途径，但这项工作处于起步阶段，面临定价难、收益不易保障、缺乏相关政策和保障性法规等难题。希望国家逐步建立和完善各种资金使用制度、法律及监督机制，适当提高林业碳汇项目减排量的交易价格，并允许林业碳汇项

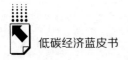

目减排量通过科学计量审定后，把整个计入期内所产生的减排量以期货形式提前交易，用市场手段和机制保障项目开发者权益，推动林业碳汇的健康有序发展。

参考文献

［1］国家发展与改革委员会：《森林经营碳汇项目方法学》，2014。

［2］国家发展与改革委员会：《碳汇造林项目方法学》，2013。

［3］国家发展与改革委员会：《温室气体自愿减排交易管理暂行办法》，2012。

［4］国家林业局造林绿化管理司编制《造林项目碳汇计量与监测指南》，中国林业出版社，2014。

［5］李怒云、宋维明：《气候变化与中国林业碳汇政策研究综述》，《林业工作参考》2007 第 2 期。

［6］李怒云：《中国林业碳汇》，中国林业出版社，2007。

［7］於俊杰等：《发达国家温室气体减排现状及对我国的启示》，《环境工程学报》2008 年第 9 期。

［8］朱世龙：《北京市温室气体排放现状及减排对策研究》，《中国软科学》2009 年第 9 期。

B.14
欧盟碳排放交易体系（EU-ETS）
要素分析

高羿展　武辰　路遥冬 *

摘　要：　欧盟碳排放交易体系是目前世界上最具影响力的排放机制。欧盟
　　　　　碳排放交易体系自2005年建立至今，通过"连接指令"，已将
　　　　　147个国家（地区）与其建立的机制连接在一起，不仅刺激了国
　　　　　际社会对碳减排项目的投资，而且已经形成世界上最大的碳排放
　　　　　交易市场，令世人瞩目。本报告将从欧盟碳排放交易体系的立法
　　　　　进展、要素、发展历程、存在的问题与解决方法四个方面进行介
　　　　　绍，并为我国碳排放交易体系的建设提出建议。

关键词：　欧盟　碳排放交易体系　EU-ETS

一　概述

欧盟构建碳排放交易体系（European Union Emission Trading Scheme，EU-ETS）始于21世纪初。《京都议定书》规定的旨在减少温室气体排放的三个灵活机制中，ET（Emission Trading）机制显然在欧盟得到了成功的运行。为完成自己在《京都议定书》中所做的承诺（到2012年，温室气体排放量在1990年基础上至少削减8%），2000年6月欧盟推出"欧盟气候变化计划"（European

---

* 高羿展，北京卡本新能科技股份有限公司高级经理；武辰，北京卡本新能科技股份有限公司项目总监；路遥冬，北京卡本新能科技股份有限公司副总经理。

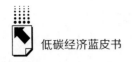

Climate Change Programme, ECCP), 并确立了"排放交易机制" (Emission Trading Scheme, ETS)。EU-ETS 机制于 2005 年 1 月开始运作, 该体系由欧盟和成员国政府设置并分配排放配额, 即欧洲排放单位 (European Union Allowance, EUAs), 每一单位代表排放一吨二氧化碳或二氧化碳当量的权利。

EU-ETS 的交易规模也是逐渐扩大的。至今, 欧盟已经逐渐掌握了全球的排放交易定价权, 掌握产品的定价权就能够在市场上获取主动权和最大化的收益, EU-ETS 也因此获得了丰厚的回报。

二 欧盟碳排放交易体系要素概述

(一) 立法进展

在《京都议定书》中, 欧盟原 15 个成员国承诺在 2008~2012 年将温室气体的排放量在 1990 年的基础上减少 8%。为了获取运用交易机制减排温室气体的经验, 使各成员国达到承诺减排的目标, 并担当起国际气候谈判领导者的角色, 欧盟开始积极探索实施排放权交易计划。

2000 年欧盟委员会发起了欧洲气候变化计划 (ECCP), 旨在同会员国、环保组织和工业联盟等利益攸关方紧密磋商形成针对减缓气候变化的最佳政策方案; 2001 年欧盟出台了 ETS 计划书, 旨在利用"限量与贸易" (Cap-and-Trade) 体制要求工业企业减排二氧化碳; 2003 年欧盟发布了 2003/87/EC 号指令 (Directive 2003/87/EC of the European Parliament and of the Council, 也被称作排放交易指令), 要求各成员国为减排二氧化碳的 ETS 构建法律框架。欧盟碳排放交易体系立法历程见表 1。

就法律渊源而言, 欧盟的法律文件主要由法规 (Regulation)、指令 (Directive)、决议 (Decision)、建议 (Recommendation) 和意见 (Opinion) 组成。其中, 法规要求所有成员国强制执行; 指令则只对必须达到的结果进行限定, 至于采取何种形式及方法将其转化为自己国内的法律, 则由各成员国自行决定; 决议则只对其接受者具有直接约束力而不具有普遍约束力, 其发出的对象可以是成员国，也可以是自然人或法人；建议和意见仅仅是欧盟委员会或理事会就某个问起提出的看法，作为欧盟立法趋势和政策导向，供成员国参考，不具有强制效力。

表1　欧盟碳排放交易体系立法历程

时间	法律	内容
1996 年 9 月 24 日	96/61/EC 指令	设立污染防治与控制的基本框架
2002 年 4 月 25 日	2002/358/EC 决议	履行《京都议定书》的承诺
2002 年 7 月 25 日	1600/2002/EC 决议	规定 2005 年在共同体范围内建立温室气体排放交易体系
2003 年 10 月 13 日	2003/87/EC 指令	实现了欧盟法律与《京都议定书》的几个交易机制的链接。该指令成为欧盟排放交易机制 EU-ETS 的基础和核心法律

欧盟碳排放交易法律制度涵盖范围广泛，涉及碳排放交易规则的内容主要是《建立欧盟温室气体排放配额交易机制的指令》（DIRECTIVE 2003/87/EC）①。历经 4 次修改，该指令在建立碳排放交易规则和温室气体控制方面已逐步完善，并且对配额分配、注册登记系统、交易平台的设置及灵活履约机制做出了规定。

（二）技术支撑

1. 配额分配问题

欧盟碳排放交易体系正式生效后，参与的排放实体多达 115000 个，遍布欧盟 27 个成员国。至此，欧盟成为世界上首个最大的国际碳排放交易体系的发起者和运营者，为更进一步的行动提供了一个全球化的平台。而这一平台得以运作的关键因素就是配额的分配制度，这一制度使具有 5 亿人口的欧盟，因应对气候变化的共识而团结一致。欧盟通过权力下放，在第一阶段

---

① Directive 2003/87/EC of the European Parliament and of the Council of 13 October 2003 establishing a scheme for greenhouse gas emission allowance trading within the Community and amending Council Directive 96/61/EC.

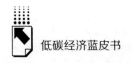

和第二阶段设定配额分配的结构：每个成员国必须制定符合自己国情的国家分配计划（National Allocation Plan，NAP），制定这一阶段它打算分配的配额总量和配额的分配计划，由欧盟委员会来审查，如果该成员国提交的计划与交易指令中的标准不相符合，欧盟委员会有权拒绝成员国提交的国家计划，但必须说明拒绝的理由。可以看出，排放实体的限额和分配全由成员国自行决定，无需欧盟总部审批。这种权利下放的架构满足了欧盟不同成员国的法律要求。

成员国制定国家计划时，对具体的排放分配也应遵循一定的原则。这一原则体现在交易指令的附件三。具体而言，第一，成员国应区分减排潜力，针对不同行业活动和经济领域，制定不同的配额量。第二，成员国应站在公平公正的角度，不得偏私某类企业或照顾特定的某类经济领域。在成员国对企业进行国家援助时，必须符合欧盟委员会制定的指导意见。第三，成员国要充分考虑新准入者的配额分配问题。第四，在进行配额分配时将清洁技术的应用纳入考虑范围。第五，在进行行业活动配额分配时，可以考虑欧盟以外的其他国家的竞争因素。

在最初的第一阶段和第二阶段，欧盟采取的是无偿分配方法，但这种方法不利于市场机制的形成，且无法达到欧盟预计的减排目标，为了落实更严格的配额分配，欧盟从第三阶段开始，逐渐采取以竞价拍卖的方式来分配配额。

2. 注册登记系统

为了履行《京都议定书》的减排目标，确保对配额的发放、拥有、转让和取消进行准确计量，并追踪记录每笔碳排放配额的交易情况及流向，欧盟委员会通过 280/2004/EC 号决议，设立了一个独立的欧盟层面的注册平台，并要求所有的成员国必须在其国内设立全国性的注册平台。

按照《联合国气候变化框架公约》的要求，欧盟委员会要求所有的欧盟排放配额交易必须按照程序向欧盟排放交易管理机构进行汇报，并到登记处注册备案。官方的登记处负责监管每个排放实体的账户，记录其排放配额的种类和数量，跟踪其上缴和注销的配额流转情况，各登记处之间的配额交易都必须在管理机构进行登记。此外，欧盟各国的登记处应当定期整理登记资料，与欧盟委员会和《联合国气候变化框架公约》的交易日志进行核对，以确保所有记录全面而准确。

3. 交易平台设置

任何一个排放实体，包括公司和个人，都可以在欧盟任何一个成员国的注册平台上开立交易账户。这样的话，如果一家比利时的公司从一家德国的公司购买了一定数量的 EUA，那么德国的国家注册平台就需要从欧盟决议中最初分配给德国的年排放总量中，划出相应的数量转移给比利时的国家注册平台。登记处记录了全面的交易信息，才能做出关于总履约情况的翔实报告。欧盟委员会将根据欧盟交易日志（Community Independent Transaction Log，以下简称 CITL）记载的信息审核所有的配额交易是否违规。如果发现违规行为，就会暂停配额的交易。为了实现规模经济，欧盟委员会还允许成员国与一个或多个其他成员国联合，共同在一个统一的系统内登记注册。

4. 灵活履约机制

从 2005 年开始，EU-ETS 就独立于《京都议定书》运行，2008 年开始同国际排放权交易（IET）连接。在这个框架里，"连接指令"（Linking Directive）使京都项目产生的减排信用可以在 EU-ETS 中用于履约，欧盟引入了如下几种机制：国家间配额的交易，构成了可交易的排放权市场本身；获得和交易联合履约机制（JI）下在转型国家产生的额外减排信用，以及通过清洁发展机制（CDM）在发展中国家产生的核证减排量（CER）；储存 2008～2012 年尚未使用的配额。

尽管由不同的碳排放权交易市场所决定，CERs 和 EUAs 可以根据各自所代表的交易单元进行交易。欧盟相关指令允许为履约而进口的 CERs 平均最高为 13.4%，2008～2020 年进入 EU-ETS 进行抵消的 CERs 的进口上限为 17 亿吨。

三 欧盟碳排放交易体系发展的历程

为获取经验，保证实施过程的可控性，欧盟循序渐进地推进实施 EU-ETS。欧盟委员会将碳排放交易的实施分为三个阶段。

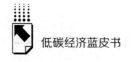
低碳经济蓝皮书

（一）第一阶段

1. 阶段目标

第一阶段是启动期，时间为 2005 年 1 月 1 日至 2007 年 12 月 31 日，欧盟基本是在"干中学"，此阶段 EU-ETS 的运行并不是以实现温室气体的迅速减排为目标，而是为后续阶段正式履行《京都议定书》而积累经验、奠定制度基础。

2. 阶段成果

在选择所交易的温室气体上，第一阶段并没有囊括《京都议定书》提出的全部六种温室气体，而是仅涉及了温室效应最强且易于计量的二氧化碳。在确定了欧盟的排放限额之后，各成员国再通过制定国家分配计划（NAP）将减排指标层层分解到需要减排的行业和企业。欧盟在这个阶段减排所覆盖的产业也主要针对能源和生产性产业，包括能源产业、石油冶炼业、钢铁行业、水泥行业、玻璃行业、陶瓷业、造纸业以及其他内燃机功率在 20MW 以上的企业等，同时对能够纳入体系的企业设置了入门标准。依照这些标准，欧盟排放交易体系在第一阶段覆盖了大约 11500 家企业，这些企业的二氧化碳排放量占欧盟总排放量的 50%。欧盟计划在第二阶段逐渐加入其他种类的温室气体和产业。

（二）第二阶段

1. 阶段目标

第二阶段的时间跨度与《京都议定书》的首次承诺时间一致，欧盟计划在 2008 年 1 月 1 日至 2012 年 12 月 31 日发挥 EU-ETS 的效用并达到《京都议定书》的减排目标，正式履行对《京都议定书》的承诺。

2. 阶段成果

这一阶段，EU-ETS 显现成效，充分发挥市场机制的效用，最终完成《京都议定书》的减排目标。

EU-ETS 的运行地域得到拓展，不仅涵盖了欧盟 27 国的市场，还延伸到了欧盟之外，吸纳了属于欧洲经济区（European Economic Area）的三个国家冰岛、挪威和列支敦士登。对于欧盟而言，交易平台扩大化可以增强碳配额的流动性，防止价格过度波动，稳定碳交易市场，提升企业的交易信心，降低企业的减排成本。

与此同时，EU-ETS 扩张了其涵盖领域，其中最大的举动就是将航空业纳入 EU-ETS。EU-ETS 也考虑到降低小企业的达标成本，从总体上提高 EU-ETS 的效率，将现有涵盖范围内排放量过小的企业排除出去。据欧盟估算，经过以上扩张和收缩政策的综合调整，最终的结果是在第二阶段的基础上将 EU-ETS 下的排放配额总量增加了 6%，即大约 1.2 亿吨到 1.3 亿吨。

（三）第三阶段

1. 阶段目标

第三阶段是从 2013 年至 2020 年。在此阶段内，欧盟将结合对前两个阶段的总结和改进，采用线性减排的方式。欧盟承诺将排放总量以每年 1.74% 的速度降低，实现 2020 年前的碳排放总量在 1990 年的水平上减少 20%，同时将能源效率提高 20%，实现可再生能源占到能源消费总量的 20%。这就为欧盟能源和制造部门提出了更高更严格的减排目标。

2. 阶段改革

自 2005 年正式运行以来，EU-ETS 在取得巨大成功的同时，也确实暴露了许多问题。欧盟碳排放交易体系（EU-ETS）自 2013 年起进入第三期，根据 2009 年通过的修改指令，第三期的制度经过了重大改革，从而显著区别于第一、第二期。

第三期改革的核心内容是取消各成员国自行制定"国家分配方案"的模式，转而直接设定欧盟层面单一的总量目标，并大幅提高拍卖在配额分配中的比例。改革的内容还包括扩大和优化覆盖范围、调整抵消机制、加强欧盟层面相关职能等。

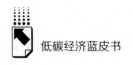

四 结论与展望

（一）欧盟碳排放交易体系存在的问题

虽然欧盟碳排放权交易机制自实施以来运行良好，得到了国际社会的认可，取得的成绩斐然；但客观地讲，欧盟碳排放交易机制并非一个完善的机制，其运行中存在诸多问题，它在第一阶段的不足尤为突出，具体表现在以下几点。

第一，成员国分散制定国家计划容易导致超量配额。第二，免费分配配额导致市场资源配置作用不明显。第三，"历史排放量基准"容易诱发市场不公平。第四，新入和退出规则导致市场无效率。为保证市场公平，体系预留了一部分免费配额给新进入的企业，并对停业的设施没收其原有配额。但是在体系下，新进入的碳密集企业获得比低碳企业更多的配额，导致新进入者缺乏动力去进行清洁机制的投资；而且，各成员国的计划对不同企业的新进入者发放的免费配额数量没有协调统一的规定，甚至部分国家对同种类行业规定出入较大，容易引起经济偏差，影响部分成员国经济发展。

（二）解决办法

虽然有上述缺陷，但欧盟碳排放交易体系一直没有停止对指令进行修改和完善的脚步。从对欧盟碳交易指令及其四次修订的分析就可看出，欧盟始终正视体系在运行中暴露的问题，并通过实践经验对制度进行了大幅度的变革，主要体现在以下几个方面：其一，扩大温室气体种类和减排行业领域；其二，实行欧盟统一的总量控制和限额制度；其三，建立逐渐以"竞价拍卖"为主的配额分配制度；其四，以基准法则计算标准取代"历史排放标准"；其五，完善新入和退出规则；其六，加强与京都三机制的链接。

（三）对中国碳排放交易体系建设的启示

类比欧盟各成员国的情形，中国各省份存在明显的减排成本和效率差异，这些差异恰好为实现碳排放交易的局部静态均衡提供了有利条件。相对于欧盟较宽松的履约成员国而言，中国中央政府对各地方拥有更强的控制力，这成为中国试行区域碳交易的天然优势。然而，能否将优势转化为具体交易制度还取决于政府能否按照减排效率、减排成本等确定地区排放总量以及中国总体碳强度削减指标。参考 EU-ETS 排放权拍卖、招标、无偿分配以及回购和收回等，在完成省份、地区配额分配后，结合地区特征、历史排放和部门排放标准等因素，应着重考虑将配额有效分配给最终排放企业。

此外，针对电力、化工等重点排放行业，可考虑实施特定行业配额独立分配模式。配额分配和发放过程应吸取欧盟第一阶段排放权数量发放过多并超过实际排放量，以及针对排放大户免费发放比例过大等教训，最大限度地减少价格波动对交易体系的不利影响。

参考文献

［1］〔荷〕迈克尔·福尔、〔荷〕麦金·皮特斯主编《气候变化与欧洲排放交易理论与实践》，鞠美庭、羊志洪、郭彩霞、黄访译，化学工业出版社，2011。
［2］〔美〕埃里克·波斯纳、〔美〕戴维·韦斯巴赫：《气候变化的正义》，李智、张键译，社会科学文献出版社，2011。
［3］周弘主编《欧盟治理模式》，社会科学文献出版社，2008。
［4］刘华、李亚：《欧盟碳交易机制的实践》，《银行家》2007 年第 9 期。
［5］杨圣明、韩冬笃：《清洁发展机制在国际温室气体排放权市场的前景分析》，《国际贸易》2007 年第 1 期。
［6］李布：《欧盟碳排放交易体系的特征、绩效与启示》，《重庆理工大学学报》（社会科学版）2010 年第 3 期。
［7］庄贵阳：《欧盟温室气体排放贸易机制及其对中国的启示》，《欧洲研究》2006 年第 3 期。
［8］胡迟：《排污权交易的最新发展及我国的对策》，《中国经济时报》2007 年 2 月。
［9］陈科峰、陈自兰：《清洁发展机制及其在我国的实施》，《生产与技术》2007 年第 3 期。
［10］王玉海、潘绍明：《金融危机背景下中国碳交易市场现状和趋势》，《经济理论与经济管理》2009 年第 11 期。

B.15
中国工业园区低碳发展与创新

田金平*

摘　要： 中国工业园区的发展与改革开放同步，工业园区已成为我国工业发展的先行者和中坚力量，在推动城市化进程中扮演着重要角色，以工业园区为载体的工业化是推动城镇化发展的有效途径。本报告总结了国家低碳工业园区试点重点任务，以及北京经济技术开发区低碳发展工业园区典型做法。

关键词： 工业园　低碳发展　创新

　　中国工业园区的发展与改革开放同步，经 30 余年的建设发展，其在社会经济发展中已占据了重要地位。根据工信部统计，"十一五"期间东部沿海地区工业产值的 50% 来自园区，西部地区新增产值的 50% 来自园区。工业园区已成为中国工业发展的先行者和中坚力量，在推动城市化进程中扮演着重要角色，以工业园区为载体的工业化是推动城镇化发展的有效途径，但这个过程也付出了很大的环境代价。因工业项目集聚、资源能源消耗及污染物排放量大，工业园区对区域生态环境的影响显著。在发展过程中，由于污染防治手段及环境管理能力未跟上经济发展的步伐，工业园区一度成为高污染、高能耗区域的代名词，因工业园区环境问题产生的负面新闻和社会矛盾时有曝光。近年来，中国雾霾天气范围扩大，环境污染矛盾突出，资源供给

---

* 田金平，清华大学环境学院副研究员，理学博士，研究方向为工业污染防治、产业生态学。

日趋紧张，生态系统加速退化，气候变化的威胁日益凸显。工业园区的发展也相应地面临资源、能源及环境等诸多挑战。工业园区如何处理好经济发展与节约资源、保护环境的关系，推进绿色发展、低碳发展和循环发展，是园区建设中始终要紧绷的一根弦。

"十八大"以来国家提出绿色发展，大力倡导绿色低碳循环发展，以解决经济发展中面临的一系列环境与生态问题。工业园区绿色低碳循环发展是生态文明在工业领域的重要实践形式。中央政府多个部门从多角度积极推进园区的绿色、低碳和循环发展（图1）。2013年以来在中央政府出台的《关于加快推进生态文明建设的意见》、《大气污染防治行动计划》、《水污染防治行动计划》、《循环经济发展战略及近期行动计划》、《中国制造2025》和《国务院办公厅关于促进国家级经济技术开发区转型升级创新发展的若干意见》等一系列重要文件中，与园区绿色、低碳、循环发展相关的内容均占有一定篇幅，凸显了园区绿色、低碳、循环发展对中国加快经济发展方式转变，建设资源节约型、环境友好型社会的重要性。

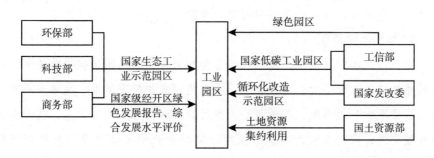

图1　中央政府多个部门推进工业园区绿色、低碳、循环发展的举措

2013年9月29日，工信部、国家发改委联合发布《关于组织开展国家低碳工业园区试点工作的通知》，提出了园区低碳发展的重点任务，正式拉开了创建低碳工业园区的序幕。国家通过低碳工业园区试点，对传统工业进行低碳化改造，大力发展新型低碳产业，大幅降低工业园区单位工业增加值碳排放，最终引领和带动工业的绿色低碳转型。

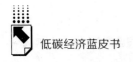
国家低碳工业园区试点重点任务

1. 加强产业低碳化发展

加快调整产业结构。加快重点用能行业低碳化改造，推动传统产业转型升级；培育低碳新型产业，发展生产性服务业；制定严格的低碳生产门槛，对高碳落后产能和企业进行强制性淘汰，对入园企业和新建项目实行低碳门槛管理。

大力推进低碳生产。推行生产过程全流程低碳设计，构建低碳产业链；强化企业节能技术改造，提高能源利用效率；推动原料替代和生产工艺调整，合理控制工业过程排放；加强废弃物综合利用，提高资源利用效率。

积极推广低碳技术。推广应用先进适用低碳技术，降低产品碳排放强度；建设低碳技术公共服务平台，鼓励企业加强低碳技术研发和创新；支持重大原创低碳技术研发，引领我国产业低碳发展。

2. 加强能源低碳化发展

控制煤炭消费，积极利用天然气及非化石能源；建设园区智能微电网，提高太阳能、风能等可再生能源在生产中的利用比例；加强余热余压利用，完善能量梯级利用；统筹考虑园区热力供应，鼓励合理发展热电联产；明确能源来源与途径，确保能源供应安全、稳定。

3. 加强低碳管理

健全园区碳管理制度，增强低碳目标约束力；编制园区碳排放清单，建立碳排放信息管理平台；建设企业碳排放监测报告核查体系，完善企业碳排放数据管理和分析系统；在重点企业推行能源和碳排放管理体系，提升企业碳管理能力；探索低碳产品认证制度，鼓励企业积极参与碳交易等市场机制；建立低碳交流平台，拓宽国内、国际合作渠道。

4. 加强基础设施低碳化发展

完善园区空间布局，降低交通物流碳排放；加强基础设施低碳化、智能化改造，增强设施服务功能；完善垃圾收集和处置体系，提升废弃物资源化利用水平；加强厂房节能改造，推广普及绿色建筑。

根据中国社会科学院城市发展与环境研究所发布的报告《国家低碳工业

园区建设实践与创新》，截至 2017 年 5 月底，中国目前已有 51 家工业园区正式进入试点期，经过这几年的试点创建，参与试点的园区在保持经济快速发展的同时，单位工业增加值能源消耗和碳排放均显著下降，碳管理能力得到有效提升，在低碳发展领域涌现了许多新思路、新理念、新举措和新模式。

北京经济技术开发区低碳发展工业园区典型做法

北京经济技术开发区从建设之初就秉承节能环保理念，始终坚持资源集约利用与生态环境保护相结合的原则，严把项目入区关，确保实现资源利用最大化和污染物排放最小化，资源集约利用水平始终走在全国前列。其采取的促进低碳发展的主要措施包括：一是调整能源结构，使用清洁能源替代燃煤，并提高能源效率；二是引导并鼓励企业采用先进的节能设备和工艺，降低能源消耗；三是区内企业重视产品生命周期评价及碳足迹研究，加强产品面向环境设计，从源头减少资源能源消耗量，实现低碳发展；四是鼓励引导企业将二氧化碳减排纳入生产考核体系。以下对能源结构调整的具体做法做进一步阐述。

2006 年，北京经济技术开发区燃气－蒸汽联合循环机组投入运行，完成开发区煤改气，能源消费结构向低碳型、清洁能源转变；同时有效解决了纯燃气锅炉供热成本高、资源浪费等问题，实现了能源从高品质到低品质的阶梯利用。2010 年，经过进一步技术改造与自主研发，投资 3000 万元建设了 5000 冷吨规模的制冷工程，北京第一个蒸汽、热水、制冷、发电四联供分布式能源企业诞生，低污染环保型、节水型、高能效电厂得以建成，并形成高效的能源梯级利用系统，尤其是分布式能源项目实现全年 24 小时工业化供冷，在国内具有典型性和代表性。

2012 年 11 月，国家发改委、财政部批复北京经济技术开发区为国家园区循环化改造示范试点园区。北京经济技术开发区狠抓能源高效利用、积极鼓励新能源利用：形成了太阳能光伏产业集群，完成太阳能光伏发电 33 兆瓦，华北地区最大的 5 兆瓦太阳能光伏发电项目投入使用，并继续加快鼓励更多企业进行太阳能光伏建筑一体化厂房工程建设，将实现园区百万平米厂房屋顶光伏全覆盖，年发电量3600万千瓦时；建成兆瓦级风电机组的生产、研发基地，产品设备已远销海外；地源热泵项目大规模推进，已投资9000余万元，实现供热、制冷面积27万平方米，成为集中供暖系统的有效补充。为切实改善开发区空气质量，推动《北京经济技术开发区2013～2017年清洁空气行动计划实施方案》，北京经济技术开发区投资2.5亿元帮助周边地区做好燃煤锅炉改造，2016年相关设备已全部建成运行，每年可节约3.8万吨燃煤，减排煤粉尘265吨、二氧化硫118吨，该区已在全市率先建成高污染燃料禁燃区。

北京经济技术开发区燃气锅炉通过采用中央集控系统、综合利用烟道气余热、回收锅炉排污热能、使用变频技术等节能集成技术，锅炉热效率大大提高，每吨蒸汽消耗天然气约75Nm³，低于北京市的平均水平80Nm³，大幅度减少了二氧化碳、二氧化硫、颗粒物、烟尘的排放，为开发区的低碳发展做出了积极贡献。2007～2013年，北京经济技术开发区能源结构变化见图2和图3。

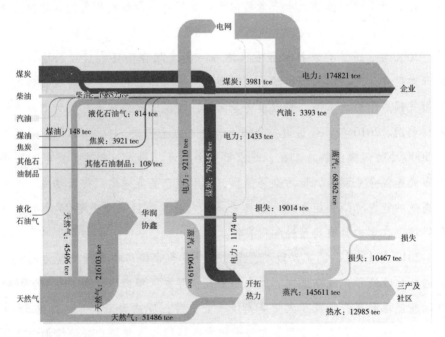

图2　北京经济技术开发区2007年能流图

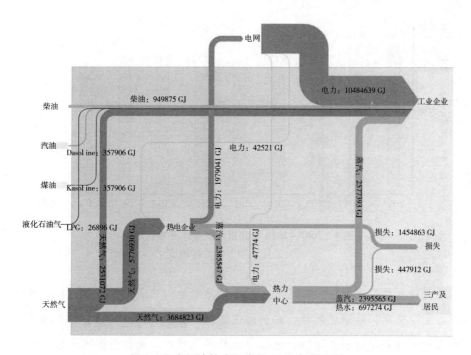

图3 北京经济技术开发区2013年能流图

由图2和图3可见，北京经济技术开发区能源结构调整效果明显。2007年原煤消耗量占总能耗的14.4%，2013年原煤使用量为0。北京经济技术开发区2007年至2015年单位工业增加值综合能耗见图4，开发区单位工业增加值综合能耗由2007年的0.14tce/万元，降至2010年0.12tce/万元后，保持低位运行。

下面对北京经济技术开发区的温室气体排放进行核算。温室气体核算范围为园区物理空间所在区域，核算内容包括：能源领域、重点用能行业、废物处理过程及一些典型的高温室气体排放生产过程。能源领域的碳排放包括固定源燃烧和移动源燃烧排放。固定源燃烧包括直接化石燃料燃烧和电力部门用能。直接化石燃料燃烧产生的温室气体的计算方法为燃料消耗总量乘以相应的温室气体排放因子；电力部门用能采用"消费属地"方式，即园区外来用电所消耗的能源也计算在园区排放的温室气体范围内，其计算方法为

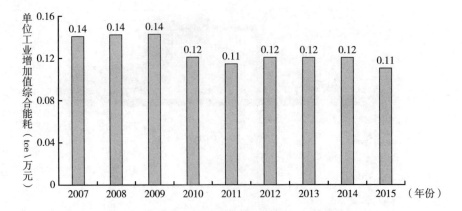

图4 2007～2015年北京经济技术开发区单位
工业增加值综合能耗变化

园区所耗电量乘以园区所在区域电网单位发电量的二氧化碳排放系数。移动源燃烧即交通工具消耗燃料，由于园区区域范围相对小，其销售的交通燃料的消耗区域并非都在园区内，故采用排放源统计法，统计园区的道路面积及道路平均通车数量，乘以行车平均燃料排放系数。重点工业过程的碳排放核算参考《IPCC指南》提供的方法，对园区电子信息产业在生产过程中排放的 NF_3、SF_6 等特殊温室气体的排放量进行计算，并根据温室气体100年期限全球增温潜势折合成 CO_2 当量。废弃物处理过程中温室气体的来源主要包括固体废弃物处置过程、固体废弃物的生物处理过程、废水处理和排放过程。

如图5所示，2005年北京经济技术开发区的温室气体排放总量为163万 tCO_2e，2010年为316万 tCO_2e，增加了94%；2010年与2005年相比，单位GDP温室气体排放量由0.65 tCO_2e/万元下降到0.52 tCO_2e/万元，下降了20%。2009年，北京经济技术开发区的单位GDP温室气体排放量有明显上升，主要是因为2008年经济危机期间国家加大了对基础设施及建筑行业的投资，能耗相对较高的建筑行业的迅速发展拉升了园区能耗和温室气体排放强度。

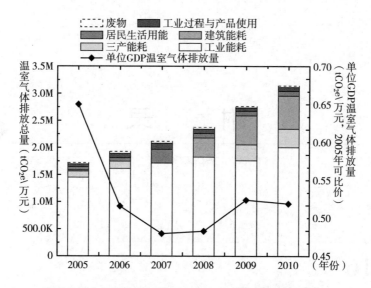

图 5   北京经济技术开发区 2005～2010 年温室气体排放
总量及单位 GDP 温室气体排放量

附　　录

Appendix

B.16
附录1　中国统计数据

表 1　中国能源与经济主要指标

年份	1990	1995	2000	2005	2010	2014	2015	2016
人口(万人)	114333	121121	126743	130756	134091	136782	137462	138271
城镇人口比重(%)	26.4	29.0	36.2	43.0	47.5	54.8	56.1	57.4
GDP 增长率(%)	3.9	11.0	8.5	11.4	10.6	7.3	6.9	6.7
GDP(亿元)	18774	61130	100280	187319	413030	643974	689052	744127
经济结构(%)								
第一产业	26.7	19.7	14.7	11.6	9.5	9.1	8.8	8.6
第二产业	40.9	46.7	45.5	47.0	46.4	43.1	40.9	39.8
第三产业	32.4	33.7	39.8	41.3	44.1	47.8	50.2	51.6
人均 GDP(美元/人)	344	604	959	1754	4561	7684	7924	8127
一次能源消费量(Mtce)	987.0	1311.8	1469.6	2613.7	3606.5	4258.1	4300	4360
原油进口依存度(%)	-18.4	-1.1	26.4	36.4	54.5	59.7	60.9	65.5
城镇居民人均可支配收入(元)	1510	4283	6280	10493	19109	28844	29129	33616
农村居民家庭人均纯收入(元)	686	1578	2253	3255	5919	10489	10772	12363

续表

年份	1990	1995	2000	2005	2010	2014	2015	2016
民用汽车拥有量(万辆)	551.4	1040.0	1608.9	3159.7	7801.8	14598.1	16273.0	18559.0
其中:私人载客汽车	24.1	114.2	365.1	1383.9	4989.5	12584	14399	16559
人均能耗(kgce)	864	1083	1148	1805	2426	3113	3128	3153
居民家庭人均生活用电(kWh)	42	83	132	217	383	526	552	
全社会固定资产投资(亿元)	4517	20019	32918	88774	278140	512761	562000	606466
能源工业固定资产投资(亿元)	847	2369	2840	10206	29009	31515	32562	
发电量(TWh)	621.2	1007.0	1355.6	2500.3	4207.1	5649.6	5810.6	6142.5
钢产量(Mt)	66.4	95.4	128.5	353.2	637.2	822.7	803.8	808.4
水泥产量(Mt)	209.7	475.6	597.0	1068.9	1881.9	2476	2348	2410
货物出口总额(亿美元)	620.9	1487.8	2492.0	7619.5	15777.5	23427.8	22679.2	20844.4
货物进口总额(亿美元)	533.5	1320.8	2250.9	6599.5	13962.4	19603.9	16775.6	15798
SO_2 排放量(Mt)	15.02	23.70	19.95	25.49	21.85	19.74		
人民币兑美元汇率	4.783	8.351	8.278	8.192	6.7695	6.1428	6.2284	6.6423

注:1. GDP 按当年价格计算,增长率按可比价格计算。

2. 能源工业固定资产投资包括煤炭开采洗选业、石油和天然气开采业、石油加工和炼焦业、电力和热水生产及供应业、燃气生产和供应业。1990 年为全民所有制企业,1995~2015 年为城镇固定资产投资。

资料来源:国家统计局、国家海关总署、中国电力企业联合会、环境保护部。

表2　中国分品种能源产量

年份	原煤(Mt)	原油(Mt)	天然气(亿 m^3)	发电量(TWh)	其中:水电 发电量(TWh)
1990	1080	138.3	153.0	621.2	126.7
1991	1087	141.0	160.7	677.5	124.7
1992	1116	142.1	157.9	753.9	130.7
1993	1150	145.2	167.7	839.5	151.8
1994	1240	146.1	175.6	928.1	167.4
1995	1361	150.1	179.5	1007.0	190.6
1996	1397	157.3	201.1	1081.3	188.0
1997	1388	160.7	227.0	1135.6	196.0
1998	1332	161.0	232.8	1167.0	198.9
1999	1364	160.0	252.0	1239.3	196.6
2000	1384	163.0	272.0	1355.6	222.4
2001	1472	164.0	303.3	1480.8	277.4
2002	1550	167.0	326.6	1654.0	288.0

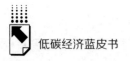

续表

年份	原煤(Mt)	原油(Mt)	天然气(亿 m³)	发电量(TWh)	其中:水电 发电量(TWh)
2003	1835	169.6	350.2	1910.6	283.7
2004	2123	175.9	414.6	2203.3	353.5
2005	2350	181.4	493.2	2500.3	397.0
2006	2529	184.8	585.5	2865.7	435.8
2007	2692	186.3	692.4	3281.6	485.3
2008	2802	190.4	803.0	3495.8	637.0
2009	2973	189.5	852.7	3714.7	615.6
2010	3235	202.4	948.5	4207.2	722.2
2011	3520	202.9	1030.6	4713.0	699.0
2012	3650	205.7	1070.4	5021.0	863.4
2013	3680	209.5	1170.5	5397.6	911.6
2014	3870	211.4	1301.6	5649.6	1064.3
2015	3750	214.6	1346.1	5810.6	1126.4
2016	3410	199.7	1368.7	6142.5	1193.4

资料来源:国家统计局。

表3　中国一次能源消费量及结构

年份	能源消费总量 (万 tce)	构成(%)			
		煤炭	石油	天然气	水电、核电、风电
1978	57144	70.7	22.7	3.2	3.4
1980	60275	72.2	20.7	3.1	4.0
1985	76682	75.8	17.1	2.2	4.9
1990	98703	76.2	16.6	2.1	5.1
1991	103783	76.1	17.1	2.0	4.8
1992	109170	75.7	17.5	1.9	4.9
1993	115993	74.7	18.2	1.9	5.2
1994	122737	75.0	17.4	1.9	5.7
1995	131176	74.6	17.5	1.8	6.1
1996	135192	73.5	18.7	1.8	6.0
1997	135909	71.4	20.4	1.8	6.4
1998	136184	70.9	20.8	1.8	6.5
1999	140569	70.6	21.5	2.0	5.9
2000	146964	68.5	22.0	2.2	7.3
2001	155547	68.0	21.2	2.4	8.4

续表

年份	能源消费总量（万 tce）	构成（%）			
		煤炭	石油	天然气	水电、核电、风电
2002	169577	68.5	21.0	2.3	8.2
2003	197083	70.2	20.1	2.3	7.4
2004	230281	70.2	19.9	2.3	7.6
2005	261369	72.4	17.8	2.4	7.4
2006	286467	72.4	17.5	2.7	7.4
2007	311442	72.5	17.0	3.0	7.5
2008	320611	71.5	16.7	3.4	8.4
2009	336126	71.6	16.4	3.5	8.5
2010	360648	69.2	17.4	4.0	9.4
2011	387043	70.2	16.8	4.6	8.4
2012	402138	68.5	17.0	4.8	9.7
2013	416913	67.4	17.1	5.3	10.2
2014	425806	66.0	17.1	5.7	11.2
2015	430000	64.0	18.1	5.9	12.0
2016	436000	62.0	18.3	6.4	13.3

资料来源：国家统计局。

表4 中国2015年分部门、分品种终端能源消费量

项目	煤炭（万吨）	石油（万吨）	天然气（亿立方米）	热力（万百万千焦）	电力（亿千瓦时）
农、林、牧、渔业	2625.00	1733.41	0.95	106.70	1039.83
工业	90831.25	16229.74	559.36	280611.96	38562.13
用作原料、材料	9451.26	8254.95	96.94		
建筑业	878.06	3507.50	2.16	903.67	698.67
交通运输、仓储和邮政业	491.60	20513.75	190.65	2809.72	1125.61
批发、零售业和住宿、餐饮业	3863.65	615.70	51.29	6113.91	2122.04
其他	4158.66	3683.34	45.44	12391.77	3918.63
生活消费	9347.13	6162.25	359.81	93840.97	7565.21
城镇	1361.50	4305.58	358.38	93840.97	4103.94
乡村	7985.63	1856.67	1.43		3461.27
终端消费总量	112195.35	52445.68	1209.66	396778.72	55832.12

资料来源：国家统计局编《中国能源统计年鉴2016》。

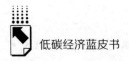

表5　中国各种运输方式运量、周转量和交通工具拥有量

年份	2000	2005	2010	2013	2014	2015
运量						
客运(亿人)	147.9	189.7	327.0	212.3	203.2	194.3
铁路	10.5	11.6	16.8	21.1	23.0	25.3
公路	134.7	169.7	305.3	185.3	173.6	161.9
水路	1.9	2.0	2.2	2.4	2.6	2.7
民航	0.7	1.4	2.7	3.5	3.9	4.4
货运(亿t)	135.87	186.21	324.2	409.9	416.7	417.6
铁路	17.86	26.93	36.4	39.7	38.1	33.6
公路	103.88	134.18	244.8	307.7	311.3	315.0
水路	12.24	21.96	37.9	56.0	59.8	61.4
民航	0.02	0.03	0.06	0.06	0.06	0.06
周转量						
客运(亿人–km)	12261	17467	27894	27572	28647	30059
铁路	4533	6062	8762	10596	11242	11961
公路	6657	9292	15021	11251	10997	10743
水路	101	68	72	68.3	74	73
民航	971	2045	4039	5657	6334	7283
货运(亿t–km)	43321	80258	141837	168014	181668	178356
铁路	13770	20726	27644	29174	27530	23754
公路	6129	8693	43390	55738	56847	57956
水路	23734	49672	68428	79436	92775	91772
民航	50	79	178.9	170.3	187.8	208.1
民用汽车拥有量(万辆)	1608.9	3159.1	7801.8	12670.1	14598.1	16284.5
私人载客车	365.1	1383.9	5938.7	10501.7	12339.4	14099.1
铁路机车拥有量(台)	14472	16547	18349	19686	19990	
民用机动船拥有量(万艘)	18.5	16.6	17.8	17.3	17.2	16.6
民用飞机拥有量(架)	982	1386	2405	4004	4168	4554

资料来源：国家统计局编《中国统计年鉴2016》。

表6　中国交通运输能源消费量

年份	2005	2009	2010	2011	2012	2013
公路						
汽油(Mt)	46.08	60.35	67.5	72.1	85.1	95.5
柴油(Mt)	54.60	72.20	77.9	88.2	96.9	106.0
铁路						
柴油(Mt)	5.61	5.25	6.72	6.85	6.94	6.81

续表

年份	2005	2009	2010	2011	2012	2013
电力(亿 kWh)	198.1	275.4	307.0	354.4	394.3	428.4
水路						
柴油(Mt)	5.02	7.40	7.75	8.19	8.9	9.2
燃料油(Mt)	7.08	12.80	14.70	15.35	15.6	17.6
民航						
煤油(Mt)	9.52	13.14	16.01	18.0	18.4	19.8

注：公路交通用油量未计入车用替代燃料。
资料来源：国家统计局、国家发展改革委、铁道部、中国汽车工业协会、中国汽车技术研究中心。

表7　"十二五"规划中主要节能减排目标完成情况

指标	规划目标(2015 年)	实现情况(2015 年)
非化石能源占一次能源消费比重(%)	11.4	12
单位 GDP 能源消耗强度下降(%)	16	18.2
单位 GDP 二氧化碳排放强度下降(%)	17	20
化学需氧量排放总量减少(%)	8	12.9
二氧化硫排放总量减少(%)	8	18.0
氨氮排放总量减少(%)	10	13.0
氮氧化物排放总量减少(%)	10	18.6
森林覆盖率(%)	21.66	21.66
森林蓄积量(亿立方米)	143	151

资料来源：中华人民共和国国家发展和改革委员会。

表8　2014 年各地区万家企业节能目标完成情况汇总表

地区	企业数量(家)		企业节能目标考核情况(家)				"十二五"节能量目标(万吨标准煤)	2011~2014年累计完成节能量(万吨标准煤)
	国家公告万家企业数量	实际考核企业数量	超额完成企业数量	完成企业数量	基本完成企业数量	未完成企业数量		
北京	241	225	8	115	90	12	224	586
天津	211	180	55	116	6	3	486	650
河北	803	653	229	338	64	22	2175	1912
山西	638	499	49	208	165	77	1395	1570
内蒙古	697	570	127	307	91	45	1160	1344
辽宁	524	473	93	272	36	72	1402	1152

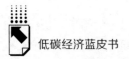
续表

地区	企业数量（家）		企业节能目标考核情况（家）				"十二五"节能量目标（万吨标准煤）	2011～2014年累计完成节能量（万吨标准煤）
	国家公告万家企业数量	实际考核企业数量	超额完成企业数量	完成企业数量	基本完成企业数量	未完成企业数量		
吉林	247	219	81	97	20	21	437	659
黑龙江	489	366	143	122	38	63	626	618
上海	269	248	106	88	16	38	685	1121
江苏	1221	1021	397	567	34	23	2205	2426
浙江	1220	1116	294	653	98	71	1006	1370
安徽	349	319	98	167	25	29	840	937
福建	458	371	64	248	41	18	525	713
江西	297	228	106	104	2	16	620	764
山东	1188	1016	576	414	8	18	2530	3548
河南	1032	707	155	395	72	85	1584	1547
湖北	812	726	314	340	70	2	996	1131
湖南	552	410	191	148	29	42	619	792
广东	970	894	87	578	210	19	1563	1430
广西	440	413	131	239	32	11	446	655
海南	45	44	10	27	2	5	37	84
重庆	221	158	16	100	33	9	306	330
四川	989	784	289	353	89	53	1009	1122
贵州	275	180	36	134	3	7	391	433
云南	399	324	134	165	11	14	502	760
西藏	8	7	1	2	3	1	3	22
陕西	516	394	96	234	10	54	667	1218
甘肃	245	177	31	91	34	21	370	965
青海	115	128	40	60	3	25	83	75
宁夏	269	224	29	71	88	36	305	395
新疆	278	204	129	36	16	23	267	474
新疆生产建设兵团	60	50	11	25	1	13	48	100

资料来源：中华人民共和国国家发展和改革委员会。

表9 2015年度中国淘汰落后产能目标任务完成情况表

单位：万吨（平板玻璃：万重量箱；制革：万标张；

印染：万米；电力：万千瓦）

部门	淘汰产能	部门	淘汰产能	部门	淘汰产能
炼铁	1378	铜冶炼	7.9	印染	121062
炼钢	1706	铅冶炼	49.3	铅蓄电池（极板及组装）	791
焦炭	948	水泥（熟料及磨机）	4974	电力	527.2
铁合金	127	平板玻璃	1429	煤炭	10167
电石	10	造纸	167		
电解铝	36.2	制革	260		

资料来源：中华人民共和国国家发展和改革委员会。

表10 "十三五"规划的主要节能减排目标

指标	2015 年	2020 年	五年累计增加/下降
非化石能源占一次能源消费比重(%)	12	15	3
单位 GDP 能源消耗强度下降(%)	—	—	15
单位 GDP 二氧化碳排放强度下降(%)	—	—	18
化学需氧量排放总量减少(%)	—	—	10
氨氮排放总量减少(%)	—	—	10
二氧化硫排放总量减少(%)	—	—	15
氮氧化物排放总量减少(%)	—	—	15
森林覆盖率(%)	21.66	23.04	1.38
森林蓄积量(亿立方米)	151	165	14
地级及以上城市空气质量优良天数比率(%)	76.7	>80	—
细颗粒物(PM2.5)未达标地级及以上城市浓度下降(%)	—	—	18
达到或好于Ⅲ类水体比例(%)	66	>70	—
劣Ⅴ类水体比例(%)	9.7	<5	—

资料来源：《中华人民共和国国民经济和社会发展第十三个五年规划纲要》。

表11 "十三五"各地区能耗总量和强度"双控"目标

地 区	"十三五"能耗强度降低目标(%)	2015 年能源消费总量（万吨标准煤）	"十三五"能耗增量控制目标(万吨标准煤)
北 京	17	6853	800
天 津	17	8260	1040
河 北	17	29395	3390
山 西	15	19384	3010

续表

地　区	"十三五"能耗强度 降低目标(%)	2015年能源消费总量 (万吨标准煤)	"十三五"能耗增量 控制目标(万吨标准煤)
内蒙古	14	18927	3570
辽　宁	15	21667	3550
吉　林	15	8142	1360
黑龙江	15	12126	1880
上　海	17	11387	970
江　苏	17	30235	3480
浙　江	17	19610	2380
安　徽	16	12332	1870
福　建	16	12180	2320
江　西	16	8440	1510
山　东	17	37945	4070
河　南	16	23161	3540
湖　北	16	16404	2500
湖　南	16	15469	2380
广　东	17	30145	3650
广　西	14	9761	1840
海　南	10	1938	660
重　庆	16	8934	1660
四　川	16	19888	3020
贵　州	14	9948	1850
云　南	14	10357	1940
西　藏	10	—	—
陕　西	15	11716	2170
甘　肃	14	7523	1430
青　海	10	4134	1120
宁　夏	14	5405	1500
新　疆	10	15651	3540

注：西藏自治区相关数据暂缺。

资料来源：《"十三五"节能减排综合工作方案》。

表12 "十三五"主要行业和部门节能指标

指标		单位	2015年实际值	2020年	
				目标值	变化幅度/变化率
工业：					
单位工业增加值（规模以上）能耗					[−18%]
火电供电煤耗		克标准煤/千瓦时	315	306	−9
吨钢综合能耗		千克标准煤	572	560	−12
水泥熟料综合能耗		千克标准煤/吨	112	105	−7
电解铝液交流电耗		千瓦时/吨	13350	13200	−150
炼油综合能耗		千克标准油/吨	65	63	−2
乙烯综合能耗		千克标准煤/吨	816	790	−26
合成氨综合能耗		千克标准煤/吨	1331	1300	−31
纸及纸板综合能耗		千克标准煤/吨	530	480	−50
建筑：					
城镇既有居住建筑节能改造累计面积		亿平方米	12.5	17.5	+5
城镇公共建筑节能改造累计面积		亿平方米	1	2	+1
城镇新建绿色建筑标准执行率		%	20	50	+30
交通运输：					
铁路单位运输工作量综合能耗		吨标准煤/百万换算吨公里	4.71	4.47	[−5%]
营运车辆单位运输周转量能耗下降率					[−6.5%]
营运船舶单位运输周转量能耗下降率					[−6%]
民航业单位运输周转量能耗		千克标准煤/吨公里	0.433	<0.415	>[−4%]
新生产乘用车平均油耗		升/百公里	6.9	5	−1.9
公共机构：					
公共机构单位建筑面积能耗		千克标准煤/平方米	20.6	18.5	[−10%]
公共机构人均能耗		千克标准煤/人	370.7	330.0	[−11%]
终端用能设备：					
燃煤工业锅炉（运行）效率		%	70	75	+5
电动机系统效率		%	70	75	+5
一级能效容积式空气压缩机市场占有率	小于55kW	%	15	30	+15
	55kW至220kW	%	8	13	+5
	大于220kW	%	5	8	+3

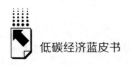

续表

指标	单位	2015 年实际值	2020 年	
			目标值	变化幅度/变化率
一级能效电力变压器市场占有率	%	0.1	10	+9.9
二级以上能效房间空调器市场占有率	%	22.6	50	+27.4
二级以上能效电冰箱市场占有率	%	98.3	99	+0.7
二级以上能效家用燃气热水器市场占有率	%	93.7	98	+4.3

注：[ ] 内为变化率。

资料来源：《"十三五"节能减排综合工作方案》。

表13　"十三五"各地区化学需氧量排放总量控制计划

地区（机构）	2015 年排放量（万吨）	2020 年减排比例（%）	2020 年重点工程减排量（万吨）
北京	16.2	14.4	2.33
天津	20.9	14.4	2.47
河北	120.8	19.0	16.14
山西	40.5	17.6	4.75
内蒙古	83.6	7.1	5.19
辽宁	116.7	13.4	8.41
吉林	72.4	4.8	2.32
黑龙江	139.3	6.0	7.33
上海	19.9	14.5	2.72
江苏	105.5	13.5	10.39
浙江	68.3	19.2	7.64
安徽	87.1	9.9	7.70
福建	60.9	4.1	2.14
江西	71.6	4.3	2.73
山东	175.8	11.7	13.30
河南	128.7	18.4	16.98
湖北	98.6	9.9	8.25
湖南	120.8	10.1	10.49
广东	160.7	10.4	11.06
广西	71.1	1.0	0.35
海南	18.8	1.2	0.16
重庆	38.0	7.4	2.36

续表

地区（机构）	2015 年排放量（万吨）	2020 年减排比例（%）	2020 年重点工程减排量（万吨）
四川	118.6	12.8	14.09
贵州	31.8	8.5	2.77
云南	51.0	14.1	5.85
西藏	2.9	—	—
陕西	48.9	10.0	2.63
甘肃	36.6	8.2	2.40
青海	10.4	1.1	0.07
宁夏	21.1	1.2	0.10
新疆	56.0	1.6	0.71
新疆生产建设兵团	10.0	1.6	0.04

资料来源：《"十三五"节能减排综合工作方案》。

表14 "十三五"各地区氨氮排放总量控制计划

地区（机构）	2015 年排放量（万吨）	2020 年减排比例（%）	2020 年重点工程减排量（万吨）
北京	1.6	16.1	0.24
天津	2.4	16.1	0.38
河北	9.7	20.0	1.59
山西	5.0	18.0	0.61
内蒙古	4.7	7.0	0.28
辽宁	9.6	8.8	0.85
吉林	5.1	6.4	0.20
黑龙江	8.1	7.0	0.48
上海	4.3	13.4	0.53
江苏	13.8	13.4	1.25
浙江	9.8	17.6	0.85
安徽	9.7	14.3	1.07
福建	8.5	3.5	0.30
江西	8.5	3.8	0.32
山东	15.3	13.4	1.49
河南	13.4	16.6	1.93
湖北	11.4	10.2	1.02
湖南	15.1	10.1	1.41
广东	20.0	11.3	1.54

地区（机构）	2015 年排放量（万吨）	2020 年减排比例（%）	2020 年重点工程减排量（万吨）
广　西	7.7	1.0	0.08
海　南	2.1	1.9	0.04
重　庆	5.0	6.3	0.32
四　川	13.1	13.9	1.74
贵　州	3.6	11.2	0.41
云　南	5.5	12.9	0.67
西　藏	0.3	—	—
陕　西	5.6	10.0	0.38
甘　肃	3.7	8.0	0.28
青　海	1.0	1.4	0.01
宁　夏	1.6	0.7	0.01
新　疆	4.0	2.8	0.09
新疆生产建设兵团	0.5	2.8	—

资料来源：《"十三五"节能减排综合工作方案》。

表15　"十三五"各地区二氧化硫排放总量控制计划

地区（机构）	2015 年排放量（万吨）	2020 年减排比例（%）	2020 年重点工程减排量（万吨）
北　京	7.1	35	1.8
天　津	18.6	25	2.8
河　北	110.8	28	18.4
山　西	112.1	20	22.4
内蒙古	123.1	11	13.5
辽　宁	96.9	20	14.4
吉　林	36.3	18	5.2
黑龙江	45.6	11	4.3
上　海	17.1	20	3.4
江　苏	83.5	20	13.3
浙　江	53.8	17	9.1
安　徽	48.0	16	5.2
福　建	33.8	—	3.5
江　西	52.8	12	6.3
山　东	152.6	27	35.0
河　南	114.4	28	20.5

续表

地区(机构)	2015 年排放量(万吨)	2020 年减排比例(%)	2020 年重点工程减排量(万吨)
湖 北	55.1	20	10.9
湖 南	59.6	21	8.5
广 东	67.8	3	2.0
广 西	42.1	13	4.5
海 南	3.2	—	0.4
重 庆	49.6	18	8.1
四 川	71.8	16	11.2
贵 州	85.3	7	6.0
云 南	58.4	1	0.6
西 藏	0.5	—	—
陕 西	73.5	15	11.0
甘 肃	57.1	8	4.6
青 海	15.1	6	0.9
宁 夏	35.8	12	4.3
新 疆	66.8	3	2.0
新疆生产建设兵团	11.0	13	0.9

资料来源:《"十三五"节能减排综合工作方案》。

表 16 "十三五"各地区氮氧化物排放总量控制计划

地区(机构)	2015 年排放量(万吨)	2020 年减排比例(%)	2020 年重点工程减排量(万吨)
北 京	13.8	25	0.7
天 津	24.7	25	3.5
河 北	135.1	28	19.9
山 西	93.1	20	16.3
内蒙古	113.9	11	12.5
辽 宁	82.8	20	14.9
吉 林	50.2	18	9.0
黑龙江	64.5	11	7.1
上 海	30.1	20	5.2
江 苏	106.8	20	18.7
浙 江	60.7	17	10.3
安 徽	72.1	16	9.0
福 建	37.9	—	4.6

地区（机构）	2015 年排放量（万吨）	2020 年减排比例（%）	2020 年重点工程减排量（万吨）
江　西	49.3	12	5.9
山　东	142.4	27	31.0
河　南	126.2	28	15.8
湖　北	51.5	20	5.9
湖　南	49.7	15	6.3
广　东	99.7	3	3.0
广　西	37.3	13	3.3
海　南	9.0	—	1.2
重　庆	32.1	18	2.8
四　川	53.4	16	3.7
贵　州	41.9	7	2.9
云　南	44.9	1	0.4
西　藏	5.3	—	—
陕　西	62.7	15	9.4
甘　肃	38.7	8	3.1
青　海	11.8	6	0.7
宁　夏	36.8	12	4.4
新　疆	63.7	3	1.9
新疆生产建设兵团	9.9	13	1.3

资料来源：《"十三五"节能减排综合工作方案》。

表 17　"十三五"重点地区挥发性有机物排放总量控制计划

地区	2015 年排放量（万吨）	2020 年减排比例（%）	2020 年重点工程减排量（万吨）
北　京	23.4	25	3.5
天　津	33.9	20	4.6
河　北	154.6	20	19.5
辽　宁	105.4	10	10.5
上　海	42.1	20	8.4
江　苏	187.0	20	31.2
浙　江	139.2	20	25.5
安　徽	95.9	10	9.2
山　东	192.1	20	38.4
河　南	167.5	10	16.6

地区	2015 年排放量（万吨）	2020 年减排比例（%）	2020 年重点工程减排量（万吨）
湖 北	98.7	10	9.9
湖 南	98.3	10	7.9
广 东	137.8	18	20.7
重 庆	40.2	10	4.0
四 川	111.3	5	5.6
陕 西	67.5	5	3.4

资料来源：《"十三五"节能减排综合工作方案》。

B.17

附录2 国际统计数据

表1 世界分能源种类历年 CO_2 排放量

年份	OECD 国家 CO_2 排放				非 OECD 国家 CO_2 排放			
	总计	煤炭使用产生的	石油使用产生的	天然气使用产生的	总计	煤炭使用产生的	石油使用产生的	天然气使用产生的
1971	9342	3200	4656	1485	4077	2029	1489	559
1972	9759	3196	4997	1564	4308	2110	1610	588
1973	10288	3318	5358	1611	4590	2188	1780	622
1974	10077	3294	5153	1626	4801	2242	1899	660
1975	9756	3207	4989	1554	5213	2441	2077	695
1976	10315	3384	5307	1619	5467	2493	2222	751
1977	10547	3437	5475	1630	5773	2624	2348	800
1978	10666	3422	5577	1661	6144	2796	2500	848
1979	10916	3623	5542	1745	6395	2869	2617	909
1980	10582	3684	5156	1736	6565	2917	2675	973
1981	10317	3762	4840	1709	6625	2897	2693	1034
1982	9985	3726	4615	1637	6797	2969	2716	1112
1983	9914	3817	4496	1593	6993	3051	2758	1184
1984	10235	3958	4566	1702	7239	3217	2741	1280
1985	10340	4122	4506	1702	7375	3272	2735	1368
1986	10338	4058	4619	1650	7655	3402	2787	1465
1987	10585	4166	4670	1738	8025	3609	2862	1553
1988	10897	4255	4830	1800	8339	3784	2923	1632
1989	11054	4265	4899	1875	8546	3871	2944	1731
1990	10996	4240	4831	1881	8877	4047	3034	1796
1991	11028	4173	4846	1954	8952	4063	3045	1844
1992	11069	4068	4945	1994	8816	4051	2967	1786
1993	11162	4041	4983	2077	8844	4102	2963	1768

年份	OECD 国家 CO$_2$ 排放				非 OECD 国家 CO$_2$ 排放			
	总计	煤炭使用产生的	石油使用产生的	天然气使用产生的	总计	煤炭使用产生的	石油使用产生的	天然气使用产生的
1994	11341	4048	5093	2134	8745	4114	2885	1735
1995	11494	4108	5077	2242	9150	4397	2996	1741
1996	11869	4239	5199	2368	9216	4357	3066	1782
1997	12029	4305	5229	2428	9315	4317	3199	1785
1998	12021	4259	5251	2445	9445	4395	3216	1821
1999	12093	4197	5306	2518	9478	4293	3277	1892
2000	12452	4422	5335	2615	9840	4542	3343	1935
2001	12464	4439	5351	2596	10197	4762	3402	2011
2002	12437	4365	5316	2675	10588	5027	3443	2096
2003	12670	4478	5397	2717	11395	5635	3508	2233
2004	12797	4514	5447	2763	12364	6261	3757	2321
2005	12830	4521	5454	2780	13211	6929	3833	2425
2006	12758	4549	5332	2796	14084	7549	3956	2552
2007	12923	4626	5295	2915	14968	8199	4093	2654
2008	12593	4458	5093	2953	15464	8437	4214	2791
2009	11846	4045	4847	2860	15846	8826	4268	2727
2010	12323	4274	4899	3055	17001	9465	4514	2972
2011	12150	4173	4832	3039	18057	10252	4666	3083
2012	12018	4007	4802	3101	18486	10403	4878	3146
2013	12027	4025	4757	3137	18997	10728	4988	3219
2014	11856	3950	4713	3084	19395	10921	5130	3278

资料来源：IEA。

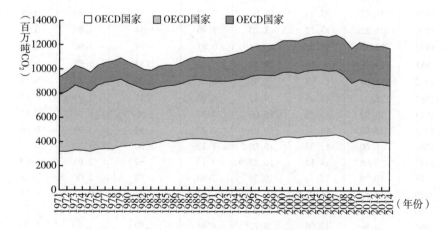

图1　OECD 国家分能源种类历年 CO$_2$ 排放图

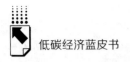
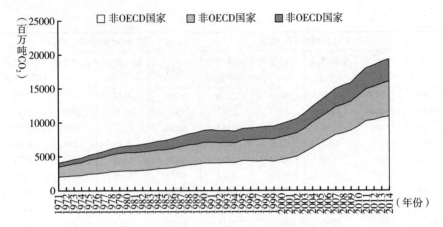

图2　非OECD国家分能源种类历年 CO_2 排放图

表2　世界主要国家及地区历年人均 CO_2 排放

单位：吨

年份	美国	澳大利亚	OECD国家	日本	非OECD国家	中国	亚洲
1971	20.65	10.86	10.40	7.15	0.93	1.43	0.40
1972	21.56	11.07	10.74	7.41	0.96	1.47	0.41
1973	22.13	11.59	11.19	8.24	0.98	1.53	0.41
1974	21.22	12.47	10.84	8.02	0.98	1.57	0.43
1975	20.16	12.85	10.39	7.60	1.12	1.67	0.44
1976	21.17	12.89	10.88	7.75	1.15	1.72	0.46
1977	21.70	13.72	11.02	7.89	1.29	1.78	0.47
1978	21.43	13.24	11.04	7.77	1.43	1.85	0.48
1979	21.32	13.52	11.20	7.90	1.44	1.89	0.51
1980	20.18	13.96	10.74	7.43	1.39	1.90	0.53
1981	19.71	13.78	10.38	7.18	1.37	1.88	0.54
1982	18.60	13.98	9.96	6.91	1.40	1.89	0.55
1983	18.32	13.03	9.82	6.91	1.45	1.91	0.57
1984	18.97	13.27	10.06	7.37	1.56	1.94	0.59
1985	18.92	13.85	10.08	7.15	1.55	1.93	0.60
1986	18.60	13.73	10.00	7.12	1.60	1.97	0.63
1987	19.08	14.14	10.17	7.13	1.69	2.02	0.65
1988	19.76	14.43	10.39	7.63	1.79	2.06	0.68
1989	19.82	15.01	10.45	7.83	1.83	2.07	0.71
1990	19.20	15.13	10.27	8.42	1.83	2.11	0.74
1991	18.80	15.04	10.21	8.41	1.90	2.09	0.78
1992	18.83	15.11	10.16	8.46	1.96	2.02	0.79

续表

年份	美国	澳大利亚	OECD 国家	日本	非 OECD 国家	中国	亚洲
1993	19.03	15.20	10.16	8.37	2.11	1.99	0.82
1994	19.07	15.38	10.25	8.75	2.17	1.94	0.85
1995	19.03	15.77	10.31	8.83	2.40	2.00	0.90
1996	19.39	16.16	10.57	8.91	2.36	1.98	0.93
1997	19.77	16.39	10.64	8.85	2.36	1.97	0.97
1998	19.61	17.33	10.56	8.59	2.42	1.96	0.96
1999	19.47	17.40	10.55	8.90	2.31	1.94	1.01
2000	19.98	17.51	10.79	9.00	2.44	1.99	1.03
2001	19.65	17.61	10.73	8.90	2.55	2.03	1.04
2002	19.22	17.82	10.63	9.17	2.73	2.08	1.06
2003	19.30	17.82	10.75	9.21	3.15	2.21	1.08
2004	19.39	18.31	10.79	9.18	3.65	2.36	1.14
2005	19.26	18.34	10.74	9.22	4.11	2.49	1.16
2006	18.75	18.33	10.61	9.09	4.51	2.62	1.20
2007	18.85	18.47	10.66	9.43	4.91	2.74	1.26
2008	18.10	18.20	10.31	8.75	4.99	2.80	1.29
2009	16.66	18.14	9.63	8.28	5.28	2.83	1.35
2010	17.26	17.59	9.95	8.68	5.76	3.00	1.40
2011	16.69	17.23	9.76	9.12	6.30	3.14	1.42
2012	16.00	16.92	9.59	9.48	6.38	3.17	1.47
2013	16.11	16.46	9.55	9.66	6.62	3.22	1.49
2014	16.22	15.81	9.36	9.35	6.66	3.24	1.58

资料来源：IEA。

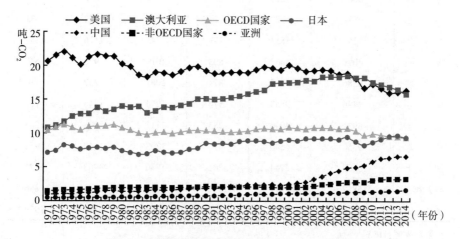

图3　世界主要国家及地区历年人均 CO_2 排放

213

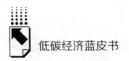

表3 2013年世界主要国家及地区分部门人均CO₂排放

单位：kg－CO₂/人

国际及地区	能源消耗产生的总CO₂排放量	电力以及制热	其他能源工业	制造业及建筑业	交通业	其他部门
哥伦比亚	1517	271	137	278	625	206
印 度	1559	808	28	412	179	133
玻利维亚	1733	343	84	199	705	401
巴 西	2310	460	148	476	1034	193
古 巴	2588	1310	57	774	111	336
墨 西 哥	3600	1151	435	484	1263	266
瑞 典	3859	647	289	672	2056	195
智 利	4251	1662	166	794	1321	308
法 国	4317	437	159	678	1831	1213
阿 根 廷	4477	1294	408	755	1082	937
瑞 士	4608	314	114	629	2066	1486
西 班 牙	4993	1510	358	713	1763	650
意 大 利	5259	1700	170	589	1733	1067
希 腊	6029	3109	394	548	1496	482
丹 麦	6116	2395	369	610	2013	730
英 国	6314	2249	398	606	1796	1264
中 国	6661	3213	267	2112	573	495
挪 威	6874	379	2127	1105	2732	531
波 兰	7251	3853	179	745	1136	1337
南 非	8099	4663	803	1019	976	639
新 加 坡	8286	3980	877	2061	1257	110
荷 兰	8796	3459	574	1294	1746	1723
德 国	8931	4046	283	1111	1908	1583
日 本	9350	4540	425	1793	1640	952
加 拿 大	15609	2744	3301	1880	4963	2721
澳大利亚	15812	7717	1511	1817	3913	856
美 国	16218	6659	799	1404	5416	1939

资料来源：IEA。

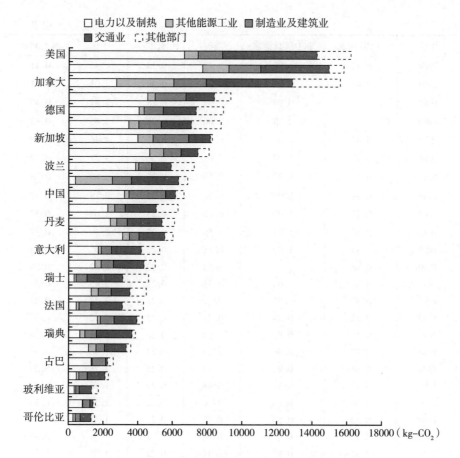

图4　2014 年世界主要国家分部门人均 CO_2 排放

表4　世界主要国家及地区历年 CO_2 排放强度

单位：（吨 – CO_2/GDP）美元 2000 年不变价计算

年份	OECD 国家	非 OECD 国家	美国	日本	中国	澳大利亚
1971	0.59	0.98	0.87	0.38	3.95	0.37
1972	0.58	0.97	0.87	0.37	4.05	0.37
1973	0.58	0.96	0.85	0.39	3.90	0.38
1974	0.56	0.94	0.83	0.39	3.89	0.41
1975	0.54	0.99	0.80	0.36	4.18	0.42
1976	0.55	0.97	0.80	0.36	4.42	0.41
1977	0.54	0.97	0.80	0.36	4.65	0.43
1978	0.52	1.00	0.75	0.34	4.71	0.41

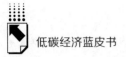

续表

年份	OECD 国家	非 OECD 国家	美国	日本	中国	澳大利亚
1979	0.52	1.00	0.73	0.33	4.45	0.41
1980	0.49	0.99	0.70	0.30	4.03	0.41
1981	0.47	0.99	0.68	0.28	3.81	0.40
1982	0.46	0.99	0.66	0.26	3.65	0.42
1983	0.44	1.00	0.62	0.26	3.46	0.38
1984	0.43	1.00	0.61	0.26	3.27	0.37
1985	0.42	0.99	0.59	0.24	2.89	0.38
1986	0.41	0.99	0.56	0.24	2.79	0.37
1987	0.41	1.00	0.56	0.23	2.68	0.37
1988	0.40	1.01	0.56	0.23	2.59	0.37
1989	0.39	1.00	0.55	0.22	2.57	0.38
1990	0.38	1.04	0.53	0.23	2.52	0.39
1991	0.37	1.03	0.53	0.22	2.43	0.39
1992	0.37	1.01	0.52	0.22	2.22	0.38
1993	0.37	0.99	0.51	0.22	2.12	0.37
1994	0.36	0.95	0.50	0.23	1.95	0.36
1995	0.36	0.96	0.49	0.23	1.96	0.36
1996	0.36	0.92	0.49	0.22	1.78	0.36
1997	0.35	0.89	0.48	0.22	1.65	0.35
1998	0.34	0.89	0.46	0.22	1.57	0.36
1999	0.33	0.86	0.45	0.23	1.41	0.35
2000	0.33	0.85	0.44	0.22	1.39	0.35
2001	0.32	0.85	0.44	0.22	1.35	0.34
2002	0.32	0.84	0.42	0.23	1.33	0.34
2003	0.32	0.86	0.42	0.23	1.40	0.33
2004	0.31	0.86	0.41	0.22	1.48	0.33
2005	0.30	0.86	0.40	0.22	1.51	0.33
2006	0.29	0.85	0.38	0.21	1.48	0.32
2007	0.29	0.83	0.38	0.21	1.42	0.32
2008	0.28	0.81	0.37	0.20	1.32	0.32
2009	0.27	0.80	0.35	0.20	1.29	0.31
2010	0.28	0.80	0.36	0.20	1.28	0.30
2011	0.27	0.80	0.34	0.21	1.28	0.29
2012	0.26	0.78	0.32	0.22	1.21	0.28
2013	0.26	0.77	0.32	0.22	1.17	0.27
2014	0.25	0.75	0.32	0.21	1.10	0.26

资料来源：IEA。

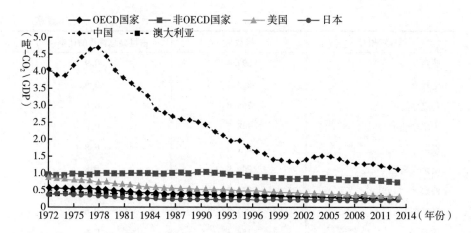

图5 世界主要国家及地区历年 CO_2 排放强度
GDP 按照美元 2000 年不变价计算

表5 世界主要国家及地区 2014 年 CO_2 总排放量

单位: 百万吨 CO_2

国家/地区	排放量	占世界总排放的比例(%)
中国	9087.0	28.1
美国	5176.2	16.0
印度	2019.7	6.2
俄罗斯联邦	1467.6	4.5
日本	1188.6	3.7
德国	723.3	2.2
韩国	567.8	1.8
加拿大	554.8	1.7
伊朗	525.9	1.6
沙特阿拉伯	472.4	1.5
巴西	452.4	1.4
墨西哥	451.8	1.4
英国	448.7	1.4
印度尼西亚	424.6	1.3
南非	420.4	1.3
澳大利亚	388.7	1.2
意大利	338.2	1.1
法国	315.6	1.0

国家/地区	排放量	占世界总排放的比例（%）
波兰	292.4	0.9
土耳其	283.8	0.9
乌克兰	265.0	0.8
中华台北	248.7	0.8
泰国	247.4	0.8
哈萨克斯坦	244.9	0.8
西班牙	235.7	0.7
马来西亚	207.2	0.6
埃及	184.3	0.6
阿根廷	182.3	0.6
阿拉伯联合酋长国	167.6	0.5
荷兰	156.2	0.5

资料来源：IEA。

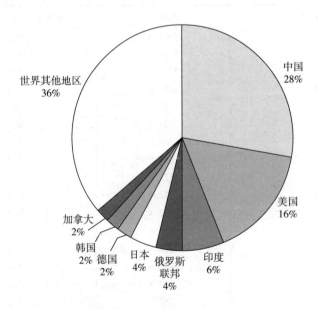

图6　世界主要国家及地区2014年CO_2总排放比例

表6 中日碳排放结构

单位：百万吨 CO_2

年份	中国 CO_2 排放				日本 CO_2 排放			
	总计	煤炭使用产生的	石油使用产生的	天然气使用产生的	总计	煤炭使用产生的	石油使用产生的	天然气使用产生的
1971	780.2	659.4	113.4	7.4	750.7	201.4	540.7	8.6
1972	831.4	690.6	131.3	9.5	788.5	206.7	573.1	8.7
1973	864.1	701.1	151.3	11.8	897.5	211.6	672.2	13.7
1974	881.7	693.8	173.1	14.8	885.7	211.3	656.9	17.5
1975	1029.3	818.3	193.5	17.4	849.5	205.3	625.0	19.3
1976	1071.3	822.4	229.0	19.9	876.1	204.2	649.0	23.0
1977	1212.9	944.0	245.0	23.8	900.8	193.4	679.1	28.2
1978	1371.8	1076.8	268.0	26.9	895.3	175.3	681.6	38.4
1979	1396.1	1105.5	262.1	28.5	917.5	188.6	683.6	45.3
1980	1363.8	1101.4	234.2	28.1	870.2	198.3	620.5	51.5
1981	1356.6	1110.4	221.2	25.0	846.2	212.0	581.5	52.7
1982	1413.4	1173.8	216.2	23.5	819.9	222.4	543.8	53.4
1983	1485.0	1239.9	221.0	24.0	825.8	219.2	549.3	57.0
1984	1618.8	1367.7	226.2	24.9	886.4	243.3	566.1	76.6
1985	1625.7	1384.4	225.0	16.2	865.9	255.0	528.6	81.9
1986	1709.3	1450.2	241.9	17.3	865.9	246.1	536.0	83.3
1987	1830.2	1558.7	253.5	18.1	871.1	244.2	540.3	86.0
1988	1972.4	1682.7	271.9	17.9	936.6	264.4	581.5	90.2
1989	2041.6	1743.7	278.8	19.1	964.3	265.9	601.3	96.5
1990	2075.9	1778.0	278.1	19.8	1040.6	297.6	628.3	114.7
1991	2187.1	1867.2	300.1	19.9	1043.6	295.4	625.7	122.6
1992	2281.6	1935.9	324.8	20.9	1054.2	292.5	637.8	123.9
1993	2486.0	2085.5	375.5	25.1	1046.0	299.5	619.6	126.9
1994	2585.7	2198.1	363.7	23.9	1095.2	310.6	651.8	132.8
1995	2887.1	2459.9	400.4	26.8	1107.7	321.4	648.9	137.4
1996	2872.1	2434.6	411.7	25.8	1120.7	332.3	644.9	143.5
1997	2906.6	2431.3	445.3	30.0	1114.6	341.5	624.5	148.4
1998	2999.7	2513.5	457.2	29.0	1085.8	328.0	605.6	151.4
1999	2900.0	2369.9	498.4	31.7	1126.1	346.4	618.5	160.2
2000	3086.2	2520.0	530.4	35.8	1141.2	371.2	603.1	165.8
2001	3242.7	2656.5	544.1	42.1	1130.9	380.1	584.7	165.2

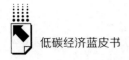
续表

年份	中国 CO_2 排放				日本 CO_2 排放			
	总计	煤炭使用产生的	石油使用产生的	天然气使用产生的	总计	煤炭使用产生的	石油使用产生的	天然气使用产生的
2002	3497.3	2880.5	573.5	43.3	1168.7	400.5	597.3	170.0
2003	4052.6	3365.0	635.2	52.4	1175.8	413.7	585.7	175.7
2004	4724.2	3906.6	753.8	63.8	1172.3	423.7	572.6	175.3
2005	5358.1	4518.2	768.4	71.5	1177.7	431.6	570.2	174.5
2006	5912.9	5001.7	817.2	94.0	1162.3	433.4	535.0	192.2
2007	6468.6	5504.0	847.3	117.3	1206.4	451.3	543.1	210.3
2008	6608.5	5615.1	858.3	135.2	1120.6	416.9	496.5	205.5
2009	7026.2	6010.9	864.2	151.1	1059.9	395.2	458.3	204.7
2010	7707.0	6489.6	1007.1	187.7	1111.8	429.3	460.9	216.4
2011	8465.0	7166.7	1039.0	232.5	1165.7	410.5	495.4	251.3
2012	8621.0	7236.2	1098.3	258.1	1208.8	430.8	508.5	260.9
2013	8979.8	7497.1	1152.2	298.9	1229.6	464.5	496.1	258.8
2014	9087.0	7535.7	1186.9	330.8	1188.6	464.2	453.6	260.2

资料来源：IEA。

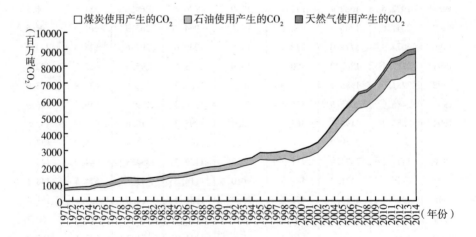

图 7　中国碳排放结构图（2014）

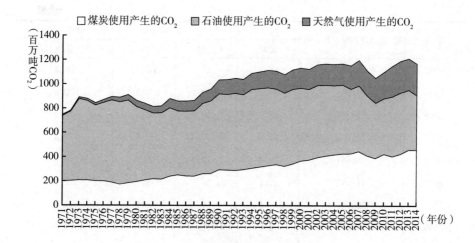

图8 日本碳排放结构图（2014）

表7 中国一次能源消费量及结构

年份	能源消费总量（万 tce）	构成（%）			
		煤炭	石油	天然气	水电、核电、风电
1978	57144	70.7	22.7	3.2	70.7
1980	60275	72.2	20.7	3.1	72.2
1985	76682	75.8	17.1	2.2	75.8
1990	98703	76.2	16.6	2.1	76.2
1991	103783	76.1	17.1	2	76.1
1992	109170	75.7	17.5	1.9	75.7
1993	115993	74.7	18.2	1.9	74.7
1994	122737	75	17.4	1.9	75
1995	131176	74.6	17.5	1.8	74.6
1996	135192	73.5	18.7	1.8	73.5
1997	135909	71.4	20.4	1.8	71.4
1998	136184	70.9	20.8	1.8	70.9
1999	140569	70.6	21.5	2	70.6
2000	146964	68.5	22	2.2	68.5
2001	155547	68	21.2	2.4	68

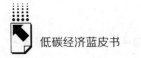

年份	能源消费总量（万 tce）	构成（%）			
		煤炭	石油	天然气	水电、核电、风电
2002	169577	68.5	21	2.3	68.5
2003	197083	70.2	20.1	2.3	70.2
2004	230281	70.2	19.9	2.3	70.2
2005	261369	72.4	17.8	2.4	72.4
2006	286467	72.4	17.5	2.7	72.4
2007	311442	72.5	17	3	72.5
2008	320611	71.5	16.7	3.4	71.5
2009	336126	71.6	16.4	3.5	71.6
2010	360648	69.2	17.4	4	69.2
2011	387043	70.2	16.8	4.6	70.2
2012	402138	68.5	17	4.8	68.5
2013	416913	67.4	17.1	5.3	67.4
2014	426000	66	17.1	5.7	66

注：1994 年开始有核电，2009 年核电所占比重为 0.8%，水电占 6.5%。
资料来源：国家统计局；中国电力企业联合会。

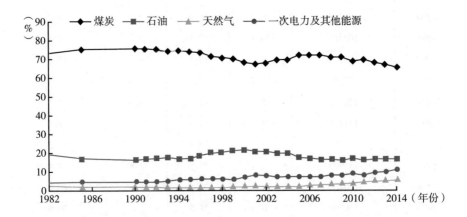

图9　中国一次能源结构图

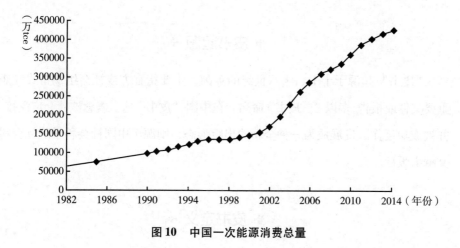

图 10　中国一次能源消费总量

社会科学文献出版社

皮书系列

❖ 皮书起源 ❖

"皮书"起源于十七、十八世纪的英国，主要指官方或社会组织正式发表的重要文件或报告，多以"白皮书"命名。在中国，"皮书"这一概念被社会广泛接受，并被成功运作、发展成为一种全新的出版形态，则源于中国社会科学院社会科学文献出版社。

❖ 皮书定义 ❖

皮书是对中国与世界发展状况和热点问题进行年度监测，以专业的角度、专家的视野和实证研究方法，针对某一领域或区域现状与发展态势展开分析和预测，具备原创性、实证性、专业性、连续性、前沿性、时效性等特点的公开出版物，由一系列权威研究报告组成。

❖ 皮书作者 ❖

皮书系列的作者以中国社会科学院、著名高校、地方社会科学院的研究人员为主，多为国内一流研究机构的权威专家学者，他们的看法和观点代表了学界对中国与世界的现实和未来最高水平的解读与分析。

❖ 皮书荣誉 ❖

皮书系列已成为社会科学文献出版社的著名图书品牌和中国社会科学院的知名学术品牌。2016年，皮书系列正式列入"十三五"国家重点出版规划项目；2012~2016年，重点皮书列入中国社会科学院承担的国家哲学社会科学创新工程项目；2017年，55种院外皮书使用"中国社会科学院创新工程学术出版项目"标识。

权威报告·热点资讯·特色资源

皮书数据库
ANNUAL REPORT(YEARBOOK)
DATABASE

当代中国与世界发展高端智库平台

所获荣誉

- 2016年，入选"国家'十三五'电子出版物出版规划骨干工程"
- 2015年，荣获"搜索中国正能量 点赞2015""创新中国科技创新奖"
- 2013年，荣获"中国出版政府奖·网络出版物奖"提名奖
- 连续多年荣获中国数字出版博览会"数字出版·优秀品牌"奖

成为会员

通过网址www.pishu.com.cn或使用手机扫描二维码进入皮书数据库网站，进行手机号码验证或邮箱验证即可成为皮书数据库会员（建议通过手机号码快速验证注册）。

会员福利

- 使用手机号码首次注册会员可直接获得100元体验金，不需充值即可购买和查看数据库内容（仅限使用手机号码快速注册）。
- 已注册用户购书后可免费获赠100元皮书数据库充值卡。刮开充值卡涂层获取充值密码，登录并进入"会员中心"—"在线充值"—"充值卡充值"，充值成功后即可购买和查看数据库内容。

数据库服务热线：400-008-6695
数据库服务QQ：2475522410
数据库服务邮箱：database@ssap.cn
图书销售热线：010-59367070/7028
图书服务QQ：1265056568
图书服务邮箱：duzhe@ssap.cn

社会科学文献出版社 皮书系列
SOCIAL SCIENCES ACADEMIC PRESS (CHINA)

卡号：923942590490
密码：

法 律 声 明

    "皮书系列"（含蓝皮书、绿皮书、黄皮书）之品牌由社会科学文献出版社最早使用并持续至今，现已被中国图书市场所熟知。"皮书系列"的 LOGO（🔖）与"经济蓝皮书""社会蓝皮书"均已在中华人民共和国国家工商行政管理总局商标局登记注册。"皮书系列"图书的注册商标专用权及封面设计、版式设计的著作权均为社会科学文献出版社所有。未经社会科学文献出版社书面授权许可，任何使用与"皮书系列"图书注册商标、封面设计、版式设计相同或者近似的文字、图形或其组合的行为均系侵权行为。

    经作者授权，本书的专有出版权及信息网络传播权为社会科学文献出版社享有。未经社会科学文献出版社书面授权许可，任何就本书内容的复制、发行或以数字形式进行网络传播的行为均系侵权行为。

    社会科学文献出版社将通过法律途径追究上述侵权行为的法律责任，维护自身合法权益。

    欢迎社会各界人士对侵犯社会科学文献出版社上述权利的侵权行为进行举报。电话：010-59367121，电子邮箱：fawubu@ssap.cn。

社会科学文献出版社

社长致辞

蓦然回首，皮书的专业化历程已经走过了二十年。20年来从一个出版社的学术产品名称到媒体热词再到智库成果研创及传播平台，皮书以专业化为主线，进行了系列化、市场化、品牌化、数字化、国际化、平台化的运作，实现了跨越式的发展。特别是在党的十八大以后，以习近平总书记为核心的党中央高度重视新型智库建设，皮书也迎来了长足的发展，总品种达到600余种，经过专业评审机制、淘汰机制遴选，目前，每年稳定出版近400个品种。"皮书"已经成为中国新型智库建设的抓手，成为国际国内社会各界快速、便捷地了解真实中国的最佳窗口。

20年孜孜以求，"皮书"始终将自己的研究视野与经济社会发展中的前沿热点问题紧密相连。600个研究领域，3万多位分布于800余个研究机构的专家学者参与了研创写作。皮书数据库中共收录了15万篇专业报告，50余万张数据图表，合计30亿字，每年报告下载量近80万次。皮书为中国学术与社会发展实践的结合提供了一个激荡智力、传播思想的入口，皮书作者们用学术的话语、客观翔实的数据谱写出了中国故事壮丽的篇章。

20年跨步千里，"皮书"始终将自己的发展与时代赋予的使命与责任紧紧相连。每年百余场新闻发布会，10万余次中外媒体报道，中、英、俄、日、韩等12个语种共同出版。皮书所具有的凝聚力正在形成一种无形的力量，吸引着社会各界关注中国的发展，参与中国的发展，它是我们向世界传递中国声音、总结中国经验、争取中国国际话语权最主要的平台。

皮书这一系列成就的取得，得益于中国改革开放的伟大时代，离不开来自中国社会科学院、新闻出版广电总局、全国哲学社会科学规划办公室等主管部门的大力支持和帮助，也离不开皮书研创者和出版者的共同努力。他们与皮书的故事创造了皮书的历史，他们对皮书的拳拳之心将继续谱写皮书的未来！

现在，"皮书"品牌已经进入了快速成长的青壮年时期。全方位进行规范化管理，树立中国的学术出版标准；不断提升皮书的内容质量和影响力，搭建起中国智库产品和智库建设的交流服务平台和国际传播平台；发布各类皮书指数，并使之成为中国指数，让中国智库的声音响彻世界舞台，为人类的发展做出中国的贡献——这是皮书未来发展的图景。作为"皮书"这个概念的提出者，"皮书"从一般图书到系列图书和品牌图书，最终成为智库研究和社会科学应用对策研究的知识服务和成果推广平台这整个过程的操盘者，我相信，这也是每一位皮书人执着追求的目标。

"当代中国正经历着我国历史上最为广泛而深刻的社会变革，也正在进行着人类历史上最为宏大而独特的实践创新。这种前无古人的伟大实践，必将给理论创造、学术繁荣提供强大动力和广阔空间。"

在这个需要思想而且一定能够产生思想的时代，皮书的研创出版一定能创造出新的更大的辉煌！

社会科学文献出版社社长
中国社会学会秘书长

2017年11月

1

社会科学文献出版社简介

社会科学文献出版社（以下简称"社科文献出版社"）成立于1985年，是直属于中国社会科学院的人文社会科学学术出版机构。成立至今，社科文献出版社始终依托中国社会科学院和国内外人文社会科学界丰厚的学术出版和专家学者资源，坚持"创社科经典，出传世文献"的出版理念、"权威、前沿、原创"的产品定位以及学术成果和智库成果出版的专业化、数字化、国际化、市场化的经营道路。

社科文献出版社是中国新闻出版业转型与文化体制改革的先行者。积极探索文化体制改革的先进方向和现代企业经营决策机制，社科文献出版社先后荣获"全国文化体制改革工作先进单位"、中国出版政府奖·先进出版单位奖，中国社会科学院先进集体、全国科普工作先进集体等荣誉称号。多人次荣获"第十届韬奋出版奖""全国新闻出版行业领军人才""数字出版先进人物""北京市新闻出版广电行业领军人才"等称号。

社科文献出版社是中国人文社会科学学术出版的大社名社，也是以皮书为代表的智库成果出版的专业强社。年出版图书2000余种，其中皮书400余种，出版新书字数5.5亿字，承印与发行中国社科院院属期刊72种，先后创立了皮书系列、列国志、中国史话、社科文献学术译库、社科文献学术文库、甲骨文书系等一大批既有学术影响又有市场价值的品牌，确立了在社会学、近代史、苏东问题研究等专业学科及领域出版的领先地位。图书多次荣获中国出版政府奖、"三个一百"原创图书出版工程、"五个'一'工程奖"、"大众喜爱的50种图书"等奖项，在中央国家机关"强素质·做表率"读书活动中，入选图书品种数位居各大出版社之首。

社科文献出版社是中国学术出版规范与标准的倡议者与制定者，代表全国50多家出版社发起实施学术著作出版规范的倡议，承担学术著作规范国家标准的起草工作，率先编撰完成《皮书手册》对皮书品牌进行规范化管理，并在此基础上推出中国版芝加哥手册——《社科文献出版社学术出版手册》。

社科文献出版社是中国数字出版的引领者，拥有皮书数据库、列国志数据库、"一带一路"数据库、减贫数据库、集刊数据库等4大产品线11个数据库产品，机构用户达1300余家，海外用户百余家，荣获"数字出版转型示范单位""新闻出版标准化先进单位""专业数字内容资源知识服务模式试点企业标准化示范单位"等称号。

社科文献出版社是中国学术出版走出去的践行者。社科文献出版社海外图书出版与学术合作业务遍及全球40余个国家和地区，并于2016年成立俄罗斯分社，累计输出图书500余种，涉及近20个语种，累计获得国家社科基金中华学术外译项目资助76种、"丝路书香工程"项目资助60种、中国图书对外推广计划项目资助71种以及经典中国国际出版工程资助28种，被五部委联合认定为"2015-2016年度国家文化出口重点企业"。

如今，社科文献出版社完全靠自身积累拥有固定资产3.6亿元，年收入3亿元，设置了七大出版分社、六大专业部门，成立了皮书研究院和博士后科研工作站，培养了一支近400人的高素质与高效率的编辑、出版、营销和国际推广队伍，为未来成为学术出版的大社、名社、强社，成为文化体制改革与文化企业转型发展的排头兵奠定了坚实的基础。

宏观经济类

经济蓝皮书

2018年中国经济形势分析与预测

李平 / 主编　2017年12月出版　定价：89.00元

◆ 本书为总理基金项目，由著名经济学家李扬领衔，联合中国社会科学院等数十家科研机构、国家部委和高等院校的专家共同撰写，系统分析了2017年的中国经济形势并预测2018年中国经济运行情况。

城市蓝皮书

中国城市发展报告 No.11

潘家华　单菁菁 / 主编　2018年9月出版　估价：99.00元

◆ 本书是由中国社会科学院城市发展与环境研究中心编著的，多角度、全方位地立体展示了中国城市的发展状况，并对中国城市的未来发展提出了许多建议。该书有强烈的时代感，对中国城市发展实践有重要的参考价值。

人口与劳动绿皮书

中国人口与劳动问题报告 No.19

张车伟 / 主编　2018年10月出版　估价：99.00元

◆ 本书为中国社会科学院人口与劳动经济研究所主编的年度报告，对当前中国人口与劳动形势做了比较全面和系统的深入讨论，为研究中国人口与劳动问题提供了一个专业性的视角。

中国省域竞争力蓝皮书

中国省域经济综合竞争力发展报告（2017～2018）

李建平　李闽榕　高燕京/主编　2018年5月出版　估价：198.00元

◆　本书融多学科的理论为一体，深入追踪研究了省域经济发展与中国国家竞争力的内在关系，为提升中国省域经济综合竞争力提供有价值的决策依据。

金融蓝皮书

中国金融发展报告（2018）

王国刚/主编　2018年2月出版　估价：99.00元

◆　本书由中国社会科学院金融研究所组织编写，概括和分析了2017年中国金融发展和运行中的各方面情况，研讨和评论了2017年发生的主要金融事件，有利于读者了解掌握2017年中国的金融状况，把握2018年中国金融的走势。

区 域 经 济 类

京津冀蓝皮书

京津冀发展报告（2018）

祝合良　叶堂林　张贵祥/等著　2018年6月出版　估价：99.00元

◆　本书遵循问题导向与目标导向相结合、统计数据分析与大数据分析相结合、纵向分析和长期监测与结构分析和综合监测相结合等原则，对京津冀协同发展新形势与新进展进行测度与评价。

社 会 政 法 类

社会蓝皮书

2018 年中国社会形势分析与预测

李培林　陈光金　张翼 / 主编　2017 年 12 月出版　定价：89.00 元

◆　本书由中国社会科学院社会学研究所组织研究机构专家、高校学者和政府研究人员撰写，聚焦当下社会热点，对 2017 年中国社会发展的各个方面内容进行了权威解读，同时对 2018 年社会形势发展趋势进行了预测。

法治蓝皮书

中国法治发展报告 No.16（2018）

李林　田禾 / 主编　2018 年 3 月出版　估价：118.00 元

◆　本年度法治蓝皮书回顾总结了 2017 年度中国法治发展取得的成就和存在的不足，对中国政府、司法、检务透明度进行了跟踪调研，并对 2018 年中国法治发展形势进行了预测和展望。

教育蓝皮书

中国教育发展报告（2018）

杨东平 / 主编　2018 年 4 月出版　估价：99.00 元

◆　本书重点关注了 2017 年教育领域的热点，资料翔实，分析有据，既有专题研究，又有实践案例，从多角度对 2017 年教育改革和实践进行了分析和研究。

社会体制蓝皮书

中国社会体制改革报告 No.6（2018）

龚维斌 / 主编　2018 年 3 月出版　估价：99.00 元

◆　本书由国家行政学院社会治理研究中心和北京师范大学中国社会管理研究院共同组织编写，主要对 2017 年社会体制改革情况进行回顾和总结，对 2018 年的改革走向进行分析，提出相关政策建议。

社会心态蓝皮书

中国社会心态研究报告（2018）

王俊秀　杨宜音 / 主编　2018 年 12 月出版　估价：99.00 元

◆　本书是中国社会科学院社会学研究所社会心理研究中心"社会心态蓝皮书课题组"的年度研究成果，运用社会心理学、社会学、经济学、传播学等多种学科的方法进行了调查和研究，对于目前中国社会心态状况有较广泛和深入的揭示。

华侨华人蓝皮书

华侨华人研究报告（2018）

贾益民 / 主编　2018 年 1 月出版　估价：139.00 元

◆　本书关注华侨华人生产与生活的方方面面。华侨华人是中国建设 21 世纪海上丝绸之路的重要中介者、推动者和参与者。本书旨在全面调研华侨华人，提供最新涉侨动态、理论研究成果和政策建议。

民族发展蓝皮书

中国民族发展报告（2018）

王延中 / 主编　2018 年 10 月出版　估价：188.00 元

◆　本书从民族学人类学视角，研究近年来少数民族和民族地区的发展情况，展示民族地区经济、政治、文化、社会和生态文明"五位一体"建设取得的辉煌成就和面临的困难挑战，为深刻理解中央民族工作会议精神、加快民族地区全面建成小康社会进程提供了实证材料。

产 业 经 济 类

房地产蓝皮书

中国房地产发展报告 No.15（2018）

李春华　王业强 / 主编　2018 年 5 月出版　估价：99.00 元

◆　2018 年《房地产蓝皮书》持续追踪中国房地产市场最新动态，深度剖析市场热点，展望 2018 年发展趋势，积极谋划应对策略。对 2017 年房地产市场的发展态势进行全面、综合的分析。

新能源汽车蓝皮书

中国新能源汽车产业发展报告（2018）

中国汽车技术研究中心　日产（中国）投资有限公司

东风汽车有限公司 / 编著　2018 年 8 月出版　估价：99.00 元

◆　本书对中国 2017 年新能源汽车产业发展进行了全面系统的分析，并介绍了国外的发展经验。有助于相关机构、行业和社会公众等了解中国新能源汽车产业发展的最新动态，为政府部门出台新能源汽车产业相关政策法规、企业制定相关战略规划，提供必要的借鉴和参考。

行 业 及 其 他 类

旅游绿皮书

2017～2018 年中国旅游发展分析与预测

中国社会科学院旅游研究中心 / 编　2018 年 2 月出版　估价：99.00 元

◆　本书从政策、产业、市场、社会等多个角度勾画出 2017 年中国旅游发展全貌，剖析了其中的热点和核心问题，并就未来发展作出预测。

民营医院蓝皮书

中国民营医院发展报告（2018）

薛晓林 / 主编 　2018 年 1 月出版 　估价：99.00 元

◆ 　本书在梳理国家对社会办医的各种利好政策的前提下，对我国民营医疗发展现状、我国民营医院竞争力进行了分析，并结合我国医疗体制改革对民营医院的发展趋势、发展策略、战略规划等方面进行了预估。

会展蓝皮书

中外会展业动态评估研究报告（2018）

张敏 / 主编 　2018 年 12 月出版 　估价：99.00 元

◆ 　本书回顾了 2017 年的会展业发展动态，结合"供给侧改革"、"互联网 +"、"绿色经济"的新形势分析了我国展会的行业现状，并介绍了国外的发展经验，有助于行业和社会了解最新的展会业动态。

中国上市公司蓝皮书

中国上市公司发展报告（2018）

张平 　王宏淼 / 主编 　2018 年 9 月出版 　估价：99.00 元

◆ 　本书由中国社会科学院上市公司研究中心组织编写的，着力于全面、真实、客观反映当前中国上市公司财务状况和价值评估的综合性年度报告。本书详尽分析了 2017 年中国上市公司情况，特别是现实中暴露出的制度性、基础性问题，并对资本市场改革进行了探讨。

工业和信息化蓝皮书

人工智能发展报告（2017 ~ 2018）

尹丽波 / 主编 　2018 年 6 月出版 　估价：99.00 元

◆ 　本书国家工业信息安全发展研究中心在对 2017 年全球人工智能技术和产业进行全面跟踪研究基础上形成的研究报告。该报告内容翔实、视角独特，具有较强的产业发展前瞻性和预测性，可为相关主管部门、行业协会、企业等全面了解人工智能发展形势以及进行科学决策提供参考。

国际问题与全球治理类

世界经济黄皮书

2018 年世界经济形势分析与预测

张宇燕 / 主编　2018 年 1 月出版　估价：99.00 元

◆　本书由中国社会科学院世界经济与政治研究所的研究团队撰写，分总论、国别与地区、专题、热点、世界经济统计与预测等五个部分，对 2018 年世界经济形势进行了分析。

国际城市蓝皮书

国际城市发展报告（2018）

屠启宇 / 主编　2018 年 2 月出版　估价：99.00 元

◆　本书作者以上海社会科学院从事国际城市研究的学者团队为核心，汇集同济大学、华东师范大学、复旦大学、上海交通大学、南京大学、浙江大学相关城市研究专业学者。立足动态跟踪介绍国际城市发展时间中，最新出现的重大战略、重大理念、重大项目、重大报告和最佳案例。

非洲黄皮书

非洲发展报告 No.20（2017 ~ 2018）

张宏明 / 主编　2018 年 7 月出版　估价：99.00 元

◆　本书是由中国社会科学院西亚非洲研究所组织编撰的非洲形势年度报告，比较全面、系统地分析了 2017 年非洲政治形势和热点问题，探讨了非洲经济形势和市场走向，剖析了大国对非洲关系的新动向；此外，还介绍了国内非洲研究的新成果。

国别类

美国蓝皮书

美国研究报告（2018）

郑秉文　黄平 / 主编　2018 年 5 月出版　估价：99.00 元

◆　本书是由中国社会科学院美国研究所主持完成的研究成果，它回顾了美国 2017 年的经济、政治形势与外交战略，对美国内政外交发生的重大事件及重要政策进行了较为全面的回顾和梳理。

德国蓝皮书

德国发展报告（2018）

郑春荣 / 主编　2018 年 6 月出版　估价：99.00 元

◆　本报告由同济大学德国研究所组织编撰，由该领域的专家学者对德国的政治、经济、社会文化、外交等方面的形势发展情况，进行全面的阐述与分析。

俄罗斯黄皮书

俄罗斯发展报告（2018）

李永全 / 编著　2018 年 6 月出版　估价：99.00 元

◆　本书系统介绍了 2017 年俄罗斯经济政治情况，并对 2016 年该地区发生的焦点、热点问题进行了分析与回顾；在此基础上，对该地区 2018 年的发展前景进行了预测。

文 化 传 媒 类

新媒体蓝皮书

中国新媒体发展报告 No.9（2018）

唐绪军 / 主编　2018 年 6 月出版　估价：99.00 元

◆　本书是由中国社会科学院新闻与传播研究所组织编写的关于新媒体发展的最新年度报告，旨在全面分析中国新媒体的发展现状，解读新媒体的发展趋势，探析新媒体的深刻影响。

移动互联网蓝皮书

中国移动互联网发展报告（2018）

余清楚 / 主编　2018 年 6 月出版　估价：99.00 元

◆　本书着眼于对 2017 年度中国移动互联网的发展情况做深入解析，对未来发展趋势进行预测，力求从不同视角、不同层面全面剖析中国移动互联网发展的现状、年度突破及热点趋势等。

文化蓝皮书

中国文化消费需求景气评价报告（2018）

王亚南 / 主编　2018 年 2 月出版　估价：99.00 元

◆　本书首创全国文化发展量化检测评价体系，也是至今全国唯一的文化民生量化检测评价体系，对于检验全国及各地 " 以人民为中心 " 的文化发展具有首创意义。

地方发展类

北京蓝皮书

北京经济发展报告（2017～2018）

杨松／主编　2018年6月出版　估价：99.00元

◆　本书对2017年北京市经济发展的整体形势进行了系统性的分析与回顾，并对2018年经济形势走势进行了预测与研判，聚焦北京市经济社会发展中的全局性、战略性和关键领域的重点问题，运用定量和定性分析相结合的方法，对北京市经济社会发展的现状、问题、成因进行了深入分析，提出了可操作性的对策建议。

温州蓝皮书

2018年温州经济社会形势分析与预测

蒋儒标　王春光　金浩／主编　2018年4月出版　估价：99.00元

◆　本书是中共温州市委党校和中国社会科学院社会学研究所合作推出的第十一本温州蓝皮书，由来自党校、政府部门、科研机构、高校的专家、学者共同撰写的2017年温州区域发展形势的最新研究成果。

黑龙江蓝皮书

黑龙江社会发展报告（2018）

王爱丽／主编　2018年6月出版　估价：99.00元

◆　本书以千份随机抽样问卷调查和专题研究为依据，运用社会学理论框架和分析方法，从专家和学者的独特视角，对2017年黑龙江省关系民生的问题进行广泛的调研与分析，并对2017年黑龙江省诸多社会热点和焦点问题进行了有益的探索。这些研究不仅可以为政府部门更加全面深入了解省情、科学制定决策提供智力支持，同时也可以为广大读者认识、了解、关注黑龙江社会发展提供理性思考。

宏观经济类

城市蓝皮书
中国城市发展报告（No.11）
著(编)者：潘家华 单菁菁
2018年9月出版 / 估价：99.00元
PSN B-2007-091-1/1

城乡一体化蓝皮书
中国城乡一体化发展报告（2018）
著(编)者：付崇兰
2018年9月出版 / 估价：99.00元
PSN B-2011-226-1/2

城镇化蓝皮书
中国新型城镇化健康发展报告（2018）
著(编)者：张占斌
2018年8月出版 / 估价：99.00元
PSN B-2014-396-1/1

创新蓝皮书
创新型国家建设报告（2018~2019）
著(编)者：詹正茂
2018年12月出版 / 估价：99.00元
PSN B-2009-140-1/1

低碳发展蓝皮书
中国低碳发展报告（2018）
著(编)者：张希良 齐晔
2018年6月出版 / 估价：99.00元
PSN B-2011-223-1/1

低碳经济蓝皮书
中国低碳经济发展报告（2018）
著(编)者：薛进军 赵忠秀
2018年11月出版 / 估价：99.00元
PSN B-2011-194-1/1

发展和改革蓝皮书
中国经济发展和体制改革报告No.9
著(编)者：邹东涛 王再文
2018年1月出版 / 估价：99.00元
PSN B-2008-122-1/1

国家创新蓝皮书
中国创新发展报告（2017）
著(编)者：陈劲　2018年3月出版 / 估价：99.00元
PSN B-2014-370-1/1

金融蓝皮书
中国金融发展报告（2018）
著(编)者：王国刚
2018年2月出版 / 估价：99.00元
PSN B-2004-031-1/7

经济蓝皮书
2018年中国经济形势分析与预测
著(编)者：李平　2017年12月出版 / 定价：89.00元
PSN B-1996-001-1/1

经济蓝皮书春季号
2018年中国经济前景分析
著(编)者：李扬　2018年5月出版 / 估价：99.00元
PSN B-1999-008-1/1

经济蓝皮书夏季号
中国经济增长报告（2017~2018）
著(编)者：李扬　2018年9月出版 / 估价：99.00元
PSN B-2010-176-1/1

经济信息绿皮书
中国与世界经济发展报告（2018）
著(编)者：杜平
2017年12月出版 / 估价：99.00元
PSN B-2003-023-1/1

农村绿皮书
中国农村经济形势分析与预测（2017~2018）
著(编)者：魏后凯 黄秉信
2018年4月出版 / 估价：99.00元
PSN G-1998-003-1/1

人口与劳动绿皮书
中国人口与劳动问题报告No.19
著(编)者：张车伟　2018年11月出版 / 估价：99.00元
PSN G-2000-012-1/1

新型城镇化蓝皮书
新型城镇化发展报告（2017）
著(编)者：李伟 宋敏 沈体雁
2018年3月出版 / 估价：99.00元
PSN B-2005-038-1/1

中国省域竞争力蓝皮书
中国省域经济综合竞争力发展报告（2016~2017）
著(编)者：李建平 李闽榕 高燕京
2018年2月出版 / 估价：198.00元
PSN B-2007-088-1/1

中小城市绿皮书
中国中小城市发展报告（2018）
著(编)者：中国城市经济学会中小城市经济发展委员会
中国城镇化促进会中小城市发展委员会
《中国中小城市发展报告》编纂委员会
中小城市发展战略研究院
2018年11月出版 / 估价：128.00元
PSN G-2010-161-1/1

区域经济类

东北蓝皮书
中国东北地区发展报告（2018）
著(编)者：姜晓秋　2018年11月出版 / 估价：99.00元
PSN B-2006-067-1/1

金融蓝皮书
中国金融中心发展报告（2017～2018）
著(编)者：王力 黄育华　2018年11月出版 估价：99.00元
PSN B-2011-186-6/7

京津冀蓝皮书
京津冀发展报告（2018）
著(编)者：祝合良 叶堂林 张贵祥
2018年6月出版 / 估价：99.00元
PSN B-2012-262-1/1

西北蓝皮书
中国西北发展报告（2018）
著(编)者：任宗哲 白宽犁 王建康
2018年4月出版 / 估价：99.00元
PSN B-2012-261-1/1

西部蓝皮书
中国西部发展报告（2018）
著(编)者：璋勇 任保平　2018年8月出版 / 估价：99.00元
PSN B-2005-039-1/1

长江经济带产业蓝皮书
长江经济带产业发展报告（2018）
著(编)者：吴传清　2018年11月出版 / 估价：128.00元
PSN B-2017-666-1/1

长江经济带蓝皮书
长江经济带发展报告（2017～2018）
著(编)者：王振　2018年11月出版 / 估价：99.00元
PSN B-2016-575-1/1

长江中游城市群蓝皮书
长江中游城市群新型城镇化与产业协同发展报告（2018）
著(编)者：杨刚强　2018年11月出版 / 估价：99.00元
PSN B-2016-578-1/1

长三角蓝皮书
2017年创新融合发展的长三角
著(编)者：刘飞跃　2018年3月出版 / 估价：99.00元
PSN B-2005-038-1/1

长株潭城市群蓝皮书
长株潭城市群发展报告（2017）
著(编)者：张萍 朱有志　2018年1月出版 / 估价：99.00元
PSN B-2008-109-1/1

中部竞争力蓝皮书
中国中部经济社会竞争力报告（2018）
著(编)者：教育部人文社会科学重点研究基地南昌大学中国
中部经济社会发展研究中心
2018年12月出版 / 估价：99.00元
PSN B-2012-276-1/1

中部蓝皮书
中国中部地区发展报告（2018）
著(编)者：宋亚平　2018年12月出版 / 估价：99.00元
PSN B-2007-089-1/1

区域蓝皮书
中国区域经济发展报告（2017～2018）
著(编)者：赵弘　2018年5月出版 / 估价：99.00元
PSN B-2004-034-1/1

中三角蓝皮书
长江中游城市群发展报告（2018）
著(编)者：秦尊文　2018年9月出版 / 估价：99.00元
PSN B-2014-417-1/1

中原蓝皮书
中原经济区发展报告（2018）
著(编)者：李英杰　2018年6月出版 / 估价：99.00元
PSN B-2011-192-1/1

珠三角流通蓝皮书
珠三角商圈发展研究报告（2018）
著(编)者：王先庆 林至颖　2018年7月出版 / 估价：99.00元
PSN B-2012-292-1/1

社会政法类

北京蓝皮书
中国社区发展报告（2017～2018）
著(编)者：于燕燕　2018年9月出版 / 估价：99.00元
PSN B-2007-083-5/8

殡葬绿皮书
中国殡葬事业发展报告（2017～2018）
著(编)者：李伯森　2018年4月出版 / 估价：158.00元
PSN G-2010-180-1/1

城市管理蓝皮书
中国城市管理报告（2017-2018）
著(编)者：刘林 刘承水　2018年5月出版 / 估价：158.00元
PSN B-2013-336-1/1

城市生活质量蓝皮书
中国城市生活质量报告（2017）
著(编)者：张连城 张平 杨春学 郎丽华
2018年2月出版 / 估价：99.00元
PSN B-2013-326-1/1

城市政府能力蓝皮书
中国城市政府公共服务能力评估报告（2018）
著(编)者：何艳玲　2018年4月出版 / 估价：99.00元
PSN B-2013-338-1/1

创业蓝皮书
中国创业发展研究报告（2017~2018）
著(编)者：黄群慧 赵卫星 钟宏武
2018年11月出版 / 估价：99.00元
PSN B-2016-577-1/1

慈善蓝皮书
中国慈善发展报告（2018）
著(编)者：杨团　2018年6月出版 / 估价：99.00元
PSN B-2009-142-1/1

党建蓝皮书
党的建设研究报告No.2（2018）
著(编)者：崔建民 陈东平　2018年1月出版 / 估价：99.00元
PSN B-2016-523-1/1

地方法治蓝皮书
中国地方法治发展报告No.3（2018）
著(编)者：李林 田禾　2018年3月出版 / 估价：118.00元
PSN B-2015-442-1/1

电子政务蓝皮书
中国电子政务发展报告（2018）
著(编)者：李季　2018年8月出版 / 估价：99.00元
PSN B-2003-022-1/1

法治蓝皮书
中国法治发展报告No.16（2018）
著(编)者：吕艳滨　2018年3月出版 / 估价：118.00元
PSN B-2004-027-1/3

法治蓝皮书
中国法院信息化发展报告No.2（2018）
著(编)者：李林 田禾　2018年2月出版 / 估价：108.00元
PSN B-2017-604-3/3

法治政府蓝皮书
中国法治政府发展报告（2018）
著(编)者：中国政法大学法治政府研究院
2018年4月出版 / 估价：99.00元
PSN B-2015-502-1/2

法治政府蓝皮书
中国法治政府评估报告（2018）
著(编)者：中国政法大学法治政府研究院
2018年9月出版 / 估价：168.00元
PSN B-2016-576-2/2

反腐倡廉蓝皮书
中国反腐倡廉建设报告No.8
著(编)者：张英伟　2018年12月出版 / 估价：99.00元
PSN B-2012-259-1/1

扶贫蓝皮书
中国扶贫开发报告（2018）
著(编)者：李培林 魏后凯　2018年12月出版 / 估价：128.00元
PSN B-2016-599-1/1

妇女发展蓝皮书
中国妇女发展报告 No.6
著(编)者：王金玲　2018年9月出版 / 估价：158.00元
PSN B-2006-069-1/1

妇女教育蓝皮书
中国妇女教育发展报告 No.3
著(编)者：张李玺　2018年10月出版 / 估价：99.00元
PSN B-2008-121-1/1

妇女绿皮书
2018年：中国性别平等与妇女发展报告
著(编)者：谭琳　2018年12月出版 / 估价：99.00元
PSN G-2006-073-1/1

公共安全蓝皮书
中国城市公共安全发展报告（2017~2018）
著(编)者：黄育华 杨文明 赵建辉
2018年6月出版 / 估价：99.00元
PSN B-2017-628-1/1

公共服务蓝皮书
中国城市基本公共服务力评价（2018）
著(编)者：钟君 刘志昌 吴正杲
2018年12月出版 / 估价：99.00元
PSN B-2011-214-1/1

公民科学素质蓝皮书
中国公民科学素质报告（2017~2018）
著(编)者：李群 陈雄 马宗文
2018年1月出版 / 估价：99.00元
PSN B-2014-379-1/1

公益蓝皮书
中国公益慈善发展报告（2016）
著(编)者：朱健刚 胡小军　2018年2月出版 / 估价：99.00元
PSN B-2012-283-1/1

国际人才蓝皮书
中国国际移民报告（2018）
著(编)者：王辉耀　2018年2月出版 / 估价：99.00元
PSN B-2012-304-3/4

国际人才蓝皮书
中国留学发展报告（2018）No.7
著(编)者：王辉耀 苗绿　2018年12月出版 / 估价：99.00元
PSN B-2012-244-2/4

海洋社会蓝皮书
中国海洋社会发展报告（2017）
著(编)者：崔凤 宋宁而　2018年3月出版 / 估价：99.00元
PSN B-2015-478-1/1

行政改革蓝皮书
中国行政体制改革报告No.7（2018）
著(编)者：魏礼群　2018年6月出版 / 估价：99.00元
PSN B-2011-231-1/1

华侨华人蓝皮书
华侨华人研究报告（2017）
著(编)者：贾益民　2018年1月出版 / 估价：139.00元
PSN B-2011-204-1/1

环境竞争力绿皮书
中国省域环境竞争力发展报告（2018）
著(编)者：李建平 李闽榕 王金南
2018年11月出版 / 估价：198.00元
PSN G-2010-165-1/1

环境绿皮书
中国环境发展报告（2017~2018）
著(编)者：李波　2018年4月出版 / 估价：99.00元
PSN G-2006-048-1/1

家庭蓝皮书
中国"创建幸福家庭活动"评估报告（2018）
著(编)者：国务院发展研究中心"创建幸福家庭活动评估"课题组
2018年12月出版 / 估价：99.00元
PSN B-2015-508-1/1

健康城市蓝皮书
中国健康城市建设研究报告（2018）
著(编)者：王鸿春 盛继洪　2018年12月出版 / 估价：99.00元
PSN B-2016-564-2/2

健康中国蓝皮书
社区首诊与健康中国分析报告（2018）
著(编)者：高和荣 杨叔禹 姜杰
2018年4月出版 / 估价：99.00元
PSN B-2017-611-1/1

教师蓝皮书
中国中小学教师发展报告（2017）
著(编)者：曾晓东 鱼霞　2018年6月出版 / 估价：99.00元
PSN B-2012-289-1/1

教育扶贫蓝皮书
中国教育扶贫报告（2018）
著(编)者：司树杰 王文静 李兴洲
2018年12月出版 / 估价：99.00元
PSN B-2016-590-1/1

教育蓝皮书
中国教育发展报告（2018）
著(编)者：杨东平　2018年4月出版 / 估价：99.00元
PSN B-2006-047-1/1

金融法治建设蓝皮书
中国金融法治建设年度报告（2015~2016）
著(编)者：朱小黄　2018年6月出版 / 估价：99.00元
PSN B-2017-633-1/1

京津冀教育蓝皮书
京津冀教育发展研究报告（2017~2018）
著(编)者：方中雄　2018年4月出版 / 估价：99.00元
PSN B-2017-608-1/1

就业蓝皮书
2018年中国本科生就业报告
著(编)者：麦可思研究院　2018年6月出版 / 估价：99.00元
PSN B-2009-146-1/2

就业蓝皮书
2018年中国高职高专生就业报告
著(编)者：麦可思研究院　2018年6月出版 / 估价：99.00元
PSN B-2015-472-2/2

科学教育蓝皮书
中国科学教育发展报告（2018）
著(编)者：王康友　2018年10月出版 / 估价：99.00元
PSN B-2015-487-1/1

劳动保障蓝皮书
中国劳动保障发展报告（2018）
著(编)者：刘燕斌　2018年9月出版 / 估价：158.00元
PSN B-2014-415-1/1

老龄蓝皮书
中国老年宜居环境发展报告（2017）
著(编)者：党俊武 周燕珉　2018年1月出版 / 估价：99.00元
PSN B-2013-320-1/1

连片特困区蓝皮书
中国连片特困区发展报告（2017~2018）
著(编)者：游俊 冷志明 丁建军
2018年4月出版 / 估价：99.00元
PSN B-2013-321-1/1

流动儿童蓝皮书
中国流动儿童教育发展报告（2017）
著(编)者：杨东平　2018年1月出版 / 估价：99.00元
PSN B-2017-600-1/1

民调蓝皮书
中国民生调查报告（2018）
著(编)者：谢耘耕　2018年12月出版 / 估价：99.00元
PSN B-2014-398-1/1

民族发展蓝皮书
中国民族发展报告（2018）
著(编)者：王延中　2018年10月出版 / 估价：188.00元
PSN B-2006-070-1/1

女性生活蓝皮书
中国女性生活状况报告No.12（2018）
著(编)者：韩湘景　2018年7月出版 / 估价：99.00元
PSN B-2006-071-1/1

汽车社会蓝皮书
中国汽车社会发展报告（2017~2018）
著(编)者：王俊秀　2018年1月出版 / 估价：99.00元
PSN B-2011-224-1/1

青年蓝皮书
中国青年发展报告（2018）No.3
著(编)者：廉思　2018年4月出版 / 估价：99.00元
PSN B-2013-333-1/1

青少年蓝皮书
中国未成年人互联网运用报告（2017~2018）
著(编)者：季为民 李文革 沈杰
2018年11月出版 / 估价：99.00元
PSN B-2010-156-1/1

人权蓝皮书
中国人权事业发展报告No.8（2018）
著（编）者：李君如　2018年9月出版 / 估价：99.00元
PSN B-2011-215-1/1

社会保障绿皮书
中国社会保障发展报告No.9（2018）
著（编）者：王延中　2018年1月出版 / 估价：99.00元
PSN G-2001-014-1/1

社会风险评估蓝皮书
风险评估与危机预警报告（2017~2018）
著（编）者：唐钧　2018年8月出版 / 估价：99.00元
PSN B-2012-293-1/1

社会工作蓝皮书
中国社会工作发展报告（2016~2017）
著（编）者：民政部社会工作研究中心
2018年8月出版 / 估价：99.00元
PSN B-2009-141-1/1

社会管理蓝皮书
中国社会管理创新报告No.6
著（编）者：连玉明　2018年11月出版 / 估价：99.00元
PSN B-2012-300-1/1

社会蓝皮书
2018年中国社会形势分析与预测
著（编）者：李培林 陈光金 张翼
2017年12月出版 / 定价：89.00元
PSN B-1998-002-1/1

社会体制蓝皮书
中国社会体制改革报告No.6（2018）
著（编）者：龚维斌　2018年3月出版 / 估价：99.00元
PSN B-2013-330-1/1

社会心态蓝皮书
中国社会心态研究报告（2018）
著（编）者：王俊秀　2018年12月出版 / 估价：99.00元
PSN B-2011-199-1/1

社会组织蓝皮书
中国社会组织报告（2017-2018）
著（编）者：黄晓勇　2018年1月出版 / 估价：99.00元
PSN B-2008-118-1/2

社会组织蓝皮书
中国社会组织评估发展报告（2018）
著（编）者：徐家良　2018年12月出版 / 估价：99.00元
PSN B-2013-366-2/2

生态城市绿皮书
中国生态城市建设发展报告（2018）
著（编）者：刘举科 孙伟平 胡文臻
2018年9月出版 / 估价：158.00元
PSN G-2012-269-1/1

生态文明绿皮书
中国省域生态文明建设评价报告（ECI 2018）
著（编）者：严耕　2018年12月出版 / 估价：99.00元
PSN G-2010-170-1/1

退休生活蓝皮书
中国城市居民退休生活质量指数报告（2017）
著（编）者：杨一帆　2018年5月出版 / 估价：99.00元
PSN B-2017-618-1/1

危机管理蓝皮书
中国危机管理报告（2018）
著（编）者：文学国 范正青
2018年8月出版 / 估价：99.00元
PSN B-2010-171-1/1

学会蓝皮书
2018年中国学会发展报告
著（编）者：麦可思研究院
2018年12月出版 / 估价：99.00元
PSN B-2016-597-1/1

医改蓝皮书
中国医药卫生体制改革报告（2017~2018）
著（编）者：文学国 房志武
2018年11月出版 / 估价：99.00元
PSN B-2014-432-1/1

应急管理蓝皮书
中国应急管理报告（2018）
著（编）者：宋英华　2018年9月出版 / 估价：99.00元
PSN B-2016-562-1/1

政府绩效评估蓝皮书
中国地方政府绩效评估报告No.2
著（编）者：贠杰　2018年12月出版 / 估价：99.00元
PSN B-2017-672-1/1

政治参与蓝皮书
中国政治参与报告（2018）
著（编）者：房宁　2018年8月出版 / 估价：128.00元
PSN B-2011-200-1/1

政治文化蓝皮书
中国政治文化报告（2018）
著（编）者：邢元敏 魏大鹏 龚克
2018年8月出版 / 估价：128.00元
PSN B-2017-615-1/1

中国传统村落蓝皮书
中国传统村落保护现状报告（2018）
著（编）者：胡彬彬 李向军 王晓波
2018年12月出版 / 估价：99.00元
PSN B-2017-663-1/1

中国农村妇女发展蓝皮书
农村流动女性城市生活发展报告（2018）
著（编）者：谢丽华　2018年12月出版 / 估价：99.00元
PSN B-2014-434-1/1

宗教蓝皮书
中国宗教报告（2017）
著（编）者：邱永辉　2018年8月出版 / 估价：99.00元
PSN B-2008-117-1/1

产业经济类

保健蓝皮书
中国保健服务产业发展报告 No.2
著(编)者：中国保健协会　中共中央党校
2018年7月出版 / 估价：198.00元
PSN B-2012-272-3/3

保健蓝皮书
中国保健食品产业发展报告 No.2
著(编)者：中国保健协会
　　　　中国社会科学院食品药品产业发展与监管研究中心
2018年8月出版 / 估价：198.00元
PSN B-2012-271-2/3

保健蓝皮书
中国保健用品产业发展报告 No.2
著(编)者：中国保健协会
　　　　国务院国有资产监督管理委员会研究中心
2018年3月出版 / 估价：198.00元
PSN B-2012-270-1/3

保险蓝皮书
中国保险业竞争力报告（2018）
著(编)者：保监会　2018年12月出版 / 估价：99.00元
PSN B-2013-311-1/1

冰雪蓝皮书
中国冰上运动产业发展报告（2018）
著(编)者：孙承华 杨占武 刘戈 张鸿俊
2018年9月出版 / 估价：99.00元
PSN B-2017-648-3/3

冰雪蓝皮书
中国滑雪产业发展报告（2018）
著(编)者：孙承华 伍斌 魏庆华 张鸿俊
2018年9月出版 / 估价：99.00元
PSN B-2016-559-1/3

餐饮产业蓝皮书
中国餐饮产业发展报告（2018）
著(编)者：邢颖
2018年6月出版 / 估价：99.00元
PSN B-2009-151-1/1

茶业蓝皮书
中国茶产业发展报告（2018）
著(编)者：杨江帆 李闽榕
2018年10月出版 / 估价：99.00元
PSN B-2010-164-1/1

产业安全蓝皮书
中国文化产业安全报告（2018）
著(编)者：北京印刷学院文化产业安全研究院
2018年12月出版 / 估价：99.00元
PSN B-2014-378-12/14

产业安全蓝皮书
中国新媒体产业安全报告（2016~2017）
著(编)者：肖丽　2018年6月出版 / 估价：99.00元
PSN B-2015-500-14/14

产业安全蓝皮书
中国出版传媒产业安全报告（2017~2018）
著(编)者：北京印刷学院文化产业安全研究院
2018年3月出版 / 估价：99.00元
PSN B-2014-384-13/14

产业蓝皮书
中国产业竞争力报告（2018）No.8
著(编)者：张其仔　2018年12月出版 / 估价：168.00元
PSN B-2010-175-1/1

动力电池蓝皮书
中国新能源汽车动力电池产业发展报告（2018）
著(编)者：中国汽车技术研究中心
2018年8月出版 / 估价：99.00元
PSN B-2017-639-1/1

杜仲产业绿皮书
中国杜仲橡胶资源与产业发展报告（2017~2018）
著(编)者：杜红岩 胡文臻 俞锐
2018年1月出版 / 估价：99.00元
PSN G-2013-350-1/1

房地产蓝皮书
中国房地产发展报告No.15（2018）
著(编)者：李春华 王业强
2018年5月出版 / 估价：99.00元
PSN B-2004-028-1/1

服务外包蓝皮书
中国服务外包产业发展报告（2017~2018）
著(编)者：王晓红 刘德军
2018年6月出版 / 估价：99.00元
PSN B-2013-331-2/2

服务外包蓝皮书
中国服务外包竞争力报告（2017~2018）
著(编)者：刘春生 王力 黄育华
2018年12月出版 / 估价：99.00元
PSN B-2011-216-1/2

工业和信息化蓝皮书
世界信息技术产业发展报告（2017~2018）
著(编)者：尹丽波　2018年6月出版 / 估价：99.00元
PSN B-2015-449-2/6

工业和信息化蓝皮书
战略性新兴产业发展报告（2017~2018）
著(编)者：尹丽波　2018年6月出版 / 估价：99.00元
PSN B-2015-450-3/6

客车蓝皮书
中国客车产业发展报告（2017~2018）
著(编)者：姚蔚　2018年10月出版 / 估价：99.00元
PSN B-2013-361-1/1

流通蓝皮书
中国商业发展报告（2018~2019）
著(编)者：王雪峰 林诗慧
2018年7月出版 / 估价：99.00元
PSN B-2009-152-1/2

能源蓝皮书
中国能源发展报告（2018）
著(编)者：崔民选 王军生 陈义和
2018年12月出版 / 估价：99.00元
PSN B-2006-049-1/1

农产品流通蓝皮书
中国农产品流通产业发展报告（2017）
著(编)者：贾敬敦 张东科 张玉玺 张鹏毅 周伟
2018年1月出版 / 估价：99.00元
PSN B-2012-288-1/1

汽车工业蓝皮书
中国汽车工业发展年度报告（2018）
著(编)者：中国汽车工业协会
　　　　　中国汽车技术研究中心
　　　　　丰田汽车公司
2018年5月出版 / 估价：168.00元
PSN B-2015-463-1/2

汽车工业蓝皮书
中国汽车零部件产业发展报告（2017~2018）
著(编)者：中国汽车工业协会
　　　　　中国汽车工程研究院深圳市沃特玛电池有限公司
2018年9月出版 / 估价：99.00元
PSN B-2016-515-2/2

汽车蓝皮书
中国汽车产业发展报告（2018）
著(编)者：中国汽车工程学会
　　　　　大众汽车集团（中国）
2018年11月出版 / 估价：99.00元
PSN B-2008-124-1/1

世界茶业蓝皮书
世界茶业发展报告（2018）
著(编)者：李闽榕 冯廷佺
2018年5月出版 / 估价：168.00元
PSN B-2017-619-1/1

世界能源蓝皮书
世界能源发展报告（2018）
著(编)者：黄晓勇　2018年6月出版 / 估价：168.00元
PSN B-2013-349-1/1

体育蓝皮书
国家体育产业基地发展报告（2016~2017）
著(编)者：李颖川　2018年4月出版 / 估价：168.00元
PSN B-2017-609-5/5

体育蓝皮书
中国体育产业发展报告（2018）
著(编)者：阮伟 钟秉枢
2018年12月出版 / 估价：99.00元
PSN B-2010-179-1/5

文化金融蓝皮书
中国文化金融发展报告（2018）
著(编)者：杨涛 金巍
2018年5月出版 / 估价：99.00元
PSN B-2017-610-1/1

新能源汽车蓝皮书
中国新能源汽车产业发展报告（2018）
著(编)者：中国汽车技术研究中心
　　　　　日产（中国）投资有限公司
　　　　　东风汽车有限公司
2018年8月出版 / 估价：99.00元
PSN B-2013-347-1/1

薏仁米产业蓝皮书
中国薏仁米产业发展报告No.2（2018）
著(编)者：李发耀 石明 秦礼康
2018年8月出版 / 估价：99.00元
PSN B-2017-645-1/1

邮轮绿皮书
中国邮轮产业发展报告（2018）
著(编)者：汪泓　2018年10月出版 / 估价：99.00元
PSN G-2014-419-1/1

智能养老蓝皮书
中国智能养老产业发展报告（2018）
著(编)者：朱勇　2018年10月出版 / 估价：99.00元
PSN B-2015-488-1/1

中国节能汽车蓝皮书
中国节能汽车发展报告（2017~2018）
著(编)者：中国汽车工程研究院股份有限公司
2018年9月出版 / 估价：99.00元
PSN B-2016-565-1/1

中国陶瓷产业蓝皮书
中国陶瓷产业发展报告（2018）
著(编)者：左和平 黄速建
2018年10月出版 / 估价：99.00元
PSN B-2016-573-1/1

装备制造业蓝皮书
中国装备制造业发展报告（2018）
著(编)者：徐东华　2018年12月出版 / 估价：118.00元
PSN B-2015-505-1/1

行业及其他类

"三农"互联网金融蓝皮书
中国"三农"互联网金融发展报告（2018）
著（编）者：李勇坚 王弢
2018年8月出版 / 估价：99.00元
PSN B-2016-560-1/1

SUV蓝皮书
中国SUV市场发展报告（2017~2018）
著（编）者：靳军　2018年9月出版 / 估价：99.00元
PSN B-2016-571-1/1

冰雪蓝皮书
中国冬季奥运会发展报告（2018）
著（编）者：孙承华 伍斌 魏庆华 张鸿俊
2018年9月出版 / 估价：99.00元
PSN B-2017-647-2/3

彩票蓝皮书
中国彩票发展报告（2018）
著（编）者：益彩基金　2018年4月出版 / 估价：99.00元
PSN B-2015-462-1/1

测绘地理信息蓝皮书
测绘地理信息供给侧结构性改革研究报告（2018）
著（编）者：库热西·买合苏提
2018年12月出版 / 估价：168.00元
PSN B-2009-145-1/1

产权市场蓝皮书
中国产权市场发展报告（2017）
著（编）者：曹和平　2018年5月出版 / 估价：99.00元
PSN B-2009-147-1/1

城投蓝皮书
中国城投行业发展报告（2018）
著（编）者：华景斌
2018年11月出版 / 估价：300.00元
PSN B-2016-514-1/1

大数据蓝皮书
中国大数据发展报告（No.2）
著（编）者：连玉明　2018年5月出版 / 估价：99.00元
PSN B-2017-620-1/1

大数据应用蓝皮书
中国大数据应用发展报告No.2（2018）
著（编）者：陈军君　2018年8月出版 / 估价：99.00元
PSN B-2017-644-1/1

对外投资与风险蓝皮书
中国对外直接投资与国家风险报告（2018）
著（编）者：中债资信评估有限责任公司
　　　　　　中国社会科学院世界经济与政治研究所
2018年4月出版 / 估价：189.00元
PSN B-2017-606-1/1

工业和信息化蓝皮书
人工智能发展报告（2017~2018）
著（编）者：尹丽波　2018年6月出版 / 估价：99.00元
PSN B-2015-448-1/6

工业和信息化蓝皮书
世界智慧城市发展报告（2017~2018）
著（编）者：尹丽波　2018年6月出版 / 估价：99.00元
PSN B-2017-624-6/6

工业和信息化蓝皮书
世界网络安全发展报告（2017~2018）
著（编）者：尹丽波　2018年6月出版 / 估价：99.00元
PSN B-2015-452-5/6

工业和信息化蓝皮书
世界信息化发展报告（2017~2018）
著（编）者：尹丽波　2018年6月出版 / 估价：99.00元
PSN B-2015-451-4/6

工业设计蓝皮书
中国工业设计发展报告（2018）
著（编）者：王晓红 于炜 张立群　2018年9月出版 / 估价：168.00元
PSN B-2014-420-1/1

公共关系蓝皮书
中国公共关系发展报告（2018）
著（编）者：柳斌杰　2018年11月出版 / 估价：99.00元
PSN B-2016-579-1/1

管理蓝皮书
中国管理发展报告（2018）
著（编）者：张晓东　2018年10月出版 / 估价：99.00元
PSN B-2014-416-1/1

海关发展蓝皮书
中国海关发展前沿报告（2018）
著（编）者：干春晖　2018年6月出版 / 估价：99.00元
PSN B-2017-616-1/1

互联网医疗蓝皮书
中国互联网健康医疗发展报告（2018）
著（编）者：芮晓武　2018年6月出版 / 估价：99.00元
PSN B-2016-567-1/1

黄金市场蓝皮书
中国商业银行黄金业务发展报告（2017~2018）
著（编）者：平安银行　2018年3月出版 / 估价：99.00元
PSN B-2016-524-1/1

会展蓝皮书
中外会展业动态评估研究报告（2018）
著（编）者：张敏 任中峰 聂鑫焱 牛盼强
2018年12月出版 / 估价：99.00元
PSN B-2013-327-1/1

基金会蓝皮书
中国基金会发展报告（2017~2018）
著（编）者：中国基金会发展报告课题组
2018年4月出版 / 估价：99.00元
PSN B-2013-368-1/1

基金会绿皮书
中国基金会发展独立研究报告（2018）
著（编）者：基金会中心网 中央民族大学基金会研究中心
2018年6月出版 / 估价：99.00元
PSN G-2011-213-1/1

基金会透明度蓝皮书
中国基金会透明度发展研究报告（2018）
著（编）者：基金会中心网
　　　　　清华大学廉政与治理研究中心
2018年9月出版／估价：99.00元
PSN B-2013-339-1/1

建筑装饰蓝皮书
中国建筑装饰行业发展报告（2018）
著（编）者：葛道顺 刘晓一
2018年10月出版／估价：198.00元
PSN B-2016-553-1/1

金融监管蓝皮书
中国金融监管报告（2018）
著（编）者：胡滨 2018年5月出版／估价：99.00元
PSN B-2012-281-1/1

金融蓝皮书
中国互联网金融行业分析与评估（2018～2019）
著（编）者：黄国平 伍旭川 2018年12月出版／估价：99.00元
PSN B-2016-585-7/7

金融科技蓝皮书
中国金融科技发展报告（2018）
著（编）者：李扬 孙国峰 2018年10月出版／估价：99.00元
PSN B-2014-374-1/1

金融信息服务蓝皮书
中国金融信息服务发展报告（2018）
著（编）者：李平 2018年5月出版／估价：99.00元
PSN B-2017-621-1/1

京津冀金融蓝皮书
京津冀金融发展报告（2018）
著（编）者：王爱俭 王璟怡 2018年10月出版／估价：99.00元
PSN B-2016-527-1/1

科普蓝皮书
国家科普能力发展报告（2018）
著（编）者：王康友 2018年5月出版／估价：138.00元
PSN B-2017-632-4/4

科普蓝皮书
中国基层科普发展报告（2017～2018）
著（编）者：赵立新 陈玲 2018年9月出版／估价：99.00元
PSN B-2016-568-3/4

科普蓝皮书
中国科普基础设施发展报告（2017～2018）
著（编）者：任福君 2018年6月出版／估价：99.00元
PSN B-2010-174-1/3

科普蓝皮书
中国科普人才发展报告（2017～2018）
著（编）者：郑念 任嵘嵘 2018年7月出版／估价：99.00元
PSN B-2016-512-2/4

科普能力蓝皮书
中国科普能力评价报告（2018～2019）
著（编）者：李富强 李群 2018年8月出版／估价：99.00元
PSN B-2016-555-1/1

临空经济蓝皮书
中国临空经济发展报告（2018）
著（编）者：连玉明 2018年9月出版／估价：99.00元
PSN B-2014-421-1/1

旅游安全蓝皮书
中国旅游安全报告（2018）
著（编）者：郑向敏 谢朝武 2018年5月出版／估价：158.00元
PSN B-2012-280-1/1

旅游绿皮书
2017～2018年中国旅游发展分析与预测
著（编）者：宋瑞 2018年2月出版／估价：99.00元
PSN G-2002-018-1/1

煤炭蓝皮书
中国煤炭工业发展报告（2018）
著（编）者：岳福斌 2018年12月出版／估价：99.00元
PSN B-2008-123-1/1

民营企业社会责任蓝皮书
中国民营企业社会责任报告（2018）
著（编）者：中华全国工商业联合会
2018年12月出版／估价：99.00元
PSN B-2015-510-1/1

民营医院蓝皮书
中国民营医院发展报告（2017）
著（编）者：薛晓林 2018年1月出版／估价：99.00元
PSN B-2012-299-1/1

闽商蓝皮书
闽商发展报告（2018）
著（编）者：李闽榕 王日根 林琛
2018年12月出版／估价：99.00元
PSN B-2012-298-1/1

农业应对气候变化蓝皮书
中国农业气象灾害及其灾损评估报告（No.3）
著（编）者：矫梅燕 2018年1月出版／估价：118.00元
PSN B-2014-413-1/1

品牌蓝皮书
中国品牌战略发展报告（2018）
著（编）者：汪同三 2018年10月出版／估价：99.00元
PSN B-2016-580-1/1

企业扶贫蓝皮书
中国企业扶贫研究报告（2018）
著（编）者：钟宏武 2018年12月出版／估价：99.00元
PSN B-2016-593-1/1

企业公益蓝皮书
中国企业公益研究报告（2018）
著（编）者：钟宏武 汪杰 黄晓娟
2018年12月出版／估价：99.00元
PSN B-2015-501-1/1

企业国际化蓝皮书
中国企业全球化报告（2018）
著（编）者：王辉耀 苗绿 2018年11月出版／估价：99.00元
PSN B-2014-427-1/1

企业蓝皮书
中国企业绿色发展报告No.2（2018）
著(编)者：李红玉 朱光辉
2018年8月出版 / 估价：99.00元
PSN B-2015-481-2/2

企业社会责任蓝皮书
中资企业海外社会责任研究报告（2017～2018）
著(编)者：钟宏武 叶柳红 张蒽
2018年1月出版 / 估价：99.00元
PSN B-2017-603-2/2

企业社会责任蓝皮书
中国企业社会责任研究报告（2018）
著(编)者：黄群慧 钟宏武 张蒽 汪杰
2018年11月出版 / 估价：99.00元
PSN B-2009-149-1/2

汽车安全蓝皮书
中国汽车安全发展报告（2018）
著(编)者：中国汽车技术研究中心
2018年8月出版 / 估价：99.00元
PSN B-2014-385-1/1

汽车电子商务蓝皮书
中国汽车电子商务发展报告（2018）
著(编)者：中华全国工商业联合会汽车经销商商会
　　　　　北方工业大学
　　　　　北京易观智库网络科技有限公司
2018年10月出版 / 估价：158.00元
PSN B-2015-485-1/1

汽车知识产权蓝皮书
中国汽车产业知识产权发展报告（2018）
著(编)者：中国汽车工程研究院股份有限公司
　　　　　中国汽车工程学会
　　　　　重庆长安汽车股份有限公司
2018年12月出版 / 估价：99.00元
PSN B-2016-594-1/1

青少年体育蓝皮书
中国青少年体育发展报告（2017）
著(编)者：刘扶民 杨桦　　2018年1月出版 / 估价：99.00元
PSN B-2015-482-1/1

区块链蓝皮书
中国区块链发展报告（2018）
著(编)者：李伟　　2018年9月出版 / 估价：99.00元
PSN B-2017-649-1/1

群众体育蓝皮书
中国群众体育发展报告（2017）
著(编)者：刘国永 戴健　　2018年5月出版 / 估价：99.00元
PSN B-2014-411-1/3

群众体育蓝皮书
中国社会体育指导员发展报告（2018）
著(编)者：刘国永 王欢　　2018年4月出版 / 估价：99.00元
PSN B-2016-520-3/3

人力资源蓝皮书
中国人力资源发展报告（2018）
著(编)者：余兴安　　2018年11月出版 / 估价：99.00元
PSN B-2012-287-1/1

融资租赁蓝皮书
中国融资租赁业发展报告（2017～2018）
著(编)者：李光荣 王力　　2018年8月出版 / 估价：99.00元
PSN B-2015-443-1/1

商会蓝皮书
中国商会发展报告No.5（2017）
著(编)者：王钦敏　　2018年7月出版 / 估价：99.00元
PSN B-2008-125-1/1

商务中心区蓝皮书
中国商务中心区发展报告No.4（2017～2018）
著(编)者：李国红 单菁菁　　2018年9月出版 / 估价：99.00元
PSN B-2015-444-1/1

设计产业蓝皮书
中国创新设计发展报告（2018）
著(编)者：王晓红 张立群 于炜
2018年11月出版 / 估价：99.00元
PSN B-2016-581-2/2

社会责任管理蓝皮书
中国上市公司社会责任能力成熟度报告No.4（2018）
著(编)者：肖红军 王晓光 李伟阳
2018年12月出版 / 估价：99.00元
PSN B-2015-507-2/2

社会责任管理蓝皮书
中国企业公众透明度报告No.4（2017～2018）
著(编)者：黄速建 熊梦 王晓光 肖红军
2018年4月出版 / 估价：99.00元
PSN B-2015-440-1/2

食品药品蓝皮书
食品药品安全与监管政策研究报告（2016～2017）
著(编)者：唐民皓　　2018年6月出版 / 估价：99.00元
PSN B-2009-129-1/1

输血服务蓝皮书
中国输血行业发展报告（2018）
著(编)者：孙俊　　2018年12月出版 / 估价：99.00元
PSN B-2016-582-1/1

水利风景区蓝皮书
中国水利风景区发展报告（2018）
著(编)者：董建文 兰思仁
2018年10月出版 / 估价：99.00元
PSN B-2015-480-1/1

私募市场蓝皮书
中国私募股权市场发展报告（2017～2018）
著(编)者：曹和平　　2018年12月出版 / 估价：99.00元
PSN B-2010-162-1/1

碳排放权交易蓝皮书
中国碳排放权交易报告（2018）
著(编)者：孙永平　　2018年11月出版 / 估价：99.00元
PSN B-2017-652-1/1

碳市场蓝皮书
中国碳市场报告（2018）
著(编)者：定金彪　　2018年11月出版 / 估价：99.00元
PSN B-2014-430-1/1

体育蓝皮书
中国公共体育服务发展报告（2018）
著(编)者：戴健　　2018年12月出版 / 估价：99.00元
PSN B-2013-367-2/5

土地市场蓝皮书
中国农村土地市场发展报告（2017~2018）
著(编)者：李光荣　　2018年3月出版 / 估价：99.00元
PSN B-2016-526-1/1

土地整治蓝皮书
中国土地整治发展研究报告（No.5）
著(编)者：国土资源部土地整治中心
2018年7月出版 / 估价：99.00元
PSN B-2014-401-1/1

土地政策蓝皮书
中国土地政策研究报告（2018）
著(编)者：高延利 李宪文　　2017年12月出版 / 估价：99.00元
PSN B-2015-506-1/1

网络空间安全蓝皮书
中国网络空间安全发展报告（2018）
著(编)者：惠志斌 覃庆玲
2018年11月出版 / 估价：99.00元
PSN B-2015-466-1/1

文化志愿服务蓝皮书
中国文化志愿服务发展报告（2018）
著(编)者：张永新 良警宇　　2018年11月出版 / 估价：128.00元
PSN B-2016-596-1/1

西部金融蓝皮书
中国西部金融发展报告（2017~2018）
著(编)者：李忠民　　2018年8月出版 / 估价：99.00元
PSN B-2010-160-1/1

协会商会蓝皮书
中国行业协会商会发展报告（2017）
著(编)者：景朝阳 李勇　　2018年4月出版 / 估价：99.00元
PSN B-2015-461-1/1

新三板蓝皮书
中国新三板市场发展报告（2018）
著(编)者：王力　　2018年8月出版 / 估价：99.00元
PSN B-2016-533-1/1

信托市场蓝皮书
中国信托业市场报告（2017~2018）
著(编)者：用益金融信托研究院
2018年1月出版 / 估价：198.00元
PSN B-2014-371-1/1

信息化蓝皮书
中国信息化形势分析与预测（2017~2018）
著(编)者：周宏仁　　2018年8月出版 / 估价：99.00元
PSN B-2010-168-1/1

信用蓝皮书
中国信用发展报告（2017~2018）
著(编)者：章政 田侃　　2018年4月出版 / 估价：99.00元
PSN B-2013-328-1/1

休闲绿皮书
2017~2018年中国休闲发展报告
著(编)者：宋瑞　　2018年7月出版 / 估价：99.00元
PSN G-2010-158-1/1

休闲体育蓝皮书
中国休闲体育发展报告（2017~2018）
著(编)者：李相如 钟秉枢
2018年10月出版 / 估价：99.00元
PSN B-2016-516-1/1

养老金融蓝皮书
中国养老金融发展报告（2018）
著(编)者：董克用 姚余栋
2018年9月出版 / 估价：99.00元
PSN B-2016-583-1/1

遥感监测绿皮书
中国可持续发展遥感监测报告（2017）
著(编)者：顾行发 汪克强 潘教峰 李闽榕 徐东华 王琦安
2018年6月出版 / 估价：298.00元
PSN B-2017-629-1/1

药品流通蓝皮书
中国药品流通行业发展报告（2018）
著(编)者：佘鲁林 温再兴
2018年7月出版 / 估价：198.00元
PSN B-2014-429-1/1

医疗器械蓝皮书
中国医疗器械行业发展报告（2018）
著(编)者：王宝亭 耿鸿武
2018年10月出版 / 估价：99.00元
PSN B-2017-661-1/1

医院蓝皮书
中国医院竞争力报告（2018）
著(编)者：庄一强 曾益新　　2018年3月出版 / 估价：118.00元
PSN B-2016-528-1/1

瑜伽蓝皮书
中国瑜伽业发展报告（2017~2018）
著(编)者：张永建 徐华锋 朱泰余
2018年6月出版 / 估价：198.00元
PSN B-2017-625-1/1

债券市场蓝皮书
中国债券市场发展报告（2017~2018）
著(编)者：杨农　　2018年10月出版 / 估价：99.00元
PSN B-2016-572-1/1

志愿服务蓝皮书
中国志愿服务发展报告（2018）
著(编)者：中国志愿服务联合会
2018年11月出版 / 估价：99.00元
PSN B-2017-664-1/1

中国上市公司蓝皮书
中国上市公司发展报告（2018）
著(编)者：张鹏 张平 黄胤英
2018年9月出版 / 估价：99.00元
PSN B-2014-414-1/1

中国新三板蓝皮书
中国新三板创新与发展报告（2018）
著(编)者：刘平安 闻召林
2018年8月出版 / 估价：158.00元
PSN B-2017-638-1/1

中医文化蓝皮书
北京中医药文化传播发展报告（2018）
著(编)者：毛嘉陵 2018年5月出版 / 估价：99.00元
PSN B-2015-468-1/2

中医文化蓝皮书
中国中医药文化传播发展报告（2018）
著(编)者：毛嘉陵 2018年7月出版 / 估价：99.00元
PSN B-2016-584-2/2

中医药蓝皮书
北京中医药知识产权发展报告No.2
著(编)者：汪洪 屠志涛 2018年4月出版 / 估价：168.00元
PSN B-2017-602-1/1

资本市场蓝皮书
中国场外交易市场发展报告（2016~2017）
著(编)者：高峦 2018年3月出版 / 估价：99.00元
PSN B-2009-153-1/1

资产管理蓝皮书
中国资产管理行业发展报告（2018）
著(编)者：郑智 2018年7月出版 / 估价：99.00元
PSN B-2014-407-2/2

资产证券化蓝皮书
中国资产证券化发展报告（2018）
著(编)者：纪志宏 2018年11月出版 / 估价：99.00元
PSN B-2017-660-1/1

自贸区蓝皮书
中国自贸区发展报告（2018）
著(编)者：王力 黄育华 2018年6月出版 / 估价：99.00元
PSN B-2016-558-1/1

国际问题与全球治理类

"一带一路"跨境通道蓝皮书
"一带一路"跨境通道建设研究报告（2018）
著(编)者：郭业洲 2018年8月出版 / 估价：99.00元
PSN B-2016-557-1/1

"一带一路"蓝皮书
"一带一路"建设发展报告（2018）
著(编)者：王晓泉 2018年6月出版 / 估价：99.00元
PSN B-2016-552-1/1

"一带一路"投资安全蓝皮书
中国"一带一路"投资与安全研究报告（2017~2018）
著(编)者：邹统钎 梁昊光 2018年4月出版 / 估价：99.00元
PSN B-2017-612-1/1

"一带一路"文化交流蓝皮书
中阿文化交流发展报告（2017）
著(编)者：王辉 2018年9月出版 / 估价：99.00元
PSN B-2017-655-1/1

G20国家创新竞争力黄皮书
二十国集团（G20）国家创新竞争力发展报告（2017~2018）
著(编)者：李建平 李闽榕 赵新力 周天勇
2018年7月出版 / 估价：168.00元
PSN Y-2011-229-1/1

阿拉伯黄皮书
阿拉伯发展报告（2016~2017）
著(编)者：罗林 2018年3月出版 / 估价：99.00元
PSN Y-2014-381-1/1

北部湾蓝皮书
泛北部湾合作发展报告（2017~2018）
著(编)者：吕余生 2018年12月出版 / 估价：99.00元
PSN B-2008-114-1/1

北极蓝皮书
北极地区发展报告（2017）
著(编)者：刘惠荣 2018年7月出版 / 估价：99.00元
PSN B-2017-634-1/1

大洋洲蓝皮书
大洋洲发展报告（2017~2018）
著(编)者：喻常森 2018年10月出版 / 估价：99.00元
PSN B-2013-341-1/1

东北亚区域合作蓝皮书
2017年"一带一路"倡议与东北亚区域合作
著(编)者：刘亚政 金美花
2018年5月出版 / 估价：99.00元
PSN B-2017-631-1/1

东盟黄皮书
东盟发展报告（2017）
著(编)者：杨晓强 庄国土
2018年3月出版 / 估价：99.00元
PSN Y-2012-303-1/1

东南亚蓝皮书
东南亚地区发展报告（2017~2018）
著(编)者：王勤 2018年12月出版 / 估价：99.00元
PSN B-2012-240-1/1

非洲黄皮书
非洲发展报告No.20（2017~2018）
著(编)者：张宏明 2018年7月出版 / 估价：99.00元
PSN Y-2012-239-1/1

非传统安全蓝皮书
中国非传统安全研究报告（2017~2018）
著(编)者：潇枫 罗中枢 2018年8月出版 / 估价：99.00元
PSN B-2012-273-1/1

国际安全蓝皮书
中国国际安全研究报告（2018）
著(编)者：刘慧　2018年7月出版 / 估价：99.00元
PSN B-2016-521-1/1

国际城市蓝皮书
国际城市发展报告（2018）
著(编)者：屠启宇　2018年2月出版 / 估价：99.00元
PSN B-2012-260-1/1

国际形势黄皮书
全球政治与安全报告（2018）
著(编)者：张宇燕　2018年1月出版 / 估价：99.00元
PSN Y-2001-016-1/1

公共外交蓝皮书
中国公共外交发展报告（2018）
著(编)者：赵启正 雷蔚真　2018年4月出版 / 估价：99.00元
PSN B-2015-457-1/1

金砖国家黄皮书
金砖国家综合创新竞争力发展报告（2018）
著(编)者：赵新力 李闽榕 黄茂兴
2018年8月出版 / 估价：128.00元
PSN Y-2017-643-1/1

拉美黄皮书
拉丁美洲和加勒比发展报告（2017～2018）
著(编)者：袁东振　2018年6月出版 / 估价：99.00元
PSN Y-1999-007-1/1

澜湄合作蓝皮书
澜沧江-湄公河合作发展报告（2018）
著(编)者：刘稚　2018年9月出版 / 估价：99.00元
PSN B-2011-196-1/1

欧洲蓝皮书
欧洲发展报告（2017～2018）
著(编)者：黄平 周弘 程卫东
2018年6月出版 / 估价：99.00元
PSN B-1999-009-1/1

葡语国家蓝皮书
葡语国家发展报告（2016～2017）
著(编)者：王成安 张敏 刘金兰
2018年4月出版 / 估价：99.00元
PSN B-2015-503-1/2

葡语国家蓝皮书
中国与葡语国家关系发展报告·巴西（2016）
著(编)者：张曙光　2018年8月出版 / 估价：99.00元
PSN B-2016-583-2/2

气候变化绿皮书
应对气候变化报告（2018）
著(编)者：王伟光 郑国光　2018年11月出版 / 估价：99.00元
PSN G-2009-144-1/1

全球环境竞争力绿皮书
全球环境竞争力报告（2018）
著(编)者：李建平 李闽榕 王金南
2018年12月出版 / 估价：198.00元
PSN G-2013-363-1/1

全球信息社会蓝皮书
全球信息社会发展报告（2018）
著(编)者：丁波涛 唐涛　2018年10月出版 / 估价：99.00元
PSN B-2017-665-1/1

日本经济蓝皮书
日本经济与中日经贸关系研究报告（2018）
著(编)者：张季风　2018年6月出版 / 估价：99.00元
PSN B-2008-102-1/1

上海合作组织黄皮书
上海合作组织发展报告（2018）
著(编)者：李进峰　2018年6月出版 / 估价：99.00元
PSN Y-2009-130-1/1

世界创新竞争力黄皮书
世界创新竞争力发展报告（2017）
著(编)者：李建平 李闽榕 赵新力
2018年1月出版 / 估价：168.00元
PSN Y-2013-318-1/1

世界经济黄皮书
2018年世界经济形势分析与预测
著(编)者：张宇燕　2018年1月出版 / 估价：99.00元
PSN Y-1999-006-1/1

丝绸之路蓝皮书
丝绸之路经济带发展报告（2018）
著(编)者：任宗哲 白宽犁 谷孟宾
2018年1月出版 / 估价：99.00元
PSN B-2014-410-1/1

新兴经济体蓝皮书
金砖国家发展报告（2018）
著(编)者：林跃勤 周文　2018年8月出版 / 估价：99.00元
PSN B-2011-195-1/1

亚太蓝皮书
亚太地区发展报告（2018）
著(编)者：李向阳　2018年5月出版 / 估价：99.00元
PSN B-2001-015-1/1

印度洋地区蓝皮书
印度洋地区发展报告（2018）
著(编)者：汪戎　2018年6月出版 / 估价：99.00元
PSN B-2013-334-1/1

渝新欧蓝皮书
渝新欧沿线国家发展报告（2018）
著(编)者：杨柏 黄森　2018年6月出版 / 估价：99.00元
PSN B-2017-626-1/1

中阿蓝皮书
中国-阿拉伯国家经贸发展报告（2018）
著(编)者：张廉 段庆林 王林聪 杨巧红
2018年12月出版 / 估价：99.00元
PSN B-2016-598-1/1

中东黄皮书
中东发展报告No.20（2017～2018）
著(编)者：杨光　2018年10月出版 / 估价：99.00元
PSN Y-1998-004-1/1

中亚黄皮书
中亚国家发展报告（2018）
著(编)者：孙力　2018年6月出版 / 估价：99.00元
PSN Y-2012-238-1/1

国别类

澳大利亚蓝皮书
澳大利亚发展报告（2017-2018）
著(编)者: 孙有中 韩锋　　2018年12月出版 / 估价: 99.00元
PSN B-2016-587-1/1

巴西黄皮书
巴西发展报告（2017）
著(编)者: 刘国枝　　2018年5月出版 / 估价: 99.00元
PSN Y-2017-614-1/1

德国蓝皮书
德国发展报告（2018）
著(编)者: 郑春荣　　2018年6月出版 / 估价: 99.00元
PSN B-2012-278-1/1

俄罗斯黄皮书
俄罗斯发展报告（2018）
著(编)者: 李永全　　2018年6月出版 / 估价: 99.00元
PSN Y-2006-061-1/1

韩国蓝皮书
韩国发展报告（2017）
著(编)者: 牛林杰 刘宝全　　2018年5月出版 / 估价: 99.00元
PSN B-2010-155-1/1

加拿大蓝皮书
加拿大发展报告（2018）
著(编)者: 唐小松　　2018年9月出版 / 估价: 99.00元
PSN B-2014-389-1/1

美国蓝皮书
美国研究报告（2018）
著(编)者: 郑秉文 黄平　　2018年5月出版 / 估价: 99.00元
PSN B-2011-210-1/1

缅甸蓝皮书
缅甸国情报告（2017）
著(编)者: 孔鹏 杨祥章　　2018年1月出版 / 估价: 99.00元
PSN B-2013-343-1/1

日本蓝皮书
日本研究报告（2018）
著(编)者: 杨伯江　　2018年6月出版 / 估价: 99.00元
PSN B-2002-020-1/1

土耳其蓝皮书
土耳其发展报告（2018）
著(编)者: 郭长刚 刘义　　2018年9月出版 / 估价: 99.00元
PSN B-2014-412-1/1

伊朗蓝皮书
伊朗发展报告（2017～2018）
著(编)者: 冀开运　　2018年10月 / 估价: 99.00元
PSN B-2016-574-1/1

以色列蓝皮书
以色列发展报告（2018）
著(编)者: 张倩红　　2018年8月出版 / 估价: 99.00元
PSN B-2015-483-1/1

印度蓝皮书
印度国情报告（2017）
著(编)者: 吕昭义　　2018年4月出版 / 估价: 99.00元
PSN B-2012-241-1/1

英国蓝皮书
英国发展报告（2017～2018）
著(编)者: 王展鹏　　2018年12月出版 / 估价: 99.00元
PSN B-2015-486-1/1

越南蓝皮书
越南国情报告（2018）
著(编)者: 谢林城　　2018年1月出版 / 估价: 99.00元
PSN B-2006-056-1/1

泰国蓝皮书
泰国研究报告（2018）
著(编)者: 庄国土 张禹东 刘文正
2018年10月出版 / 估价: 99.00元
PSN B-2016-556-1/1

文化传媒类

"三农"舆情蓝皮书
中国"三农"网络舆情报告（2017～2018）
著(编)者: 农业部信息中心
2018年6月出版 / 估价: 99.00元
PSN B-2017-640-1/1

传媒竞争力蓝皮书
中国传媒国际竞争力研究报告（2018）
著(编)者: 李本乾 刘强 王大可
2018年8月出版 / 估价: 99.00元
PSN B-2013-356-1/1

传媒蓝皮书
中国传媒产业发展报告（2018）
著(编)者: 崔保国　　2018年5月出版 / 估价: 99.00元
PSN B-2005-035-1/1

传媒投资蓝皮书
中国传媒投资发展报告（2018）
著(编)者: 张向东 谭云明
2018年6月出版 / 估价: 148.00元
PSN B-2015-474-1/1

非物质文化遗产蓝皮书
中国非物质文化遗产发展报告（2018）
著(编)者：陈平　2018年5月出版 / 估价：128.00元
PSN B-2015-469-1/2

非物质文化遗产蓝皮书
中国非物质文化遗产保护发展报告（2018）
著(编)者：宋俊华　2018年10月出版 / 估价：128.00元
PSN B-2016-586-2/2

广电蓝皮书
中国广播电影电视发展报告（2018）
著(编)者：国家新闻出版广电总局发展研究中心
2018年7月出版 / 估价：99.00元
PSN B-2006-072-1/1

广告主蓝皮书
中国广告主营销传播趋势报告No.9
著(编)者：黄升民　杜国清　邵华冬　等
2018年10月出版 / 估价：158.00元
PSN B-2005-041-1/1

国际传播蓝皮书
中国国际传播发展报告（2018）
著(编)者：胡正荣　李继东　姬德强
2018年12月出版 / 估价：99.00元
PSN B-2014-408-1/1

国家形象蓝皮书
中国国家形象传播报告（2017）
著(编)者：张昆　2018年3月出版 / 估价：128.00元
PSN B-2017-605-1/1

互联网治理蓝皮书
中国网络社会治理研究报告（2018）
著(编)者：罗昕　支庭荣
2018年9月出版 / 估价：118.00元
PSN B-2017-653-1/1

纪录片蓝皮书
中国纪录片发展报告（2018）
著(编)者：何苏六　2018年10月出版 / 估价：99.00元
PSN B-2011-222-1/1

科学传播蓝皮书
中国科学传播报告（2016~2017）
著(编)者：詹正茂　2018年6月出版 / 估价：99.00元
PSN B-2008-120-1/1

两岸创意经济蓝皮书
两岸创意经济研究报告（2018）
著(编)者：罗昌智　董泽平
2018年10月出版 / 估价：99.00元
PSN B-2014-437-1/1

媒介与女性蓝皮书
中国媒介与女性发展报告（2017~2018）
著(编)者：刘利群　2018年5月出版 / 估价：99.00元
PSN B-2013-345-1/1

媒体融合蓝皮书
中国媒体融合发展报告（2017）
著(编)者：梅宁华　支庭荣　2018年1月出版 / 估价：99.00元
PSN B-2015-479-1/1

全球传媒蓝皮书
全球传媒发展报告（2017~2018）
著(编)者：胡正荣　李继东　2018年6月出版 / 估价：99.00元
PSN B-2012-237-1/1

少数民族非遗蓝皮书
中国少数民族非物质文化遗产发展报告（2018）
著(编)者：肖远平（彝）　柴立（满）
2018年10月出版 / 估价：118.00元
PSN B-2015-467-1/1

视听新媒体蓝皮书
中国视听新媒体发展报告（2018）
著(编)者：国家新闻出版广电总局发展研究中心
2018年7月出版 / 估价：118.00元
PSN B-2011-184-1/1

数字娱乐产业蓝皮书
中国动画产业发展报告（2018）
著(编)者：孙立军　孙平　牛兴侦
2018年10月出版 / 估价：99.00元
PSN B-2011-198-1/2

数字娱乐产业蓝皮书
中国游戏产业发展报告（2018）
著(编)者：孙立军　刘跃军
2018年10月出版 / 估价：99.00元
PSN B-2017-662-2/2

文化创新蓝皮书
中国文化创新报告（2017·No.8）
著(编)者：傅才武　2018年4月出版 / 估价：99.00元
PSN B-2009-143-1/1

文化建设蓝皮书
中国文化发展报告（2018）
著(编)者：江畅　孙伟平　戴茂堂
2018年5月出版 / 估价：99.00元
PSN B-2014-392-1/1

文化科技蓝皮书
文化科技创新发展报告（2018）
著(编)者：于平　李凤亮　2018年10月出版 / 估价：99.00元
PSN B-2013-342-1/1

文化蓝皮书
中国公共文化服务发展报告（2017~2018）
著(编)者：刘新成　张永新　张旭
2018年12月出版 / 估价：99.00元
PSN B-2007-093-2/10

文化蓝皮书
中国少数民族文化发展报告（2017~2018）
著(编)者：武翠英　张晓明　任乌晶
2018年9月出版 / 估价：99.00元
PSN B-2013-369-9/10

文化蓝皮书
中国文化产业供需协调检测报告（2018）
著(编)者：王亚南　2018年2月出版 / 估价：99.00元
PSN B-2013-323-8/10

文化蓝皮书
中国文化消费需求景气评价报告（2018）
著(编)者：王亚南　2018年2月出版 / 估价：99.00元
PSN B-2011-236-4/10

文化蓝皮书
中国公共文化投入增长测评报告（2018）
著(编)者：王亚南　2018年2月出版 / 估价：99.00元
PSN B-2014-435-10/10

文化品牌蓝皮书
中国文化品牌发展报告（2018）
著(编)者：欧阳友权　2018年5月出版 / 估价：99.00元
PSN B-2012-277-1/1

文化遗产蓝皮书
中国文化遗产事业发展报告（2017~2018）
著(编)者：苏杨 张颖岚 卓杰 白海峰 陈晨 陈叙图
2018年8月出版 / 估价：99.00元
PSN B-2008-119-1/1

文学蓝皮书
中国文情报告（2017~2018）
著(编)者：白烨　2018年5月出版 / 估价：99.00元
PSN B-2011-221-1/1

新媒体蓝皮书
中国新媒体发展报告No.9（2018）
著(编)者：唐绪军　2018年7月出版 / 估价：99.00元
PSN B-2010-169-1/1

新媒体社会责任蓝皮书
中国新媒体社会责任研究报告（2018）
著(编)者：钟瑛　2018年12月出版 / 估价：99.00元
PSN B-2014-423-1/1

移动互联网蓝皮书
中国移动互联网发展报告（2018）
著(编)者：余清楚　2018年6月出版 / 估价：99.00元
PSN B-2012-282-1/1

影视蓝皮书
中国影视产业发展报告（2018）
著(编)者：司若 陈鹏 陈锐　2018年4月出版 / 估价：99.00元
PSN B-2016-529-1/1

舆情蓝皮书
中国社会舆情与危机管理报告（2018）
著(编)者：谢耘耕　2018年9月出版 / 估价：138.00元
PSN B-2011-235-1/1

地方发展类-经济

澳门蓝皮书
澳门经济社会发展报告（2017~2018）
著(编)者：吴志良 郝雨凡　2018年7月出版 / 估价：99.00元
PSN B-2009-138-1/1

澳门绿皮书
澳门旅游休闲发展报告（2017~2018）
著(编)者：郝雨凡 林广志　2018年5月出版 / 估价：99.00元
PSN G-2017-617-1/1

北京蓝皮书
北京经济发展报告（2017~2018）
著(编)者：杨松　2018年6月出版 / 估价：99.00元
PSN B-2006-054-2/8

北京旅游绿皮书
北京旅游发展报告（2018）
著(编)者：北京旅游学会
2018年7月出版 / 估价：99.00元
PSN G-2012-301-1/1

北京体育蓝皮书
北京体育产业发展报告（2017~2018）
著(编)者：钟秉枢 陈杰 杨铁黎
2018年9月出版 / 估价：99.00元
PSN B-2015-475-1/1

滨海金融蓝皮书
滨海新区金融发展报告（2017）
著(编)者：王爱俭 李向前　2018年4月出版 / 估价：99.00元
PSN B-2014-424-1/1

城乡一体化蓝皮书
北京城乡一体化发展报告（2017~2018）
著(编)者：吴宝新 张宝秀 黄序
2018年5月出版 / 估价：99.00元
PSN B-2012-258-2/2

非公有制企业社会责任蓝皮书
北京非公有制企业社会责任报告（2018）
著(编)者：宋贵伦 冯培　2018年6月出版 / 估价：99.00元
PSN B-2017-613-1/1

福建旅游蓝皮书
福建省旅游产业发展现状研究（2017~2018）
著(编)者：陈敏华 黄远水
2018年12月出版 / 估价：128.00元
PSN B-2016-591-1/1

福建自贸区蓝皮书
中国（福建）自由贸易试验区发展报告(2017~2018)
著(编)者：黄茂兴　2018年4月出版 / 估价：118.00元
PSN B-2016-531-1/1

甘肃蓝皮书
甘肃经济发展分析与预测（2018）
著(编)者：安文华 罗哲　2018年1月出版 / 估价：99.00元
PSN B-2013-312-1/6

甘肃蓝皮书
甘肃商贸流通发展报告（2018）
著(编)者：张应华 王福生 王晓芳
2018年1月出版 / 估价：99.00元
PSN B-2016-522-6/6

甘肃蓝皮书
甘肃县域和农村发展报告（2018）
著(编)者：朱智文 包东红 王建兵
2018年1月出版 / 估价：99.00元
PSN B-2013-316-5/6

甘肃农业科技绿皮书
甘肃农业科技发展研究报告（2018）
著(编)者：魏胜文 乔德华 张东伟
2018年12月出版 / 估价：198.00元
PSN B-2016-592-1/1

巩义蓝皮书
巩义经济社会发展报告（2018）
著(编)者：丁同民 朱军 2018年4月出版 / 估价：99.00元
PSN B-2016-532-1/1

广东外经贸蓝皮书
广东对外经济贸易发展研究报告（2017～2018）
著(编)者：陈万灵 2018年6月出版 / 估价：99.00元
PSN B-2012-286-1/1

广西北部湾经济区蓝皮书
广西北部湾经济区开放开发报告（2017～2018）
著(编)者：广西壮族自治区北部湾经济区和东盟开放合作办公室
广西社会科学院
广西北部湾发展研究院
2018年2月出版 / 估价：99.00元
PSN B-2010-181-1/1

广州蓝皮书
广州城市国际化发展报告（2018）
著(编)者：张跃国 2018年8月出版 / 估价：99.00元
PSN B-2012-246-11/14

广州蓝皮书
中国广州城市建设与管理发展报告（2018）
著(编)者：张其学 陈小钢 王宏伟 2018年8月出版 / 估价：99.00元
PSN B-2007-087-4/14

广州蓝皮书
广州创新型城市发展报告（2018）
著(编)者：尹涛 2018年6月出版 / 估价：99.00元
PSN B-2012-247-12/14

广州蓝皮书
广州经济发展报告（2018）
著(编)者：张跃国 尹涛 2018年7月出版 / 估价：99.00元
PSN B-2005-040-1/14

广州蓝皮书
2018年中国广州经济形势分析与预测
著(编)者：魏明海 谢博能 李华
2018年6月出版 / 估价：99.00元
PSN B-2011-185-9/14

广州蓝皮书
中国广州科技创新发展报告（2018）
著(编)者：于欣伟 陈爽 邓佑满 2018年8月出版 / 估价：99.00元
PSN B-2006-065-2/14

广州蓝皮书
广州农村发展报告（2018）
著(编)者：朱名宏 2018年7月出版 / 估价：99.00元
PSN B-2010-167-8/14

广州蓝皮书
广州汽车产业发展报告（2018）
著(编)者：杨再高 冯兴亚 2018年7月出版 / 估价：99.00元
PSN B-2006-066-3/14

广州蓝皮书
广州商贸业发展报告（2018）
著(编)者：张跃国 陈杰 荀振英
2018年7月出版 / 估价：99.00元
PSN B-2012-245-10/14

贵阳蓝皮书
贵阳城市创新发展报告No.3（白云篇）
著(编)者：连玉明 2018年5月出版 / 估价：99.00元
PSN B-2015-491-3/10

贵阳蓝皮书
贵阳城市创新发展报告No.3（观山湖篇）
著(编)者：连玉明 2018年5月出版 / 估价：99.00元
PSN B-2015-497-9/10

贵阳蓝皮书
贵阳城市创新发展报告No.3（花溪篇）
著(编)者：连玉明 2018年5月出版 / 估价：99.00元
PSN B-2015-490-2/10

贵阳蓝皮书
贵阳城市创新发展报告No.3（开阳篇）
著(编)者：连玉明 2018年5月出版 / 估价：99.00元
PSN B-2015-492-4/10

贵阳蓝皮书
贵阳城市创新发展报告No.3（南明篇）
著(编)者：连玉明 2018年5月出版 / 估价：99.00元
PSN B-2015-496-8/10

贵阳蓝皮书
贵阳城市创新发展报告No.3（清镇篇）
著(编)者：连玉明 2018年5月出版 / 估价：99.00元
PSN B-2015-489-1/10

贵阳蓝皮书
贵阳城市创新发展报告No.3（乌当篇）
著(编)者：连玉明 2018年5月出版 / 估价：99.00元
PSN B-2015-495-7/10

贵阳蓝皮书
贵阳城市创新发展报告No.3（息烽篇）
著(编)者：连玉明 2018年5月出版 / 估价：99.00元
PSN B-2015-493-5/10

贵阳蓝皮书
贵阳城市创新发展报告No.3（修文篇）
著(编)者：连玉明 2018年5月出版 / 估价：99.00元
PSN B-2015-494-6/10

贵阳蓝皮书
贵阳城市创新发展报告No.3（云岩篇）
著(编)者：连玉明 2018年5月出版 / 估价：99.00元
PSN B-2015-498-10/10

贵州房地产蓝皮书
贵州房地产发展报告No.5（2018）
著(编)者：武廷方 2018年7月出版 / 估价：99.00元
PSN B-2014-426-1/1

贵州蓝皮书
贵州册亨经济社会发展报告（2018）
著（编）者：黄德林　2018年3月出版 / 估价：99.00元
PSN B-2016-525-8/9

贵州蓝皮书
贵州地理标志产业发展报告（2018）
著（编）者：李发耀 黄其松　2018年8月出版 / 估价：99.00元
PSN B-2017-646-10/10

贵州蓝皮书
贵安新区发展报告（2017~2018）
著（编）者：马长青 吴大华　2018年6月出版 / 估价：99.00元
PSN B-2015-459-4/10

贵州蓝皮书
贵州国家级开放创新平台发展报告（2017~2018）
著（编）者：申晓庆 吴大华 季泓
2018年11月出版 / 估价：99.00元
PSN B-2016-518-7/10

贵州蓝皮书
贵州国有企业社会责任发展报告（2017~2018）
著（编）者：郭丽　2018年12月出版 / 估价：99.00元
PSN B-2015-511-6/10

贵州蓝皮书
贵州民航业发展报告（2017）
著（编）者：申振东 吴大华　2018年1月出版 / 估价：99.00元
PSN B-2015-471-5/10

贵州蓝皮书
贵州民营经济发展报告（2017）
著（编）者：杨静 吴大华　2018年3月出版 / 估价：99.00元
PSN B-2016-530-9/9

杭州都市圈蓝皮书
杭州都市圈发展报告（2018）
著（编）者：沈翔 戚建国　2018年5月出版 / 估价：128.00元
PSN B-2012-302-1/1

河北经济蓝皮书
河北省经济发展报告（2018）
著（编）者：马树强 金浩 张贵　2018年4月出版 / 估价：99.00元
PSN B-2014-380-1/1

河北蓝皮书
河北经济社会发展报告（2018）
著（编）者：康振海　2018年1月出版 / 估价：99.00元
PSN B-2014-372-1/3

河北蓝皮书
京津冀协同发展报告（2018）
著（编）者：陈璐　2018年1月出版 / 估价：99.00元
PSN B-2017-601-2/3

河南经济蓝皮书
2018年河南经济形势分析与预测
著（编）者：王世炎　2018年3月出版 / 估价：99.00元
PSN B-2007-086-1/1

河南蓝皮书
河南城市发展报告（2018）
著（编）者：张占仓 王建国　2018年5月出版 / 估价：99.00元
PSN B-2009-131-3/9

河南蓝皮书
河南工业发展报告（2018）
著（编）者：张占仓　2018年5月出版 / 估价：99.00元
PSN B-2013-317-5/9

河南蓝皮书
河南金融发展报告（2018）
著（编）者：喻新安 谷建全
2018年6月出版 / 估价：99.00元
PSN B-2014-390-7/9

河南蓝皮书
河南经济发展报告（2018）
著（编）者：张占仓 完世伟
2018年4月出版 / 估价：99.00元
PSN B-2010-157-4/9

河南蓝皮书
河南能源发展报告（2018）
著（编）者：国网河南省电力公司经济技术研究院
　　　　　河南省社会科学院
2018年3月出版 / 估价：99.00元
PSN B-2017-607-9/9

河南商务蓝皮书
河南商务发展报告（2018）
著（编）者：焦锦淼 穆荣国　2018年5月出版 / 估价：99.00元
PSN B-2014-399-1/1

河南双创蓝皮书
河南创新创业发展报告（2018）
著（编）者：喻新安 杨雪梅　2018年8月出版 / 估价：99.00元
PSN B-2017-641-1/1

黑龙江蓝皮书
黑龙江经济发展报告（2018）
著（编）者：朱宇　2018年1月出版 / 估价：99.00元
PSN B-2011-190-2/2

湖南城市蓝皮书
区域城市群整合
著（编）者：童中贤 韩未名　2018年12月出版 / 估价：99.00元
PSN B-2006-064-1/1

湖南蓝皮书
湖南城乡一体化发展报告（2018）
著（编）者：陈文胜 王文强 陆福兴
2018年8月出版 / 估价：99.00元
PSN B-2015-477-8/8

湖南蓝皮书
2018年湖南电子政务发展报告
著（编）者：梁志峰　2018年5月出版 / 估价：128.00元
PSN B-2014-394-6/8

湖南蓝皮书
2018年湖南经济发展报告
著（编）者：卞鹰　2018年5月出版 / 估价：128.00元
PSN B-2011-207-2/8

湖南蓝皮书
2016年湖南经济展望
著（编）者：梁志峰　2018年5月出版 / 估价：128.00元
PSN B-2011-206-1/8

湖南蓝皮书
2018年湖南县域经济社会发展报告
著(编)者: 梁志峰　2018年5月出版 / 估价: 128.00元
PSN B-2014-395-7/8

湖南县域绿皮书
湖南县域发展报告（No.5）
著(编)者: 袁准 周小毛 黎仁寅
2018年3月出版 / 估价: 99.00元
PSN G-2012-274-1/1

沪港蓝皮书
沪港发展报告（2018）
著(编)者: 尤安山　2018年9月出版 / 估价: 99.00元
PSN B-2013-362-1/1

吉林蓝皮书
2018年吉林经济社会形势分析与预测
著(编)者: 邵汉明　2017年12月出版 / 估价: 99.00元
PSN B-2013-319-1/1

吉林省城市竞争力蓝皮书
吉林省城市竞争力报告（2018~2019）
著(编)者: 崔岳春 张磊　2018年12月出版 / 估价: 99.00元
PSN B-2016-513-1/1

济源蓝皮书
济源经济社会发展报告（2018）
著(编)者: 喻新安　2018年4月出版 / 估价: 99.00元
PSN B-2014-387-1/1

江苏蓝皮书
2018年江苏经济发展分析与展望
著(编)者: 王庆五 吴先满　2018年7月出版 / 估价: 128.00元
PSN B-2017-635-1/3

江西蓝皮书
江西经济社会发展报告（2018）
著(编)者: 陈石俊 龚建文　2018年10月出版 / 估价: 128.00元
PSN B-2015-484-1/2

江西蓝皮书
江西设区市发展报告（2018）
著(编)者: 姜玮 梁勇　2018年10月出版 / 估价: 99.00元
PSN B-2016-517-2/2

经济特区蓝皮书
中国经济特区发展报告（2017）
著(编)者: 陶一桃　2018年1月出版 / 估价: 99.00元
PSN B-2009-139-1/1

辽宁蓝皮书
2018年辽宁经济社会形势分析与预测
著(编)者: 梁启东 魏红江　2018年6月出版 / 估价: 99.00元
PSN B-2006-053-1/1

民族经济蓝皮书
中国民族地区经济发展报告（2018）
著(编)者: 李曦辉　2018年7月出版 / 估价: 99.00元
PSN B-2017-630-1/1

南宁蓝皮书
南宁经济发展报告（2018）
著(编)者: 胡建华　2018年9月出版 / 估价: 99.00元
PSN B-2016-569-2/3

浦东新区蓝皮书
上海浦东经济发展报告（2018）
著(编)者: 沈开艳 周奇　2018年2月出版 / 估价: 99.00元
PSN B-2011-225-1/1

青海蓝皮书
2018年青海经济社会形势分析与预测
著(编)者: 陈玮　2017年12月出版 / 估价: 99.00元
PSN B-2012-275-1/2

山东蓝皮书
山东经济形势分析与预测（2018）
著(编)者: 李广杰　2018年7月出版 / 估价: 99.00元
PSN B-2014-404-1/5

山东蓝皮书
山东省普惠金融发展报告（2018）
著(编)者: 齐鲁财富网
2018年9月出版 / 估价: 99.00元
PSN B2017-676-5/5

山西蓝皮书
山西资源型经济转型发展报告（2018）
著(编)者: 李志强　2018年7月出版 / 估价: 99.00元
PSN B-2011-197-1/1

陕西蓝皮书
陕西经济发展报告（2018）
著(编)者: 任宗哲 白宽犁 裴成荣
2018年1月出版 / 估价: 99.00元
PSN B-2009-135-1/6

陕西蓝皮书
陕西精准脱贫研究报告（2018）
著(编)者: 任宗哲 白宽犁 王建康
2018年6月出版 / 估价: 99.00元
PSN B-2017-623-6/6

上海蓝皮书
上海经济发展报告（2018）
著(编)者: 沈开艳
2018年2月出版 / 估价: 99.00元
PSN B-2006-057-1/7

上海蓝皮书
上海资源环境发展报告（2018）
著(编)者: 周冯琦 汤庆合
2018年2月出版 / 估价: 99.00元
PSN B-2006-060-4/7

上饶蓝皮书
上饶发展报告（2016~2017）
著(编)者: 廖其志　2018年3月出版 / 估价: 128.00元
PSN B-2014-377-1/1

深圳蓝皮书
深圳经济发展报告（2018）
著(编)者: 张骁儒　2018年6月出版 / 估价: 99.00元
PSN B-2008-112-3/7

四川蓝皮书
四川城镇化发展报告（2018）
著(编)者: 侯水平 陈炜
2018年4月出版 / 估价: 99.00元
PSN B-2015-456-7/7

四川蓝皮书
2018年四川经济形势分析与预测
著(编)者: 杨钢　2018年1月出版 / 估价: 99.00元
PSN B-2007-098-2/7

四川蓝皮书
四川企业社会责任研究报告（2017~2018）
著(编)者: 侯水平 盛毅　2018年5月出版 / 估价: 99.00元
PSN B-2014-386-4/7

四川蓝皮书
四川生态建设报告（2018）
著(编)者: 李晟之　2018年5月出版 / 估价: 99.00元
PSN B-2015-455-6/7

体育蓝皮书
上海体育产业发展报告（2017~2018）
著(编)者: 张林 黄海燕　2018年10月出版 / 估价: 99.00元
PSN B-2015-454-4/5

体育蓝皮书
长三角地区体育产业发展报告（2017~2018）
著(编)者: 张林　2018年4月出版 / 估价: 99.00元
PSN B-2015-453-3/5

天津金融蓝皮书
天津金融发展报告（2018）
著(编)者: 王爱俭 孔德昌　2018年3月出版 / 估价: 99.00元
PSN B-2014-418-1/1

图们江区域合作蓝皮书
图们江区域合作发展报告（2018）
著(编)者: 李铁　2018年6月出版 / 估价: 99.00元
PSN B-2015-464-1/1

温州蓝皮书
2018年温州经济社会形势分析与预测
著(编)者: 蒋儒标 王春光 金浩
2018年4月出版 / 估价: 99.00元
PSN B-2008-105-1/1

西咸新区蓝皮书
西咸新区发展报告（2018）
著(编)者: 李扬 王军
2018年6月出版 / 估价: 99.00元
PSN B-2016-534-1/1

修武蓝皮书
修武经济社会发展报告（2018）
著(编)者: 张占仓 袁凯声
2018年10月出版 / 估价: 99.00元
PSN B-2017-651-1/1

偃师蓝皮书
偃师经济社会发展报告（2018）
著(编)者: 张占仓 袁凯声 何武周
2018年7月出版 / 估价: 99.00元
PSN B-2017-627-1/1

扬州蓝皮书
扬州经济社会发展报告（2018）
著(编)者: 陈扬
2018年12月出版 / 估价: 108.00元
PSN B-2011-191-1/1

长垣蓝皮书
长垣经济社会发展报告（2018）
著(编)者: 张占仓 袁凯声 秦保建
2018年10月出版 / 估价: 99.00元
PSN B-2017-654-1/1

遵义蓝皮书
遵义发展报告（2018）
著(编)者: 邓彦 曾征 龚永育
2018年9月出版 / 估价: 99.00元
PSN B-2014-433-1/1

地方发展类-社会

安徽蓝皮书
安徽社会发展报告（2018）
著(编)者: 程桦　2018年4月出版 / 估价: 99.00元
PSN B-2013-325-1/1

安徽社会建设蓝皮书
安徽社会建设分析报告（2017~2018）
著(编)者: 黄家海 蔡宪
2018年11月出版 / 估价: 99.00元
PSN B-2013-322-1/1

北京蓝皮书
北京公共服务发展报告（2017~2018）
著(编)者: 施昌奎　2018年3月出版 / 估价: 99.00元
PSN B-2008-103-7/8

北京蓝皮书
北京社会发展报告（2017~2018）
著(编)者: 李伟东
2018年7月出版 / 估价: 99.00元
PSN B-2006-055-3/8

北京蓝皮书
北京社会治理发展报告（2017~2018）
著(编)者: 殷星辰　2018年7月出版 / 估价: 99.00元
PSN B-2014-391-8/8

北京律师蓝皮书
北京律师发展报告 No.3（2018）
著(编)者: 王隽　2018年12月出版 / 估价: 99.00元
PSN B-2011-217-1/1

北京人才蓝皮书
北京人才发展报告（2018）
著(编)者: 敏华　2018年12月出版 / 估价: 128.00元
PSN B-2011-201-1/1

北京社会心态蓝皮书
北京社会心态分析报告（2017～2018）
北京市社会心理服务促进中心
2018年10月出版 / 估价: 99.00元
PSN B-2014-422-1/1

北京社会组织管理蓝皮书
北京社会组织发展与管理（2018）
著(编)者: 黄江松
2018年4月出版 / 估价: 99.00元
PSN B-2015-446-1/1

北京养老产业蓝皮书
北京居家养老发展报告（2018）
著(编)者: 陆杰华　周明明
2018年8月出版 / 估价: 99.00元
PSN B-2015-465-1/1

法治蓝皮书
四川依法治省年度报告No.4（2018）
著(编)者: 李林　杨天宗　田禾
2018年3月出版 / 估价: 118.00元
PSN B-2015-447-2/3

福建妇女发展蓝皮书
福建省妇女发展报告（2018）
著(编)者: 刘群英　2018年11月出版 / 估价: 99.00元
PSN B-2011-220-1/1

甘肃蓝皮书
甘肃社会发展分析与预测（2018）
著(编)者: 安文华　包晓霞　谢增虎
2018年1月出版 / 估价: 99.00元
PSN B-2013-313-2/6

广东蓝皮书
广东全面深化改革研究报告（2018）
著(编)者: 周林生　涂成林
2018年12月出版 / 估价: 99.00元
PSN B-2015-504-3/3

广东蓝皮书
广东社会工作发展报告（2018）
著(编)者: 罗观翠　2018年6月出版 / 估价: 99.00元
PSN B-2014-402-2/3

广州蓝皮书
广州青年发展报告（2018）
著(编)者: 徐柳　张强
2018年8月出版 / 估价: 99.00元
PSN B-2013-352-13/14

广州蓝皮书
广州社会保障发展报告（2018）
著(编)者: 张跃国　2018年8月出版 / 估价: 99.00元
PSN B-2014-425-14/14

广州蓝皮书
2018年中国广州社会形势分析与预测
著(编)者: 张强　郭志勇　何镜清
2018年6月出版 / 估价: 99.00元
PSN B-2008-110-5/14

贵州蓝皮书
贵州法治发展报告（2018）
著(编)者: 吴大华　2018年5月出版 / 估价: 99.00元
PSN B-2012-254-2/10

贵州蓝皮书
贵州人才发展报告（2017）
著(编)者: 于杰　吴大华
2018年9月出版 / 估价: 99.00元
PSN B-2014-382-3/10

贵州蓝皮书
贵州社会发展报告（2018）
著(编)者: 王兴骥　2018年4月出版 / 估价: 99.00元
PSN B-2010-166-1/10

杭州蓝皮书
杭州妇女发展报告（2018）
著(编)者: 魏颖　2018年10月出版 / 估价: 99.00元
PSN B-2014-403-1/1

河北蓝皮书
河北法治发展报告（2018）
著(编)者: 康振海　2018年6月出版 / 估价: 99.00元
PSN B-2017-622-3/3

河北食品药品安全蓝皮书
河北食品药品安全研究报告（2018）
著(编)者: 丁锦霞　2018年10月出版 / 估价: 99.00元
PSN B-2014-473-1/1

河南蓝皮书
河南法治发展报告（2018）
著(编)者: 张林海　2018年7月出版 / 估价: 99.00元
PSN B-2014-376-6/9

河南蓝皮书
2018年河南社会形势分析与预测
著(编)者: 牛苏林　2018年5月出版 / 估价: 99.00元
PSN B-2005-043-1/9

河南民办教育蓝皮书
河南民办教育发展报告（2018）
著(编)者: 胡大白　2018年9月出版 / 估价: 99.00元
PSN B-2017-642-1/1

黑龙江蓝皮书
黑龙江社会发展报告（2018）
著(编)者: 谢宝禄　2018年1月出版 / 估价: 99.00元
PSN B-2011-189-1/2

湖南蓝皮书
2018年湖南两型社会与生态文明建设报告
著(编)者: 卞鹰　2018年5月出版 / 估价: 128.00元
PSN B-2011-208-3/8

湖南蓝皮书
2018年湖南社会发展报告
著(编)者: 卞鹰　2018年5月出版 / 估价: 128.00元
PSN B-2014-393-5/8

健康城市蓝皮书
北京健康城市建设研究报告（2018）
著(编)者: 王鸿春　盛继洪　2018年9月出版 / 估价: 99.00元
PSN B-2015-460-1/2

江苏法治蓝皮书
江苏法治发展报告No.6（2017）
著(编)者：蔡道通 龚廷泰　2018年8月出版 / 估价：99.00元
PSN B-2012-290-1/1

江苏蓝皮书
2018年江苏社会发展分析与展望
著(编)者：王庆五 刘旺洪　2018年8月出版 / 估价：128.00元
PSN B-2017-636-2/3

南宁蓝皮书
南宁法治发展报告（2018）
著(编)者：杨维超　2018年12月出版 / 估价：99.00元
PSN B-2015-509-1/3

南宁蓝皮书
南宁社会发展报告（2018）
著(编)者：胡建华　2018年10月出版 / 估价：99.00元
PSN B-2016-570-3/3

内蒙古蓝皮书
内蒙古反腐倡廉建设报告 No.2
著(编)者：张志华　2018年6月出版 / 估价：99.00元
PSN B-2013-365-1/1

青海蓝皮书
2018年青海人才发展报告
著(编)者：王宇燕　2018年9月出版 / 估价：99.00元
PSN B-2017-650-2/2

青海生态文明建设蓝皮书
青海生态文明建设报告（2018）
著(编)者：张西明 高华　2018年12月出版 / 估价：99.00元
PSN B-2016-595-1/1

人口与健康蓝皮书
深圳人口与健康发展报告（2018）
著(编)者：陆杰华 傅崇辉　2018年11月出版 / 估价：99.00元
PSN B-2011-228-1/1

山东蓝皮书
山东社会形势分析与预测（2018）
著(编)者：李善峰　2018年6月出版 / 估价：99.00元
PSN B-2014-405-2/5

陕西蓝皮书
陕西社会发展报告（2018）
著(编)者：任宗哲 白宽犁 牛昉　2018年1月出版 / 估价：99.00元
PSN B-2009-136-2/6

上海蓝皮书
上海法治发展报告（2018）
著(编)者：叶必丰　2018年9月出版 / 估价：99.00元
PSN B-2012-296-6/7

上海蓝皮书
上海社会发展报告（2018）
著(编)者：杨雄 周海旺
2018年2月出版 / 估价：99.00元
PSN B-2006-058-2/7

社会建设蓝皮书
2018年北京社会建设分析报告
著(编)者：宋贵伦 冯虹　2018年9月出版 / 估价：99.00元
PSN B-2010-173-1/1

深圳蓝皮书
深圳法治发展报告（2018）
著(编)者：张骁儒　2018年6月出版 / 估价：99.00元
PSN B-2015-470-6/7

深圳蓝皮书
深圳劳动关系发展报告（2018）
著(编)者：汤庭芬　2018年8月出版 / 估价：99.00元
PSN B-2007-097-2/7

深圳蓝皮书
深圳社会治理与发展报告（2018）
著(编)者：张骁儒　2018年6月出版 / 估价：99.00元
PSN B-2008-113-4/7

生态安全绿皮书
甘肃国家生态安全屏障建设发展报告（2018）
著(编)者：刘举科 喜文华
2018年10月出版 / 估价：99.00元
PSN G-2017-659-1/1

顺义社会建设蓝皮书
北京市顺义区社会建设发展报告（2018）
著(编)者：王学武　2018年9月出版 / 估价：99.00元
PSN B-2017-658-1/1

四川蓝皮书
四川法治发展报告（2018）
著(编)者：郑泰安　2018年1月出版 / 估价：99.00元
PSN B-2015-441-5/7

四川蓝皮书
四川社会发展报告（2018）
著(编)者：李羚　2018年6月出版 / 估价：99.00元
PSN B-2008-127-3/7

云南社会治理蓝皮书
云南社会治理年度报告（2017）
著(编)者：晏雄 韩全芳
2018年5月出版 / 估价：99.00元
PSN B-2017-667-1/1

地方发展类-文化

北京传媒蓝皮书
北京新闻出版广电发展报告（2017~2018）
著(编)者：王志　2018年11月出版 / 估价：99.00元
PSN B-2016-588-1/1

北京蓝皮书
北京文化发展报告（2017~2018）
著(编)者：李建盛　2018年5月出版 / 估价：99.00元
PSN B-2007-082-4/8

创意城市蓝皮书
北京文化创意产业发展报告（2018）
著（编）者：郭万超 张京成　2018年12月出版 / 估价：99.00元
PSN B-2012-263-1/7

创意城市蓝皮书
天津文化创意产业发展报告（2017～2018）
著（编）者：谢思全　2018年6月出版 / 估价：99.00元
PSN B-2016-536-7/7

创意城市蓝皮书
武汉文化创意产业发展报告（2018）
著（编）者：黄永林 陈汉桥　2018年12月出版 / 估价：99.00元
PSN B-2013-354-4/7

创意上海蓝皮书
上海文化创意产业发展报告（2017～2018）
著（编）者：王慧敏 王兴全　2018年8月出版 / 估价：99.00元
PSN B-2016-561-1/1

非物质文化遗产蓝皮书
广州市非物质文化遗产保护发展报告（2018）
著（编）者：宋俊华　2018年12月出版 / 估价：99.00元
PSN B-2016-589-1/1

甘肃蓝皮书
甘肃文化发展分析与预测（2018）
著（编）者：王俊莲 周小华　2018年1月出版 / 估价：99.00元
PSN B-2013-314-3/6

甘肃蓝皮书
甘肃舆情分析与预测（2018）
著（编）者：陈双梅 张谦元　2018年1月出版 / 估价：99.00元
PSN B-2013-315-4/6

广州蓝皮书
中国广州文化发展报告（2018）
著（编）者：屈哨兵 陆志强　2018年6月出版 / 估价：99.00元
PSN B-2009-134-7/14

广州蓝皮书
广州文化创意产业发展报告（2018）
著（编）者：徐咏虹　2018年7月出版 / 估价：99.00元
PSN B-2008-111-6/14

海淀蓝皮书
海淀区文化和科技融合发展报告（2018）
著（编）者：陈名杰 孟景伟　2018年5月出版 / 估价：99.00元
PSN B-2013-329-1/1

河南蓝皮书
河南文化发展报告（2018）
著（编）者：卫绍生　2018年7月出版 / 估价：99.00元
PSN B-2008-106-2/9

湖北文化产业蓝皮书
湖北省文化产业发展报告（2018）
著（编）者：黄晓华　2018年9月出版 / 估价：99.00元
PSN B-2017-656-1/1

湖北文化蓝皮书
湖北文化发展报告（2017~2018）
著（编）者：湖北大学高等人文研究院
　　　　　中华文化发展湖北省协同创新中心
2018年10月出版 / 估价：99.00元
PSN B-2016-566-1/1

江苏蓝皮书
2018年江苏文化发展分析与展望
著（编）者：王庆五 樊和平　2018年9月出版 / 估价：128.00元
PSN B-2012-637-3/3

江西文化蓝皮书
江西非物质文化遗产发展报告（2018）
著（编）者：张圣才 傅安平　2018年12月出版 / 估价：128.00元
PSN B-2015-499-1/1

洛阳蓝皮书
洛阳文化发展报告（2018）
著（编）者：刘福兴 陈启明　2018年7月出版 / 估价：99.00元
PSN B-2015-476-1/1

南京蓝皮书
南京文化发展报告（2018）
著（编）者：中共南京市委宣传部
2018年12月出版 / 估价：99.00元
PSN B-2014-439-1/1

宁波文化蓝皮书
宁波"一人一艺"全民艺术普及发展报告（2017）
著（编）者：张爱琴　2018年11月出版 / 估价：128.00元
PSN B-2017-668-1/1

山东蓝皮书
山东文化发展报告（2018）
著（编）者：涂可国　2018年5月出版 / 估价：99.00元
PSN B-2014-406-3/5

陕西蓝皮书
陕西文化发展报告（2018）
著（编）者：任宗哲 白宽犁 王长寿
2018年1月出版 / 估价：99.00元
PSN B-2009-137-3/6

上海蓝皮书
上海传媒发展报告（2018）
著（编）者：强荧 焦雨虹　2018年2月出版 / 估价：99.00元
PSN B-2012-295-5/7

上海蓝皮书
上海文学发展报告（2018）
著（编）者：陈圣来　2018年6月出版 / 估价：99.00元
PSN B-2012-297-7/7

上海蓝皮书
上海文化发展报告（2018）
著（编）者：荣跃明　2018年2月出版 / 估价：99.00元
PSN B-2006-059-3/7

深圳蓝皮书
深圳文化发展报告（2018）
著（编）者：张骁儒　2018年7月出版 / 估价：99.00元
PSN B-2016-554-7/7

四川蓝皮书
四川文化产业发展报告（2018）
著（编）者：向宝云 张立伟　2018年4月出版 / 估价：99.00元
PSN B-2006-074-1/7

郑州蓝皮书
2018年郑州文化发展报告
著（编）者：王哲　2018年9月出版 / 估价：99.00元
PSN B-2008-107-1/1

✤ 皮书起源 ✤

"皮书"起源于十七、十八世纪的英国，主要指官方或社会组织正式发表的重要文件或报告，多以"白皮书"命名。在中国，"皮书"这一概念被社会广泛接受，并被成功运作、发展成为一种全新的出版形态，则源于中国社会科学院社会科学文献出版社。

✤ 皮书定义 ✤

皮书是对中国与世界发展状况和热点问题进行年度监测，以专业的角度、专家的视野和实证研究方法，针对某一领域或区域现状与发展态势展开分析和预测，具备原创性、实证性、专业性、连续性、前沿性、时效性等特点的公开出版物，由一系列权威研究报告组成。

✤ 皮书作者 ✤

皮书系列的作者以中国社会科学院、著名高校、地方社会科学院的研究人员为主，多为国内一流研究机构的权威专家学者，他们的看法和观点代表了学界对中国与世界的现实和未来最高水平的解读与分析。

✤ 皮书荣誉 ✤

皮书系列已成为社会科学文献出版社的著名图书品牌和中国社会科学院的知名学术品牌。2016年，皮书系列正式列入"十三五"国家重点出版规划项目；2013~2018年，重点皮书列入中国社会科学院承担的国家哲学社会科学创新工程项目；2018年，59种院外皮书使用"中国社会科学院创新工程学术出版项目"标识。

中国皮书网

（网址：www.pishu.cn）

发布皮书研创资讯，传播皮书精彩内容
引领皮书出版潮流，打造皮书服务平台

栏目设置

关于皮书：何谓皮书、皮书分类、皮书大事记、皮书荣誉、
　　　　　皮书出版第一人、皮书编辑部

最新资讯：通知公告、新闻动态、媒体聚焦、网站专题、视频直播、下载专区

皮书研创：皮书规范、皮书选题、皮书出版、皮书研究、研创团队

皮书评奖评价：指标体系、皮书评价、皮书评奖

互动专区：皮书说、社科数托邦、皮书微博、留言板

所获荣誉

2008 年、2011 年，中国皮书网均在全
国新闻出版业网站荣誉评选中获得"最具商
业价值网站"称号；

2012 年，获得"出版业网站百强"称号。

网库合一

2014 年，中国皮书网与皮书数据库端
口合一，实现资源共享。